L'Affaire Roussillon

dans

La Tragédie Templière

Nouvelle édition enrichie

« Non nobis, Domine, non, sed nominituo da gloriam ».

Paroles qui figuraient sur le Beaucéant des chevaliers du Temple

Un ouvrage historique qui fait découvrir aux lecteurs, les coulisses de l'époque médiévale, là où la noblesse chevaleresque fut réduite, à cause des croisades, à engager ses terres patrimoniales au détriment des grands feudataires, avides d'accroître leurs domaines à l'exemple des rois de France eux-mêmes et des papes…

« Celui qui ne se souvient pas de l'histoire est contraint de la revivre à nouveau ».

Georges Santayana

A l'horizon point le Grau-du-Roi, communément baptisé Grau-Louis, là où Guillaume de Roussillon, responsable des forces françaises en Orient appareillera en octobre 1275. Ce fut la dernière expédition partie d'Aigues-Mortes après la 8ème et dernière croisade de Saint-Louis (*Louis IX*). Guillaume entouré de 100 cavaliers, dont 30 sergents et 400 mercenaires mit le cap sur Saint-Jean-d'Acre 5 ans plus tard, alors capitale éphémère du royaume de Jérusalem... Officieusement, il partait dans quel but ?

Du même auteur

L'Affaire Roussillon dans la Tragédie Templière
ISBN 978-29527049-08 Edition 2006
Le Sang Gaulois du Pilat à Alésia
ISBN 978-29527049-15 Edition 2007
L'Affaire Roussillon-Le Contrat du Temple T2
ISBN 978-29527049-39 Edition 2008
Revivre les Années Folles du Lyonnais au Pilat-La Garçonne
ISBN 978-29527049-22 Edition 2009
L'Ombre du Temple- 1312-2012 Un guet-apens à Vienne
ISBN 978-29527049-46 Edition 2011
5 Jours après le Concile en 1312- Et si les Templiers
ISBN 978-29527049-53 Edition 2012
Le Grau-du-Roi l'Occupation du littoral avec ceux qui l'ont vécu
ISBN 978-295-27049-60 Edition 2013

Avertissement

En 2006, après 5 ans d'enquêtes dignes d'une série policière, les masques sont tombés ; la légende de Sainte-Croix-en-Jarez s'achève après 7 siècles... Le crime presque parfait, commis sur Guillaume de Roussillon est dévoilé. Le côté didactique d'une minorité n'a pu vaincre mon opiniâtreté. Huit années se sont écoulées depuis la première édition, la révélation de cette forfaiture est aujourd'hui acquise.

Cette réédition enrichie confirme la règle; les faits sont édulcorés afin de sauvegarder la morale de l'Histoire. Au cœur de ce sujet épineux, le tome II de l'Affaire Roussillon a entériné la subtile complicité, entre les dignitaires du Temple en Orient et Charles d'Anjou, frère de Louis IX. Leuranomie « *malsaine* » conduira le grand maître Guillaume de Beaujeu à commettre l'irréparable pour son Ordre, en 1277 : *cautionner la disparition de Guillaume de Roussillon !*

Le concile de Lyon de 1274 avait manifestement marqué l'affaiblissement du pouvoir temporel de l'Eglise. Les 2 petits volumes de l'histoire d'*Irena* à Lyon relatif à cette période médiévale, dénichés à Narbonne après avoir séjournés dans la tour Magdala de Rennes-le-Château, sont assez réalistes. Que croyait y découvrir notre étrange curé Bérenger Saunière autour de 1890 ?

En 2014, Saint-Jean-d'Acre est loin d'avoir inventorié son passé médiéval. Des fragments de pierres tombales de personnages éminents figurent sous les édifices ottomans et ressurgissent, çà et là, épisodiquement. On progresse par petites pelletées à Akko (*Acre*) afin de ne pas brusquer personne, notamment les communautés ethniques.

Depuis plusieurs décennies, les archéologues israéliens travaillent à la mise à jour des strates anciennes, actuellement axées sur un des cimetières médiévaux de l'ancienne ville d'Acre.

Si Guillaume (*Willelmi de Rossilione*) est « *morut* » en novembre, voire le 21 décembre 1277 comme l'a déclaré l'abbé Filhol d'Annonay, ne désespérons pas de retrouver un jour son épitaphe.

Ci-dessus, la pierre tombale de l'archevêque de Nazareth inhumé un an avant la chute de Saint-Jean-d'Acre. Document communiqué par Pascale Delile, une guide (*française*) du site des Hospitaliers de St-Jean. Basée au Centre des Visiteurs de la Vieille ville d'Acre, j'ai apprécié l'attention qu'elle portait sur le sort de Guillaume de Roussillon.

De nouvelles fouilles ont exhumée la pierre tombale de Pierre de Vielle Brioude le 18ème Grand maître des Hospitaliers, décédé en 1244, puis celle de Guillaume de Sancto Johanne, archevêque de Nazareth, décédé en 1290 qui s'était réfugié à Acre après l'invasion des mamelouks à Nazareth (*photo précédente*).

Si l'agression commise sur Guillaume est fixée au 8 juin 1277 par un sbire de l'archidiacre Roger de Saint Severino selon toute vraisemblance, puis l'ouverture du testament le 3 janvier 1278 à Vienne (38), soit 6 mois plus tard, le mensonge du chroniqueur s'explique. Relater l'agression le 8 mai 1277 lui permettait de sauver sa peau (*voir le Tome 2*) et l'honneur de l'Eglise était sauf. Par contre, on a du mal à expliquer la survivance de Guillaume après son agression (*coup d'arme blanche*) du 7 juin 1277; qu'il soit mort ensuite à petit feu des suites d'une plaie mal soignée (*gangrène*) en novembre, c'était courant.

Qui sait, vu son rang, d'avoir fini à Chypre (*Limassol*) dans un *caveau* avec une plaque « *en latin* » ? Rien n'empêchait que Béatrix disparue de la scène publique en date du 24 février 1280 (*) soit venue le rejoindre. Cette hypothèse est autant plausible, que celle d'Antoine

Vachez qui malgré son érudition n'apporta que des suppositions sur son décès, ses restes, dans ses ouvrages, exemple de« *La chartreuse de Sainte-Croix-en-Jarez* » en 1904. Relisez-le, que voulut-il cacher ?

(*) *Chronique des châteaux et des Abbayes – M. De la Tour-Varan (2ème volume 1857, p337) fixe cette date que Vachez n'ignora point.*

Depuis 1950, « *la vieille ville* » de Saint-Jean-d'Acre fait rêver les archéologues. En 1990, les campagnes de fouilles révèlent le nec plus extra, de fascinants vestiges intacts, le quartier général des hospitaliers de St-Jean sur 4500m2 comme il était au 18ème siècle. Enfouie sous les gravats et les décombres, la fabuleuse cité médiévale ressurgit.

Au sud de la cour centrale (1200 m2), se trouve ci-dessous, la salle à manger appelée à tort « *crypte de Saint-Jean* ». Découverte en 1960 de 30m sur 15m, haute de 10m, son plafond de style gothique en voûtes d'arêtes repose sur 3 piliers centraux de 3m de diamètre chacun.

Les cheminées elles, servaient de cuisine et de réfectoire. Aux 2 angles de la salle, des fleurs de lys, emblème de la famille royale française, sont directement sculptées dans la pierre. Voir la petitesse de la jeune personne appuyée contre le pilier central.

Placé sous la protection militaire des Hospitaliers de Saint-Jean-de-Jérusalem après son agression, c'est dans ce lieu que Guillaume deRoussillon, mort ou vivant, transita c'est sûr, et après ?

Aujourd'hui à Sainte-Croix-en-Jarez d'autres arcanes demeurent à expliquer. Dans les siècles précédents, peu se sont penchés sur l'énigme de ces vestiges sculptés en lieu et place d'un portique à l'entrée de la ferme du moulin de la chartreuse (*David Chataignon*). Ces pierres parsemées de nombreux indices ont de quoi déconcerter. La première impression est de se dire : ne sont-elles pas à l'envers ? J'ai donc pris de la hauteur afin d'examiner leur dessus. N'en déplaise à cette hypothèse, mais en l'absence de trou significatif au sommet, elles sont dans le bon sens. Le rébus cartusien débute avec les points« **?** » déclinant de **qo** du latin *quaestio* « ***question*** ». Le « **q** » minuscule écrit au-dessus du « **o** » minuscule se transformera à partir du 18ème siècle en point d'interrogation moderne. Etrange coïncidence, mais c'est pile à cette époque, que l'on imposera aux chartreux le changement de leur blason.

Continuons l'investigation. Au jeu d'échecs, le symbole du point « **?** » indique que le coup a été joué par erreur, oui mais lequel ? Celui de la légende ? Que viennent faire ces fleurs de lys inversées ? La fleur de lys est le symbole de la pureté, de la virginité, de la chasteté innocente des occupants d'un lieu. Inversée, c'est la grâce descendue du ciel par un mysticisme religieux. Y-a-t-il un lien avec le songe controversé de Béatrix, le départ de son mari Guillaume de Roussillon et le blasonnement de Sainte-Croix (*d'azur à la croix engrêlée d'argent, cantonnée au 1 et 4 d'une fleur de lys d'or, au 2 et 3 d'une étoile aussi* *d'or*) ? Est-ce leur emplacement d'origine ? Non. Typique au graphisme utilisé dans un enclos consacré tel un cimetière, leur symbolique exprime l'importance du lieu que le visiteur est sur le point de découvrir. Ces « *champs de repos* », clos de murs sont apparus au 18ème siècle (*à cause des bêtes errantes*), autant que l'imposeront les conditions de salubrité et les puits à proximité à protéger.

On clôturera cette mise en bouche, en évoquant l'existence de la maison forte aménagée jadis, en ce lieu même de Pavesin, par les Jarez, (*les Lavieu, sous Philippe Auguste*) aurait un lien avec « *le carcabeau* » (*le péage du lieu de la Chancesur Longes*). Nous sommes ici au cœur de la chartreuse de Sainte-Croix-en-Jarez, le 29 Octobre 2013 (*photo Patrick Berlier*), lors d'une visite des sous-sols en groupe« *restreint* ». L'aperçu ci-dessus, connu des initiés depuis plus de 700 ans, aurait eu plusieurs usages ; une galerie souterraine, où l'on se tiendrait presque debout dont la maçonnerie n'a rien à envier à l'aqueduc du Gier.

Cette existence atteste, qu'une occupation antérieure aux chartreux existait avant eux. Présent au colloque qui s'est tenu à Ste-Croix, sous l'égide de l'Université de Saint-Etienne le 30 août 2012; écoutant religieusement les intervenants, j'ai constaté que la vérité avait bien du mal à poindre lorsque l'histoire est ancrée. Le conte lié à Béatrix, entretenu par les cénobites depuis 1608 s'essouffle enfin.

Christian Rollat

L'Affaire
Roussillon
dans

La Tragédie Templière

Tome 1

du Pilat à Aigues-Mortes
de Jérusalem à Carcassonne

Ste-Croix, où l'Histoire a été revisitée après 7 siècles.

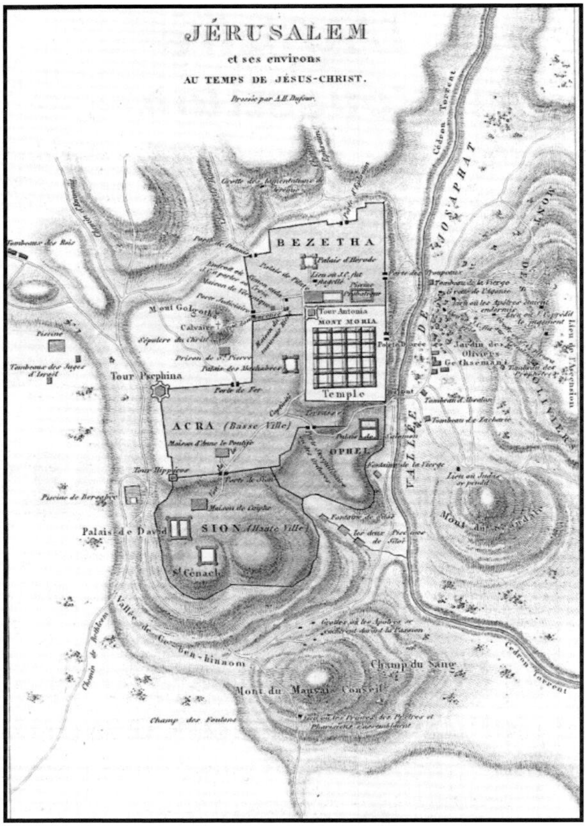

Jérusalem au 1er siècle, là où débuta en 1095 la 1ère croisade. Elle retomba aux mains des musulmans en 1244. Louis IX lors de la 7ème croisade, son fils Philippe III le Hardi, après la 8ème abandonnera l'orient. La capitale de ce royaume échoua à Saint-Jean-d'Acre, ville cosmopolite de 45 000 habitants où se jouera un coup d'état en 1277, dont j'ai attribué le nom de « *L'Affaire Roussillon* ». Resté secret jusqu'à la 1ère parution de cet ouvrage en 2006. Cette contre-enquête a débuté en novembre 2001, puis a franchi un seuil décisif en 2002 à Lyon, avec l'acquisition des notes de l'abbé Chavanne de Trêves (69). L'analyse d'environ 600 ouvrages, 4 ans ½ d'enquêtes et de récolements français avec la BNF ont fait le reste, dévoiler le pot aux roses. La légende de Sainte-Croix-en-Jarez offre depuis, une toute iconographie avec cette ordonnance royale donnée à Guillaume de Roussillon. Lorsqu'il appareille du port d'Aigues-Mortes en 1275, au large du Grau Louis, il est aux antipodes de penser à de telles tromperies ...

« Pour être heureux, il faut souvent faire des sacrifices à la Nature ; il faut aussi calculer si le bien que l'on désire vaut le prix qu'il coûte; usez de vos facultés n'en abusez jamais, ne sacrifiez pas de longs jours à une courte jouissance. Evitez les excès qui tous nuisent au présent et appauvrissent l'avenir. »

EPICURE

« Si ma manière d'escrire n'a pas la pureté dont tant d'esprits font si absolument toute la perfection et toute la beauté de leurs escrits, faites ; je vous prie cette réflexion : l'Historien, qui parle à tous les hommes et à tous les âges comme un Témoin sans reproche, ou comme un Juge sans appel, doit moins estudier ses paroles que ses pensées...
...Pour gagner un port à force de rames, il faut avoir le visage tourné et les yeux attachés vers le lieu d'où l'on vient et non pas vers celui qui doit terminer la navigation. »

Nicolas CHORIER

Je dédie cet ouvrage historique à mes petits-enfants Tanguy, Victoria, Doriane et Mathis qui un jour désormais proche, apprécieront ce récit...

Christian ROLLAT

Préface

L'histoire est un puzzle. Mais un puzzle dans lequel certaines pièces ont été mises en lumière, et d'autres laissées dans l'ombre. Il en est ainsi de l'époque des dernières croisades, des règnes de Saint Louis et de Philippe III le Hardi, de l'ascension de Philippe le Bel, du déclin et de la fin brutale de l'Ordre du Temple. Qui, jusqu'à présent, s'était soucié de la destinée réelle de Guillaume de Roussillon, seigneur d'Annonay et de Roussillon, envoyé en Terre Sainte sur l'ordre émis après le Concile réuni à Lyon en 1274 ?

Christian Rollat a reconstitué toutes les pièces de ce puzzle didactique. On apprend ainsi, comment cette décision est d'abord élaborée dans les montagnes du Pilat, où se réunissent les archevêques, le roi et le pape, et quel piège infâme attend Guillaume à Saint-Jean-d'Acre. Infatigable chercheur, collectionneur d'ouvrages ou de documents rares et anciens, authentique « *rat de bibliothèque* », pugnace avec un solide esprit d'analyse, Christian Rollat s'est livré à une véritable enquête policière pour suivre les traces du seigneur d'Annonay depuis Lyon, le Pilat jusqu'en Orient, en passant par Aigues-Mortes, l'obligatoire port d'embarquement pour la Terre Sainte. Éclairer l'histoire de France à la lumière de l'histoire locale était son objectif.

Le pari était risqué, mais il est réussi. Le récit qu'il nous livre aujourd'hui n'est pas une thèse universitaire, c'est au contraire une histoire racontée pour être accessible à tous, dans un langage simple mais clair, d'où les traits d'humour ne sont pas absents. L'auteur sait en particulier nous démontrer toute la logistique nécessaire à la préparation d'une expédition en Terre Sainte. La descente du Rhône, les négociations avec les mariniers, avec les éleveurs de chevaux des Causses, avec les armateurs des nefs et autres galères, le recrutement d'une armée...

On saisit aussi, à quel point les croisades firent cruellement ressentir aux rois de France la nécessité d'agrandir leur royaume. Pour atteindre la mer, il leur faudra alors d'abord atteindre le Rhône, traverser Lyon et des terres placées sous l'autorité, certes plus théorique que réelle, du Saint Empire romain germanique. Dès lors on comprend pourquoi le jeune Philippe le Bel nourrira le désir d'annexer le Lyonnais. Ce territoire, associé à celui du Forez voisin, dirigé par des comtes longtemps les fidèles alliés du royaume, lui facilitera cet accès au Rhône, alors primordiale voie de circulation, donc de commerce.

Christian Rollat sait nous montrer toutes les facettes et toutes les tractations secrètes de cette page de notre histoire, également tournée par des personnages jusqu'à présent eux aussi laissés dans l'ombre.

Guillaume de Roussillon disparu, deux autres puzzles se mettent en place. L'un au niveau local autour de sa veuve Béatrix, qui fondera en 1280 la chartreuse de Sainte-Croix-en-Jarez, au cœur du Pilat, l'autre au niveau national avec l'avènement de Philippe le Bel en 1285, l'affaiblissement du trésor royal, entraînant ce roi aux dents longues à lorgner du côté des Templiers. La suite bien connue, débouchera, avec la complicité forcée du Pape, sur la disparition de l'Ordre du Temple et l'exécution de ses dirigeants. Jacques de Molay lancera du haut de son bûcher « *la prétendue malédiction qui resta une rumeur* ».

Mais les deux puzzles ont des pièces communes, comme le révèle Christian Rollat. Des noms jusqu'alors peu connus, comme « Pierre Flotte, Damoiseau », l'un des cosignataires de la charte de fondation de la chartreuse de Sainte-Croix-en-Jarez, qui connaîtra une carrière éclatante aux côtés de Philippe le Bel, ou Thibaud de Vassalieu, archidiacre de l'Église de Lyon, l'un des négociateurs du rattachement du Lyonnais à la couronne, particulièrement apprécié par le roi, mais qui finira sa vie à la chartreuse, se retirant du monde avant la fin du concile de Vienne qui sonnera le glas des Templiers.

Ce livre nous entraîne enfin sur les sentiers glissants de quelques terres embrumées. Qu'allaient donc réellement faire sur les rives de l'Aude Jean Ier, comte du Forez, et Aymar de Roussillon, frère de Guillaume ?

La cité perchée de Rennes, qui ne porte pas encore le nom de Rennes-le-Château, étend son ombre sur la plaine d'Arques où résident les deux hommes. Le fantôme de Bérenger Saunière, son sulfureux curé, plane sur un mystère réunissant l'Occitanie, la Provence et le Pilat. Nous quittons l'histoire pour le rêve, mais Christian Rollat sait aussi très bien nous faire rêver...

Calons-nous bien dans nos meilleurs fauteuils, amis lecteurs, et laissons-nous emporter par la verve de l'auteur. Les portes du temps s'ouvrent devant nous. Les aiguilles de la grande horloge s'emballent à l'envers. Nous sommes un soir d'hiver 1270, Guillaume de Roussillon vient de rajouter une bûche dans sa cheminée pour réchauffer son épouse Béatrix, frileusement assise en face de lui. Le puzzle se met en place, l'Histoire peut commencer.

Patrick BERLIER

Avant-propos

J'avais entrepris cette enquête voici plus de 10 ans, avec la ferme volonté de résoudre enfin l'énigme de Guillaume de Roussillon, ce chevalier vivant au 13ème siècle, disparu dans des conditions rocambolesques en Orient. Ce grand feudataire missionné par le roi de France et le pape, seigneur d'Annonay et de Roussillon, envers qui la chartreuse de Sainte-Croix-en-Jarez, au cœur du massif du Pilat doit son existence. Très vite, on s'aperçoit que légende liée à son épouse Béatrix, délivrée au début du 17ème siècle, a été contée pour enfumer la réalité des faits. Il n'est pas mort aux croisades ! Cette allégation a été montée de toute pièce, mise en exergue afin d'égarer les curieux. Je l'ai dénoncé dès la première édition en 2006. Aller à l'encontre de théories nationales essaimées durant 7 siècles n'est pas une chose aisée à corriger aux yeux des croyants au sens large du terme. En 2014, c'est heureusement acquis, la légende a vécu.

Pourquoi avoir caché la cause de sa disparition ?

En l'an de grâce 1270 après le désastre de la 8ème croisade, Guillaume (âgé de 28 ans) est tranquillement assis devant l'âtre de sa cheminée en son château de Roussillon ; non pas guerroyant en orient comme certains ont eu besoin d'entretenir la confusion.

Comme la justification des croisades semblait encore tangible aux yeux des français sous Louis Philippe, Paul André Roger alors sous-Préfet de Ploërmel, publiera en 1845 « *La Noblesse de France aux croisades* ». Voulant donner plus de consistance à son ouvrage, il y introduira l'ordonnance royale donnée à Guillaume de Roussillon en 1274, parti en orient en 1275 comme un fait s'étant déroulé en 1270 sous Louis IX (*Saint-Louis*). Certains auteurs n'hésitent plus aujourd'hui à critiquer globalement son ouvrage. Ils affirment qu'il n'a aucune valeur historique en raison des nombreux apocryphes de la collection Courtois qui encombrent inutilement cette édition.

La réalité est toute autre. Philippe III le Hardi, auto proclamé roi en 1270 dans le camp de Tunis après le désastre de son père avait fait la promesse d'y retourner... L'Eglise de Rome avide de collecter la dîme, désirait entretenir l'illusion d'organiser une 9ème croisade en Terre Sainte, laissant la portion congrue aux ordres mendiants. C'est ainsi que Guillaume de Roussillon est tombé dans le piège lors du concile de Lyon en 1274. L'imbroglio politique ne le prédisposait pas à en être la future victime. Avait-il besoin de changer d'air ? En réalité, le manuscrit original de l'ordonnance royale qui lui fut donnée par Philippe III le Hardi a été sorti de l'oubli grâce à la Bibliothèque Nationale de France.

Exploité une 1ère fois au 17ème siècle par Claude Menard, l'infatigable Charles du Fresne, seigneur du Cange connaissant l'imbroglio se taira. L'érudit historien du Dauphiné, Nicolas Chorier, l'interprètera comme il avait coutume. Sous son aspect anecdotique, ce document à une portée nationale historique certaine. C'est l'unique document aussi précis connu en France selon Pierre Vincent Claverie qui détaille les méthodes de logistique utilisées jadis pour transporter les troupes des croisés en Outre-mer durant la 2ème moitié du 13ème siècle à partir d'Aigues-Mortes.

Tenue de combat d'un chevalier croisé à la fin du règne de Louis IX.

1ère PARTIE

La porte de Givray à Roussillon (38)

L'Affaire Roussillon

Cette affaire « politique » débute par une série d'évènements qui mettront en exergue le cadre exceptionnel et la brièveté de la mission. Après avoir rendu ce récit aussi vivant que possible, je souhaite au chevalier Guillaume de Roussillon d'être réhabilité à juste titre, sous forme de petites plaques commémoratives immortalisant sa mémoire, à Annonay, Roussillon et à Sainte-Croix, sous le petit square ombragé à l'entrée de la Chartreuse. Hormis le fait que la Révolution ait effacé son empreinte, la Grande-Chartreuse fait montre d'ingratitude envers lui.

Je vous invite à découvrir ce site ancestral, vous faire partager le même engouement que j'éprouve à chaque visite. Sainte-Croix-en-Jarez, comme le rappellent ses autochtones, pour y arriver, il faut se perdre. C'est dire le dépaysement brutal que l'on ressent...

Si vous entendez parler d'une chartreuse aux allures de forteresse médiévale nichée au cœur de la vallée sauvage du ruisseau du Couzon, allez la découvrir. On s'extasie en la contemplant et ses habitants l'ont préservée.

Son apparition épate autant que sa survivance. Vous la quitterez ébahi, dubitatif face au récit de la légende de Béatrix de

Roussillon son épouse. Si pendant la Révolution, la vente des Biens Nationaux effectuée même après le récollement de 1792, n'avait pas brisé le mythe des Chartreux, l'énigme perdurerait. Imperturbable au temps qui passe, la Chartreuse eut le bonheur de traverser les siècles sans trop subir de dommages.

Au 16ème siècle, la construction des quatre tours monumentales percées de meurtrières imprégna le paysage. La façade altière tournée vers le midi, permit d'aménager facilement l'entrée principale en maison forte.

Un fossé perpendiculaire reliait jadis les deux ruisseaux qui l'entourent et protégeaient astucieusement ses abords. Un pont-levis, selon le baron Achille Raverat, régissait l'accès de la porte monumentale, transformée sous la Renaissance en 1692.

Ceci n'explique pas pour autant l'absence surprenante de blason des Roussillon sur le fronton majestueux, surmonté de la croix et des sept étoiles de l'Ordre de Saint Bruno, armes des Chartreux. Curieuse omission, bévue de l'Eglise ?

Cette lacune n'a pas réussi à vaincre ma pugnacité, bien au contraire. Au terme de cette enquête, on conviendra que sans l'affaire à Guillaume, pas de songe pour Béatrix et sans Béatrix pas de Chartreuse. Dans chaque légende il n'y a pas de fumée sans feu et ici encore tout n'a pas été dit et déformé sur la communauté religieuse sauvagement dépouillée par la cupidité des marchands. Les autochtones ne sont pas en reste non plus, eux qui inconsciemment ont bravé les menaces d'un retour monarchique et celle des religieux !

Ils ne prirent pas beaucoup de risques en 1794, la Terreur était passée. La conviction religieuse des Pères fut assez marquée en ce lieu pour qu'on en parle encore aujourd'hui. En soufflant la poussière de ce tableau, je suis arrivé à mettre à jour une toute autre vérité, décrire la bassesse des luttes intestines des pouvoirs temporels et spirituels. On n'a guère progressé en 8 siècles !

Evoquant des contrées sans liens apparents, un chevalier dépassé, pris dans une tourmente nationale, une surenchère frénétique entre le Roi, le Pape et les Templiers. Le récit débute par l'histoire banale d'une famille de haute noblesse au treizième siècle, vivant en alternance dans le Dauphiné et le Jarez ; au fil des pages et des guérillas, le lignage des Roussillon devient incontournable régionalement. On les mêlera soudain à un coup d'état dans le royaume de Jérusalem en Palestine ce qui ne facilitera pas les relations entre les rois et la papauté ! On terminera par quelques mots sur cette vente aux enchères tardive en plusieurs lots de la Chartreuse en 1794 comme « bien national » au gré des clients potentiels. Une bâtisse qui a su résister aux principaux outrages.

Elle ne fut jamais totalement abandonnée dans les pensées du prieur de l'Ordre en Chartreuse qui renouera avec une correspondance abondante dès 1804 avec un des acheteurs, la famille Guérin, juste après le Concordat. Le fils de Joseph Marie Guérin, maire de Saint-Chamond, acheta, puis revendit un des domaines chartreux de Trêves, acquis à la bougie, pendant la vente des biens nationaux. Les bourgeois Guérin étaient originaires d'Annonay, ville du haut Vivarais dont les Roussillon en furent les seigneurs durant 4 générations.

J'ai relevé ces faits dans le but de souligner que la fin soi-disant méconnue de Guillaume de Roussillon à Acre dut être parfaitement connue chez quelques particuliers initiés. Je n'en dirais pas plus, vous découvrirez le pourquoi.

En 1896, la résurgence des peintures murales immortalisant la mort de l'archidiacre Thibaud de Vassalieu pimentera la sauce cartusienne. Cet homme bon, originaire de la Bresse, loin d'être un anachorète, a toujours vécu au milieu des prélats et côtoyé les princes.

Il portait en lui un épisode qu'il eut du mal à effacer à l'heure du jugement dernier. Il trouva le repos qu'il cherchait à Sainte-Croix, dans ce bourg fortifié au ton grave ; rehaussé de ces murs d'enceinte borgnes à l'époque. Les Chartreux incarnant la pureté, l'accueillirent en leur sein, comme ils l'avaient déjà fait, dit-on, avec Béatrix à qui alors Thibaud de Vassalieu dut rendre quelques visites.

Au fur et à mesure de cette enquête, on se fait à l'idée que la légende n'est qu'un prétexte attribuée à Béatrix née de la Tour et non de Coligny (comme sa mère également prénommée Béatrix) comme l'indique avec erreur la commune de Châteauneuf (42). Une légende inventée par les Chartreux qui ne désiraient pas épiloguer. Ce conte fut un alibi excellent afin de brouiller les pistes face à leurs revenus aux yeux des fidèles, les autochtones de Pavezin.

Restons lucide, l'archidiacre n'est pas venu à Sainte Croix pour son paysage. Les peintures murales immortalisent parfaitement la montée salvatrice au ciel d'un repenti, non celle d'un reclus. Le besoin de comprendre titille; que cache le symbolisme non innocent des messages parsemés ici et là ? Quel rôle a joué l'archidiacre de Lyon Thibaud à Paris, 30 ans après la disparition de Guillaume de

Roussillon ? Jusqu'où sont allées ses relations occultes avec le légiste du roi de France Guillaume de Nogaret puis avec Philippe le Bel ? A ce niveau, l'information publique est tronquée. L'histoire ne laisse apparaître qu'un consensus acceptable au commun des mortels. On restera prudent en décryptant et vérifiant chaque bribe, pièce par pièce comme un puzzle, nous entraînant bien au-delà des croisades.

La chartreuse de Sainte-Croix en 1898

Entre le massif du Pilat et la vallée de l'Aude chère à l'abbé Saunière, se meut un climat d'intrigues non dissimulées. Au gré des pages, s'affinent des manipulations orchestrées par l'entourage des rois et des papes où le discernement joué entre le possédant et le possédé reste vain.

Le paroxysme sera atteint au moment du Concile de Vienne, placé sous haute surveillance royale entre 1311 et 1312, lorsque le pape, sous l'emprise d'une peur maladive, prononcera l'abolition apostolique de l'Ordre du Temple.

Pour l'instant, revenons à Philippe III le Hardi roi de France sous le pontificat de Grégoire X, lorsqu'ils vont se réunir au début de l'année 1274 à Lyon. Comment purent-ils s'aboucher avec des vues aussi divergentes sur la Terre Sainte, jouer un va-tout altruiste en présence de Guillaume de Roussillon, époux de Béatrix de la Tour, elle-même, sœur d'Humbert de la Tour, futur dauphin du Viennois.

Un an ½ plus tard, au moment de son départ Guillaume s'embarquera sans état d'âme pour sauver, croyait-il apparemment, les restes du royaume de Jérusalem. Aucun précis historique n'a à ce jour mesuré l'effet secondaire de cette ordonnance militaire sur l'Histoire nationale, la faille qui s'opéra entre le pouvoir féodal et l'Eglise.

La situation en Palestine était trompeuse. Guillaume de Roussillon devait protéger les chrétiens exposés à l'humeur belliqueuse des infidèles ; en fait, il passera plus de temps à séparer les clans et à se protéger lui-même d'un attentat le concernant dans une ruelle. Il ragea de côtoyer une société féodale autant dépravée et sans avenir. Sur qui pouvait-il s'appuyer ? Plus sur ce roi tourmenté, dépassé par le veuvage, manipulé par son chambellan égocentrique, vaniteux, Pierre Labrosse qui finira pendu.

Guillaume de Roussillon de noblesse du Lyonnais, du Forez et du Pilat cultivait d'autres valeurs. Le lien ténu entretenu après sa disparition entre sa veuve et l'archidiacre Lyonnais Thibaud de Vassalieu est bien étrange. A quel prix, ce dernier personnage a-t-il supporté son archevêque et négocié en catimini le rattachement du Lyonnais à la couronne de France ? Autant le préciser, qu'a-t-il manigancé dès 1306 avec le légiste du roi de France Guillaume de Nogaret ?

On découvre avant l'ouverture du concile de Lyon en 1274 un roi de France offrant à Guillaume de Roussillon en catimini, une distinction digne d'un prince, quitte à lui ravir ensuite la vie en 1277 sans état d'âme. Elle caractérise la brutalité des mœurs.

On confirmera au sultan l'abandon définitif de Jérusalem par les croisés. Le grand Maître du Temple Guillaume de Beaujeu, fraîchement élu, en pactisant « *avec le diable angevin* » entachera à jamais l'image de cet ordre. Guillaume de Beaujeu s'entêtera à ne jamais accepter le déclin inéluctable des croisés. Les hospitaliers eux, cernaient déjà les aboutissants en Palestine et avaient obtenu des gages à Chypre afin d'éviter le piège Capétien. Vous voici prêt à plonger dans un bain fumant où tous les acteurs ont existé. Vous percevrez les périls encourus durant *les Rois Maudits* chers à l'académicien Maurice Druon.

Le piège tendu à Guillaume de Roussillon se refermera et deviendra une affaire d'état que les rois et les papes dissimuleront afin de canoniser proprement, vingt ans après, Louis IX en Saint-Louis. Durant le Moyen Âge, l'altération des écrits est fréquente.

Les copistes avec ou sans cuculles (*capuchons*) exécutaient selon les directives données. La pénurie de chroniqueurs intègres sous l'ancien régime est manifeste. C'est logique, ce sont tous des religieux habitués à la censure qui eurent de plus en plus de mal à accréditer les textes « *fournis* » face aux trouvères se gaussant, avec pour seule pensée, manger, boire, distraire et raconter des chimères de plus en plus irréelles, au seigneur du lieu.

Au gré des chroniques, on citera Guillaume de Tyr, Guillaume de Nangis, les récits de du Gange en 1657, d'Antonin Debidour en 1892, mais également Geoffroy de Villehardouin maréchal de Champagne et celle du Sire Jean de Joinville, sénéchal de Champagne.

Villehardouin est un cas, plus apte à manier l'épée que la plume, l'écriture fut son passe-temps entre 1198 et 1207. Son fils moins discret, homme d'armes doué d'un sens profond de l'observation et de la répartie, il observe... Il écrira son journal intime à posteriori, avec quelques inversions de dates sans gravité. Il décrit Louis IX comme un proche ami, de manière singulière pour ne pas dire sanguinaire sur quelques faits divers ; croisé, fort de caractère, admirateur de son prince, c'est une évidence.

Il ne tombera jamais dans le renoncement habituel du courtisan servile. Il couvrira la première croisade de Louis IX comme un grand reporter de notre temps, mêlant dans ses phrases quelques brins d'égocentrisme, très bien traduites en 1868 par Natalis de Wailly. Dans un style neuf, cette traduction est la meilleure connue, pour la pureté du texte. La proposition de retenir le « ai à la place du oi » dans le parler « *françois* » est heureuse et fait honneur à la pensée de Voltaire.

L'enquête débute

Aujourd'hui, la période des Croisades resurgit avec le saupoudrage abondant de parutions ésotériques. Les lecteurs prédisposés à la quête du Graal s'imaginent peut-être qu'elle est devenue plus fructueuse avec Internet. On admettra la logique de certains historiens, qui n'hésitent pas à dire que le principal trésor templier est de nature spirituelle et par ce fait, il est inutile de le chercher « *de toutes façons, nous sommes déjà passés avant vous* ». On ne change pas le contenu d'un plat sans avoir changé la recette.

L'apport d'Internet dans ces recherches est incontournable, notamment avec la Bibliothèque Nationale de France, tout comme l'achat en ligne d'ouvrages anciens. La découverte de nouvelles chroniques ou de parchemins régionaux reste anecdotique. Je me propose de vous faire partager mon travail sans fard.

Décrire sous la forme d'un récit historique des faits précis à l'aide de chroniques récentes semble d'une simplicité évidente. Vérifier, comparer les sources anciennes réservent de bien belles surprises. Ce fut le cas dans le Lyonnais, le Languedoc et le Razès dans l'Aude, le Roussillon, la Camargue et le Moyen-Orient.

Les bibliophiles connaissent la paupérisation des ouvrages anciens. Ils savent que la narration d'un même fait diffère selon les origines politiques des chroniqueurs tant occidentaux qu'orientaux.

Pour pallier à cet inconvénient, l'analyse comparative et chronologique de chaque information est imparable, à condition d'en extraire de suite les auteurs qui fabriquent du rêve à grand renfort d'ésotérisme. L'émergence de chercheurs solitaires, les thèses publiées à la Sorbonne, à Rennes, à Montpellier ou ailleurs permettent d'apprécier le sérieux de chaque copiste au fil des siècles.

Ces travaux de bénédictins, sans jeu de mots, peuvent être parfois critiqués, remis en cause et c'est tant mieux. C'est ainsi que l'on progresse. Les récits des croisades fourmillent d'erreurs, c'est regrettable. Les sources véritables sont rares, plagiées et passées au crible des censeurs...

Nicolas Chorier au 17ème siècle a fait sienne, sa notoriété en publiant l'Histoire Générale du Dauphiné. Elle a prévalu jusqu'en 1904, date où Antoine Vachez publia à son tour l'Histoire (*consistante*) de « *la Chartreuse de Sainte-Croix-en-Jarez* ». Ayant plagié anonymement la plupart de ses sources, elles reproduisent les mêmes apocryphes dans le cas de Sainte-Croix et des Roussillon.

On ne trouve jamais de vérité dans les ouvrages parus sous l'ancien Régime, où des précurseurs fondus dans le moule des idées préconçues, passaient au crible des théologiens. A contrario, il faut privilégier l'examen critique des manuscrits volontairement occultés. On entre dans ce récit en se projetant dans le temps, alternant le vécu, les ouvrages anciens et les publications récentes.

L'étude comparative est fastidieuse à vulgariser. Les noms propres ne sont jamais correctement orthographiés, le prénom répétitif de génération en génération est courant, sans nom parfois, cas de Guillaume au Moyen Âge.

Par contre, elle offre la possibilité d'extraire plusieurs conjectures. Si des lacunes apparaissent, c'est logique. Elles sont l'essence de cette enquête qui s'adresse aussi aux néophytes.

La critique corrigera les éventuelles dissonances. Vous trouverez à la fin de cet ouvrage, un glossaire pour les bibliophiles qui, loin d'être exhaustif, s'avère tout de même utile.

Je terminerai l'introduction en évoquant 5 auteurs régionaux sur lesquels mon récit peut épisodiquement suivre le même parcours. On citera, James Condamin, Antoine Vachez, Jean Combe, Patrick Berlier et Thierry mon fils, avec «*le vieux secret* ». On se gardera de porter tout commentaire sur leurs ouvrages, lorsqu'ils franchissent le seuil de l'irrationnel.

Chacun dans son style a su extraire la synarchie symbolique qu'offrent le Pilat mégalithique et ses cartusiens, sans toutefois rejeter la symptomatique conjecture des pauvres chevaliers du christ. L'exercice était périlleux, car hormis le cas de la commanderie de Marlhes, aucun fond templier ne se trouve dans le Pilat.

Je m'abstiendrai donc d'établir une quelconque corrélation avec Sainte-Croix-en-Jarez (dans ce récit) comme d'autres auteurs ont tenté de le faire croire. Par contre, dans l'épilogue, là où les conjectures sont permises, on émettra quelques idées.

L'origine des Roussillon

Le cadre de mes recherches est principalement axé sur le 13ème siècle, là où la conjonction de faits moyenâgeux régionaux importants interfère avec l'Histoire nationale. La symbiose est naturelle, la plupart des mariages princiers de notre région sont économiques. Le flux migratoire est proportionnel aux dots à acquérir. C'est une des conséquences indirectes du partage de l'Empire Carolingien en 843. Lyon, épine dorsale de la Lotharingie, rivalise continuellement avec Vienne, pour faire valoir son allégeance. Celle-ci au prestige déclinant, soutenue par quelques vassaux, se défendit de la cupidité de plusieurs suzerains nostalgiques du passé ;

là où jadis le comte Girard de Roussillon, descendant des anciens rois de Bourgogne, dernier gouverneur de Provence luttait désespérément contre Charles le Chauve.

Girard de Roussillon extrait de l'ouvrage de Montille

Le roman en prose de Gérard de Roussillon fut publié pour la première fois en l'an 1459 d'après le manuscrit de l'Hôtel Dieu de Beaune. Il faut admettre comme probable mais sans certitude, que l'œuvre originale latine a été composée vers la fin du 11ème siècle.

La présence des seigneurs de Roussillon en Bourgogne au 13ème siècle est certaine. La filiation reste à finaliser comme ci-après.

L'ancienne province du Beaujolais est la première en France à avoir accueilli les frères Cordeliers en 1210, au couvent primitif de Pouilly-les-Villefranche (Rhône), grâce à Guichard IV, sire de Beaujeu. Vienne, les reçut à son tour en 1212 et Lyon suivra en 1220 dans leur premier cloître, grâce à la munificence du seigneur de Grolée.

Plusieurs personnes distinguées, écrit l'abbé Pavy en 1835, se firent ensevelir chez les Cordeliers. Parmi elles, Jean Fidenza en 1274, plus connu sous le nom de Saint Bonaventure, et dans l'emplacement du Chapitre, un certain Jean de Roussillon, seigneur de Bourgogne en 1283, que j'ai découvert au cours de cette enquête. L'hypothèse

Bourguignonne semble se confirmer. Elle a autant de crédit que la branche Occitane des Roussillon dans les Pyrénées Orientales.

Le comté du même nom passa à la mort de Girard II en 1172, sous le joug du roi d'Aragon. On privilégie la thèse de notre région morcelée depuis le partage du Saint Empire Romain Germanique, où l'on chemine à travers les comtés du Forez, du Dauphiné et du Lyonnais. On terminera ce récit par l'évènement le plus marquant le rattachement après de longues tractations du Lyonnais en 1312 à la Couronne de France.

On relatera par ordre chronologique le rôle de chaque protagoniste, rois, conseillers, papes, archevêques, évêques et des Grands Maîtres Templiers ou Hospitaliers présents des 2 côtés de la méditerranée, dans notre histoire. On n'est plus à l'époque de faire les annonces au cri du *« oyé braves Gens, écouter l'histoire de ... »* comme y invitaient les troubadours ou les trouvères en langue d'oil ou d'oc. Hôtes d'un soir, ils égayaient les veillées de ces tristes châteaux. Ils vantaient les gloires épiques des chevaliers. Déjà, après la première croisade de Louis IX, les actes de bravoure faisaient moins sourire. Ils n'entraient plus dans les programmes des chansons de gestes. Le sujet devenu blessant auprès de ces veuves inconsolables, en apparence, on en parlait peu. Repartir après 1274 se faire égorger outremer alors qu'il y avait une trêve avec les musulmans, les seigneurs ne l'entendait plus de la même oreille.

L'Orient n'était plus le paradis, l'oasis dans l'au-delà, les croisés n'étaient plus des anges une fois traversé la méditerranée. La vérité commençait à poindre sur l'objet réel que cherchait les mercenaires de ces expéditions. Si quelques faits d'armes rehaussaient l'éclat des blasons de certaines familles, l'incertitude du retour était telle que la douce France primait sur l'aventure. Les papes se résigneront à devenir des commanditaires, à payer des mercenaires qui iront combattre et piller à la place des croisés. Mais qu'était devenu l'acte de foi du premier chevalier Hugues de Payns en 1120 dont l'origine est encore controversée en 2014 !

Si le devoir du vassal exigeait la soumission, Guillaume de Roussillon ne pouvait rien refuser au roi de France. Lui, noble chevalier adoubé depuis son plus jeune âge, au faîte de la gloire de familles illustres, ne passait pas pour un aventurier. Après 5 ans d'enquête, je pense avoir cerné le charisme de notre homme. Cultivé et brutal, raffiné et querelleur, il générait quelques paradoxes comme son puîné Amédée. On lui reconnaitra quelques similitudes avec un homonyme connu, le légendaire Girart (d) de Roussillon au 11ème siècle.

Sa branche est-elle parente aux Roussillon qui possédaient jadis les comtés de Barcelone, Narbonne, Gascogne, Auvergne et Provence ? Y-a-t-il un lien avec ceux de la première croisade, de Châtillon sur Seine, du Lot près de Cahors, de Provence ? Toutes les hypothèses sont plausibles et permises avec Artaud, le père de Guillaume, qui en 1230, faisait réciter les chansons de gestes en ces termes : « *chez mes ancêtres voici* ***comment le comte Girart et dame Berthe vécurent ensuite en moult grande dévotion*** ».

Les croisades ont bouleversé la vie de châteaux. A Roussillon, Riverie, Dargoire ou Châteauneuf, il fallait autre chose à partir de 1270 pour égayer la langueur des hommes en armes. Le bourg d'Annonay et son château figé sur le roc, était loti à la même enseigne des romans de chevalerie aux accents plus tendres, à l'amour courtois aux reflets Arthuriens dont raffolaient les jeunes châtelaines.

Les dîners chantant au son des luths et des harpes étaient plus gais à écouter que le cliquetis abrutissant des épées ou les cris de douleur arrachés du fond des cachots, jusqu'à ce que mort s'ensuive, était le lot quotidien dans tous les châteaux en Roussillon, Dauphiné, Bourgogne, Vaucluse ou Quercy dont la grandeur des prisons hante encore les esprits. Dans le Roussillon, près d'Elne, une légende est attachée au château ci-dessous, celle de Guillem de Cabestany, chevalier amant de Saurimonda, l'épouse du seigneur Ramon.

Ce dernier, découvrant un jour l'aventure, fit tuer Guillem et présenta son cœur cuisiné à sa femme lors d'un repas ! A la fin du banquet, il lui révéla l'origine du plat qu'elle venait de déguster. Saurimonda se suicida en se jetant du haut de la tour.

Près de Elne proche de Perpignan, la Tour Roussillon

La légende a survécu comme la tour. La vérité est tout autre car en fait Saurimonda d'Avinyo était-elle bien l'épouse de Ramon IV de Château-Roussillon ? On dit qu'elle survécut à son mari et se remaria avec Adémar de Mosset (sans confirmation).

En réalité, Ramon Béranger IV, comte de Barcelone, devint prince d'Aragon par son mariage avec Pétronille d'Aragon et n'épousa en fait jamais Saurimonda. Le château Roussillon ci-dessus est construit, lui, par contre sur le site ancestral de la ville antique appelée *Ruskinien*.

Les bases du trigone que dessinent les villes de Roussillon, Annonay et Vienne confortent les généalogistes à trouver ici l'origine ancestrale de la branche de Provence. De là à établir une corrélation avec Gérard de Roussillon, comte de Vienne est une hypothèse que je ne franchirai pas.

Le sujet est complexe et les sources moyenâgeuses hasardeuses. Il ne gêne personne alors il peut attendre. Il serait judicieux d'associer à ce nom, Vézelay, Sainte-Marie Magdeleine, les

Saintes-Maries-de-la-Mer, les chapelles du même nom dans le massif du Pilat et l'ancien oppidum Redones de Rennes-le-château dans le Razès.

Château des Châtelaines de Roussillon à Saint-Pierre-Lafeuille, célèbre pour ses oubliettes.

Le lieu du Temple et de la Marlhette

Il y a très peu de marques templières dignes de ce nom dans le massif du Pilat, aussi est-il intéressant de prendre une pause. Dès sa création, ce lieu relativement proche de Saint-Etienne était assujetti à la commanderie principale du Puy-en-Velay.

Il est placé au cœur de la baronnie de la Faye, qui dépendra du Viennois et passera dans le Forez lors du mariage de son comte Jean Ier avec Alix la fille du dauphin Humbert de la Tour.

La topographie des lieux et la cupidité des prieurs laisseraient croire qu'il a été volontairement érigé dans le but de concurrencer et affaiblir le prieuré voisin tout puissant de Saint-Sauveur-en-Rue.

L'empreinte des Templiers à la Marlhette sur une pierre de réemploi enchâssée.

Par contre, abandonnons la piste entretenue par quelques utopistes, faute d'éléments concrets, de liens présumés entre les templiers et les chartreux de Sainte-Croix après 1280. Le lieu du temple, près du hameau de Marlhette dans le Pilat, indique, même sans prolifération de textes, hormis le cartulaire des templiers du Puy-en-Velay publié par Augustin Chassaing, qu'il y eut ici une activité précoce au début du 13ème siècle.

La perception de ces moines hospitaliers « *armés* » par les seigneurs locaux, se résumait à une assistance réciproque en cas de guerres de voisinage. A entendre les sollicitations aux prêches des maisons templières « ***donner pour le trésor du Temple*** à Jérusalem ***des pauvres chevaliers du christ*** » comme le voulait la papauté ne gêna personne. Cette expression a été sauvagement galvaudée par des laïques dès 1307 sous l'impulsion de Guillaume de Nogaret amalgamant, aumônes et richesses prétendues du Temple. Il finira avec de Plaisians à entretenir la rumeur de la présence de trésors détenus, enfouis et cachés partout ...

La chapelle de la maison forte de Marlhette proche du lieu mitoyen « *le Temple* » ne fut pas épargnée, servant à la communauté comme aux pèlerins, elle n'échappa pas à la richesse temporelle. Le lieudit « le Temple » est situé à 1,5 Km de Marlhes, à 50m en contrebas d'un chemin qui relie Dunières.

En apparence, les moines vivaient chichement grâce aux aumônes et aux dons auxquels les Roussillon contribuèrent, tout comme pour le prieuré de Saint-Sauveur-en-Rue proche. Il est illusoire d'établir un lien entre Marlhes et Guillaume de Roussillon en 1277 et de penser qu'il connaissait les divergences entre Philippe

III le Hardi et le Temple. Le seul lien entre Marlhes et les Roussillon concernera les bornes de propriétés, lorsque Béatrix de Roussillon céda les forêts du Grand Bois aux chartreux de Sainte-Croix-en-Jarez et les moulinages du Bessat. Ils purent en tirer sagement profit jusqu'à la Révolution. Les pensées de Guillaume de Roussillon étaient loin de Marlhes lorsqu'il découvrit la Palestine. Au fur et mesure des friches léguées à la mort de leurs propriétaires, la maison du Temple s'agrandissait et finit par se retrouver à la tête d'un immense domaine, que les hospitaliers se chargeront de morceler, puis après l'Ordre de Malte.

La tradition était ancrée depuis le 12ème siècle. On offrait l'hospitalité aux pèlerins de la Jacquotte transitant vers le Puy, même ceux de Jérusalem en apposant sur leur carnet le précieux sésame. Les Templiers étaient attentifs comme le prieur de Saint-Sauveur, à abreuver les mariniers du Rhône qui, à partir de Serrières et d'Andance, déversaient les cohortes de pèlerins, les escortant jusqu'au Tracol ou même jusqu'en Velay.

Le Temple de Marlhes dépendait du commandeur provincial de Saint-Barthélemy-du-Puy, aidé des revenus prodigués par le domaine du Gland à Saint-Maurice-en-Gourgois près de Firminy. Située hors de la ville sur la route d'Avignon, la commanderie du Puy-en-Velay marqua une présence ininterrompue de 1170 à 1307.

De là, à travers les méandres du Pilat, ils ont installé des petites succursales comme Marlhes, qui six mois de l'année, vivaient en autarcie. La commanderie n'entretenait pas de bonnes relations avec le prieuré voisin. Ils se disputeront des territoires sous l'arbitrage de Gérard de Roussillon, seigneur de Serrières de la branche d'Anjou, cousin proche de Guillaume de Roussillon.

Dans ces lieux à 940 m d'altitude, l'air est frais et le soleil avait du mal à se lever avant le défrichement intensif des pins. L'hospitalité y régnait en fait depuis le concile de Troyes de 1128 selon la règle Augustinienne. L'égalité entre les frères depuis la réforme cistercienne de Saint Bernard était de rigueur.

Ces hommes étaient acclimatés aux campagnes reculées, vivant dans leur vallon au gré du clapotis des roues de leurs moulins et des coups sourds des haches sur les arbres que l'on abattait. Ils s'attelaient à toutes les activités économiques sous l'égide d'un prieur, le seul chevalier, noble damoiseau que l'on remplaçait tous les 4 ans. Moines, maçons, charpentiers et couvreurs troquaient le bois, la laine, la viande, le vin ou le cuir contre des armes ou des outils en été comme avec les Chartreux. En hiver, en dehors des prières qui les accompagnaient, les soirées devaient être longues. On ne peut porter de jugement, les siècles ont changé.

Qui trouvions-nous parmi eux ? Des excommuniés, des réfugiés que l'on comparerait militairement à des légionnaires. Des tourmentés aux remords divers auxquels on demandait dès leur arrivée de respecter la règle du temple. Peu importait leurs origines. Cette particularité faisait grincer des dents les autres congrégations religieuses, tel le puissant prieuré de Saint-Sauveur-en-Rue qui avait hérité des biens des seigneurs d'Argental à travers la Chaise Dieu.

Ces moines templiers qui par le développement lucratif de leurs activités, mettaient en sujétion économique les paroisses environnantes. Même s'ils amenaient beaucoup de bienfaits aux populations, leur exemption de charges et d'impôts suscitaient l'impopularité du haut clergé et des autres ordres prêcheurs, jaloux du célèbre habit blanc à croix rouge porté à partir de 1146.

Les commanderies principales de Lyon et de Clermont - Ferrand fournissaient le gros des contingents organisées selon le recrutement en 4 groupes : les chevaliers combattants ; les chapelains ; les écuyers ou valets d'armes et les serviteurs ou artisans. Les plus âgés restaient à la ville, les plus robustes partaient en Terre Sainte après une formation musclée. Les grandes familles féodales rechercheront l'incorporation de leurs puînés dans le sommet de cette pyramide.

Dans cette caste de chevaliers, issus de familles nobles, l'égalité des frères pouvait toutefois être rompue. On y retrouvait les hautes distinctions de l'Ordre, telles que grand maître, sénéchal, maréchal, commandeurs provinciaux. Ici comme ailleurs, les templiers étaient autonomes, ne rendant des comptes qu'au pape.

La vraie question sera de trouver dans le royaume de France le moyen capable d'enrayer leur montée en puissance. Cultivés, disposant d'une logistique qui rongeait les prérogatives de la féodalité habituelle de la base au sommet, protégeant les gueux sur leur territoire, défendant la veuve et l'orphelin, ils étaient partout. Il fallait en faire, pas trop tout de même car les Hospitaliers et les Ordres mendiants existaient aussi !

Les Templiers, puis après eux les Hospitaliers de Saint-Jean-de-Jérusalem, conserveront leur propre justice sur leurs domaines, ne devant ainsi rien, ni aux rois ni aux évêques ! Marlhes vécut le même contexte et les mêmes difficultés que le prieuré de Saint-

Sauveur pour percevoir les dîmes de Marlhes, de Riotord, de Saint - Romain-Lachalm. Si l'existence de la maison templière se justifie avec les pèlerinages, elle n'eut aucune vocation à servir de maladrerie. Prospère, hospitalière avec une vingtaine de lits-placards et fera vivre une communauté d'une dizaine de templiers et un chapelain.

Ce n'était pas rien. Le lieu se trouvant sur le tracé privilégié des pèlerins arrivant de Liège, Paris ou Vézelay était idéal, encore aujourd'hui sur le passage des nostalgiques des églises romanes.

Route de Dunières à la sortie de Marlhes, en haut le hameau de Marlhette, en bas le panneau « le temple »

Au 17 siècle, il passait encore dans cette contrée, entre 200 à 300 mulets par jour... selon le prieuré de Saint-Sauveur-en-Rue qui citait cet argument, refusant d'admettre son déclin. Qu'ajouter sur le pèlerinage de Compostelle répandu dans tout l'Occident ? Devenu universel à partir du 10ème siècle, sous la protection de la puissante abbaye de Cluny, les reliques de Saint Jacques étaient aussi vénérées comme le protecteur de l'Espagne, face aux envahisseurs musulmans.

Sous Louis IX, une anecdote digne de celle du vase de Soissons, fut abondamment commentée dans les haltes d'un soir comme au temple de la Marlhette : « *La basilique de Saint Jacques fut prise et pillée en 997. Avant de l'incendier, le chef du Calife de Cordoue arracha les portes et descendit les cloches. Il les fit transporter par des captifs chrétiens, qui les entreposèrent dans la grande Mosquée. L'évènement relayé par Cluny frappa durablement les imaginations. En 1236, deux siècles viennent de s'écouler, Ferdinand III Roi de Castille et de Léon dont les succès sont constants contre les Maures, va prendre Cordoue. D'autres prisonniers musulmans cette fois vont prendre le chemin inverse et ramèneront aux chrétiens de Tolède les portes et les mêmes cloches. »*

Que faut-il penser de ces rumeurs de monnayage attribuées occasionnellement à la petite commanderie ? Sont-elles saugrenues, envisageables ? En fait rien ne s'y opposait, bien au contraire, tout s'y prêtait, même l'autorisation. Les spécialistes et la matière ne manquaient pas. Ils pouvait fondre la galène argentifère proche, concassaient ici ou là quelques pierrailles au besoin. Cette activité a connu un regain d'intérêt au Moyen-Âge avec la hausse du cours des métaux précieux à l'époque où se déroule ce récit.

Le Pilat est un massif primitif où se trouvent quelques filons métalliques, on l'appelait d'ailleurs « *la montagne à filons* ». La galène, c'est connue est la matière de base pour la confection (jadis) des vernis des potiers «*le vernix*» comme disaient les mineurs et les tuiliers.

Le change est toujours resté embryonnaire dans le Pilat ; en revanche, là où gravitaient les thésauriseurs « *du bas de laine* », les mines de plomb et d'argent alimentant en partie la noblesse, pouvaient créer un trafic. Les monnaies d'or réapparaissaient dans le Lyonnais, signe que la quantité des monnaies d'argent devenait rare mais pourtant nécessaire à l'expansion économique de la vallée du Rhône où transitaient les produits méditerranéens.

La frappe occulte d'une monnaie d'argent est-elle fondée à Marlhes ? La proximité des filons d'argent de Bourg-Argental, les mines de plomb existantes du coté de Saint-Julien-Molin-Molette sont un embryon de réponse face aux *méreaux* frappés en ces matières.

Le vaste réseau des commanderies est autant dire équivalent aux nombres de coffres forts inexpugnables, qui continuaient de se développer dans les abbayes. La qualité de l'indice de pureté, entre un objet du culte fondu ou celle du minerai pur sorti de terre, restait inconnue aux yeux vulgaires. Cette remarque est pertinente. Je reste convaincu, que l'on avait plus de chance de trouver des monnaies en métaux précieux à partir d'objets fondus illégalement de génération en génération, que dans les mines du royaume. Il serait amusant de comparer sur une carte les filons géologiques réels et les seigneuries des lieux vraiment autorisées à battre leur propre monnaie, cas des deux Roussillon Amédée et Aymar, frères de Guillaume.

Poinçon pour la frappe de méreau en étain ou en plomb

Je n'aborderai pas la conjecture des activités controversées du château de Lupé au niveau de mes investigations, il manque trop de preuves. Pour clore sur Marlhes, je signalerais cet acte : *« compromis entre Artaud Prieur de Saint-Sauveur-en-Rue Diocèse de Vienne et Raimond dit Chambaron Commandeur du Temple du Puy ..... In villa de Marliis au diocèse du Puy le 15 juillet 1272 ».*

Les frontières entre les diocèses furent une pomme de discorde récurrente, faute de trouver un pouvoir royal affermi. Les capitaines châtelains (désignés par les Chapitres) en jouaient et ne chercheront jamais à démêler les fiefs enchevêtrés entre les archevêques, les comtes, leurs vassaux et les congrégations religieuses. La plupart de nos croix de chemins sont aujourd'hui les restes de ces anciennes bornes d'assises.

Il était une fois un...

Notre enquête nous conduira du Pilat au Languedoc avec une halte à Aigues-Mortes. Elle se focalisera ensuite dans le royaume de Jérusalem principalement à Saint-Jean-d'Acre. On touchera Carcassonne et Béziers avec à la cruauté exercée contre les hérétiques cathares, puis enfin sur les Templiers eux-mêmes.

On effleurera les lieux chargés de légendes du Roussillon, des Corbières et du Razès.

Toutes nos révélations confirment au fil des pages, la perpétuelle manipulation des pouvoirs royaux, de Louis IX à Philippe le Bel dans les genèses de Lyon et de Vienne. Philippe IV a perçu, dès son plus jeune âge, les errements de son lunatique père.

Il est loin le temps où Philippe Auguste, grand-père de Saint-Louis, testait en faveur de l'Ordre du Temple. De Philippe III le Hardi son père, Philippe IV le Bel retiendra quelques astuces, des assujettissements militaires à éviter, face à la montée en puissance irrésistible de la marine du Temple sous Guillaume de Beaujeu.

Comme disait son père : « *cet Ordre est plus riche que l'on pense* ». L'annexion du Lyonnais au royaume occupera quelques chapitres, car depuis le règne de Philippe II Auguste, c'est une obsession chez ces rois ; ils convoitaient avidement à l'Eglise le nœud Rhodanien, cette fenêtre ouverte sur la mer. Les rois feront en contrepartie quelques concessions « *intéressées* » aux papes en Avignon.

On retrouve un ensemble de faisceaux convergents, prémédités ou non, conçus pour faire trébucher les templiers, à un moment donné, peu importe la date. On évoque à ce stade, le destin saugrenu des Roussillon et les résultats décevants du concile historique tenu à Lyon en 1274. Le plus grand en quoi ?

Le but initial était-il vraiment de programmer une nième croisade ? L'appel appuyé du pape Grégoire X croyant raviver la foi en Occident était révolu, passer outre à l'hostilité de la plupart des barons chrétiens n'était pas gagné. Le pape ne mesurait pas l'ampleur des dégâts...

On examinera les faits, en les superposant progressivement : la création d'une chartreuse, un concile à Vienne pour 1310, l'intervention de Philippe le Bel, les procès iniques des Templiers, le rattachement du Lyonnais en 1312, la mort ignoble de Jacques de Molay.

Sept siècles ont passé depuis ces évènements tragiques de notre Histoire nationale. On conviendra que la fin peu orthodoxe de nos trois Guillaume, Roussillon, Beaujeu et Nogaret a de quoi interpeller plus d'un historien. Celle de Thibaud de Vassalieu est différente mais aussi étrange. Si elle n'est pas violente, elle reste cruelle pour cet homme dévoué, accablé de tourments. Seuls les Chartreux pouvaient le comprendre en lui administrant le viatique.

Nous avons sensiblement réuni toutes les pièces d'un grand puzzle. Elles s'imbriquent, nous allons vraiment débuter notre histoire.

La foi n'a pas de patrie

Personne ne conteste l'ampleur de la philosophie scolastique au début des croisades effaçant toute autre logique. Au treizième siècle le « *gesta, dei per francos* », les gestes de Dieu accomplis par les Francs firent la gloire des rois de France et interpellèrent l'Europe. L'hécatombe des hommes mûrs fut considérable : 130 000 croisés au départ, à peine 10 000 sont rentrés et dans quel état...

A la fin du 13ème siècle, ça causait tard le soir dans les chaumières, le mythe de Louis IX « *Dieu le veut* » était galvaudé. Le constat est criant. Les possédants d'hier sont devenus les dépossédés d'aujourd'hui. La chrétienté a du mal à répondre aux remarques. La délivrance du Saint Sépulcre devenait une lointaine chimère. Les chrétiens de Terre Sainte « *les poulains* » enracinés sur cette terre depuis des décennies, se retrouveront peu à peu livrés à eux-mêmes, exposés à un choix cornélien, partir ou finir comme esclave et mourir.

L'Evangile, en Orient, cédait la place au Coran, un phénomène impensable pour un templier. Les effets seront d'autant plus pervers et visibles dans le royaume de France. Des fiefs entiers furent aliénés par l'Eglise ou par l'usure « *indolore* » des Italiens, Lombards, Vénitiens, Génois, Pisans et même Marseillais. Conséquences immédiates des croisades : les châtelaines seront ruinées, les manoirs de leurs vassaux changeront de mains avec parfois en prime, une veuve douairière démunie de tout, sauf d'enfants en bas âge.

Les chiffres sont éloquents. A la fin de la 8ème croisade, il y avait 3 femmes pour un homme (% équivalent à l'armistice de 1918) chez les nobles. Les croisades n'ont pas sauvé le tombeau du Christ, ni sorti les chrétiens d'Orient du joug des mahométans. Elles ont sorti les « frisons » francs de l'engourdissement pour quelques siècles face à l'envahissement de l'Europe par les Sarrasins. A contrario, les échanges commerciaux deviendront plus réguliers entre l'Orient et l'Occident. Chacun y trouvera son compte à l'aller et au retour.

Les nouveautés Byzantines en matière d'architecture, de sculpture et de peinture ont permis aux « *Gaulois* » traditionalistes de goûter à autre chose que le style Gallo-Romain. L'art Roman trouvera un lieu d'élection en pleine évolution avec les portails d'églises, leurs tympans. Les chapiteaux des nefs et autre que les sculpteurs s'empresseront de garnir.

En parcourant l'Asie et l'Orient, les Européens à la vue de cités comme Constantinople, Damas ou Jérusalem se laisseront imprégner d'une iconographie nouvelle qui trouvera définitivement sa place dans l'art gothique rayonnant.

Dans le royaume de France, la moindre chapelle de l'Ordre de Saint-Benoît fera recette en incluant une ou deux croisées d'ogives grâce aux compagnons. Les pèlerinages favoriseront la croyance chrétienne qui ancrera son monopole. Mais un grain de sable va surgir...

La doctrine Cathare

Si l'on respecte une certaine équité dans le fondement même des croisades, on n'occultera pas les croisades occitanes, dirigées non plus contre des infidèles, mais contre des croyants manichéens, Des parfaits, qui ont commis une faute religieuse grave. Ils croyaient en

Dieu, prêchaient différemment et contestaient la légitimité de l'Eglise catholique de Rome. Pire, ils feront des adeptes dans le midi.

Les croisés du nord les remettront sur le droit chemin en les spoliant de leurs biens avec la bénédiction papale. Afin de cerner les conséquences de ces évènements irréparables, quelques éclaircissements s'avèrent nécessaires pour mesurer l'impact évident de leur non-violence, malgré la lâcheté des bûchers.

Le rôle joué par l'Eglise Romaine, après la dernière croisade catastrophique de Louis IX, a interpellé les fidèles, rafraîchi l'ardeur des chevaliers. Le dogme chrétien et la langue de bois se recoupent. La foi ne suffit plus à préserver ce que l'homme a de plus cher, sa vie.

Replaçons-nous au début du 13ème siècle, dans la logique cathare, qui ne veut plus entendre le latin diffus à travers les murs des abbayes. Les pauvres gens voient, touchent. Ils sont frappés par le train de vie prodigue des religieux hors des villes. Les suites majestueuses des archevêques, évêques, doyens et chanoines des chapitres les interpellent. En débarquant à Saint-Jean-D'acre et après avoir baisé le sol de la Terre Sainte, l'existence du Saint sépulcre devenait lointaine. Combien de croisés se posèrent-ils la question sur leur véritable raison d'être venu en Orient ?

Un signe prémonitoire aurait dû alerter la chrétienté. Cluny, la plus grande abbaye d'Europe, déclinait inexorablement. Les tenues opulentes des abbés et de leurs suites, celles des visiteurs de provinces, collectant la misère dans les prieurés lors des rapports annuels, sont provocatrices aux yeux vulgaires. Les gueux trahissaient un mal profond.

Les Vaudois, originaires du Lyonnais (Vaulx-en-Velin), puis après, les Cathares, ont tiré les premiers signaux. Ils donnèrent un goût amer à Rome qui les ignora. Qui osait promouvoir la contradiction au dogme : « hérésie ou couac, voilà des gens qui parlaient de Dieu de manière simple, directe dans un idiome compris même sur la place du village ».

Debout sur une pierre, ils prêchent la pureté de l'Eglise, celle des apôtres, fondée sur une interprétation dualiste des Ecritures. Ils ne prêchent pas une « *simple réformette* » des mœurs dissolues selon eux d'une l'Eglise romaine pervertie, mais la leur, l'Eglise des bons chrétiens, les « *parfaits* ».

Les prédicateurs cathares souvent plus instruits que le prêcheur de la paroisse étaient redoutables pour Rome. Ils accordaient une place aux femmes, prêchaient à l'extérieur sans autel, sans autorisation pontificale !

Ils arrivaient à pénétrer les convictions de la noblesse occitane appréciant cette culture théologique imparable. Cette perception nouvelle de la bible laissait pantois le traditionnel curé de campagne. Mais qui apportera la contradiction ?

Les grands clercs de l'Eglise désemparés se tournèrent vers Rome. Ils devaient reprendre leurs premières études afin de contrer cet apostolat décisif. La papauté devait agir. Prêcher une croisade contre ces prédicateurs considérés comme des infidèles, fut la solution retenue dont les conséquences perdurent...

Il fallait éradiquer cette contagion hérétique qui faisait tache dans le Languedoc. L'inquisition s'en chargera et terrorisera. Elle deviendra le symbole des interrogatoires musclés suscitant toutes les rébellions. Si les premiers bûchers purificateurs débutèrent sous Philippe II Auguste, ils susciteront des vocations et se perpétueront bien au-delà du « *saint* », Louis IX. Les abjurations sous la torture n'ont jamais réussi à vaincre l'hérésie. Avec la remise en cause drastique des cathares, l'Inquisition était déjà rodée contre les « *Infidèles* » en Orient. Tout était donc prêt pour commettre les crimes odieux, apanage de la religion chrétienne occidentale ne pouvant souffrir aucune contestation. Il était tentant de s'immiscer dans les affaires temporelles, de diffamer au besoin, de récupérer les biens et accélérer le regroupement des patrimoines.

Le pape, au cri de « *Dieu le veut* », galvanisait les troupes chrétiennes, où allait la foi ? Celle du sang qui fait perdre la raison aux croisés du nord devenus « *mercenaires* » en répondant à cette injonction du pape en 1208 contre les Albigeois ?

Le 14 janvier 1208, envoyé en mission auprès du comte de Toulouse afin que celui-ci règle le problème d'hérésie Languedocien, le légat du pape Innocent III, Pierre de Castelnau sera assassiné d'un coup de lance près de Beaucaire. Cet acte est une des raisons invoquées pour déclencher la croisade contre les Albigeois ou les Cathares, préparée et ordonnée par l'église catholique, armée et dirigée par la noblesse d'Île de France et des nordistes commandés par Simon de Montfort. .

« *L'encours d'hérésie* » fut le prétexte usité afin de s'emparer des riches possessions des nobles méridionaux et ce, bien entendu, afin d'accroître leur domaine. Un an plus tard, les croisés sont aux portes de Béziers.

Tuez-les tous....

Le 22 juillet 1209, les consuls de Béziers refusèrent de livrer les Juifs et les Cathares présents dans leurs murs aux croisés du Nord, guidés par Simon de Montfort et Guichard de Beaujeu. A La question posée par l'évêque *« comment faire pour les juger, les trier parmi une population de 15 000 habitants* ? ». Le légat du pape Innocent III répondit laconiquement à Simon de Montfort : « *tuez-les tous, Dieu reconnaîtra les siens !* ».

Sans égard pour le sexe et l'âge, presque vingt mille de ces gens furent passés au fil de l'épée, écrira le soir même le légat d'Innocent III, alors que la ville se consumait. Il figurait, selon les historiens, seulement 222 hérétiques parmi ces gens majoritairement catholiques. Le chiffre de 20 000 est exagéré. Le pouvoir royal fermera les yeux sur ces pogroms d'un autre temps. On fonctionnait à l'intimidation sous Philippe II Auguste comme de nos jours dans certaines parties du globe notamment en Afrique.

L'Eglise sortit de son rôle en détournant l'esprit des croisades avec la répression exercée par les barons du Nord qui marchaient au gain. Faute de pèlerins, elle enrôlera des mercenaires sous la bannière du Christ sans scrupule.

Massacrer comme infidèle, son frère ou son cousin dans le sud de la France, s'arroger pour un prix modique son fief était tentant. *«Tout seigneur qui dans le combat aura conquis une seigneurie (hérétique) pourra la garder en toute propriété* » écrivait Louis IX ! L'humour noir sera appliqué à la lettre en pays cathare, avec les conséquences qu'on imagine les éventuels retournements de situation, les vengeances en cas d'apostasie.

Dans ces climats passionnels où régnait sans foi ni loi du talion, où ceux qui imposaient le prêche dans l'église devenaient les plus forts. Les religieux perpétraient un ordre établi, une règle morale et économique, ils contrôlaient l'âme des pêcheurs, la parole écrite et parlée, ils distillaient le savoir. Si la chrétienté est le ciment d'une certaine identité nationale, les cathares n'avaient pas leur place.

Les juifs ne devaient pas commercer exagérément mais prêter à la demande, même si cela était réprouvé.

Ils devaient se laisser spolier épisodiquement en affichant un signe distinctif sur leurs habits comme à Vienne (38) au niveau de la poitrine. Cette distinction ségrégative a été reprise, il n'y a pas si longtemps... Les nazis n'ont rien inventé.

Béziers ville martyre après la Croisade des Albigeois

Menaces idéologiques

Au 8ème siècle, en 711 à l'époque des *maires* du Palais et des rois fainéants, 7000 berbères musulmans traversèrent le détroit de Gibraltar. Ils déferleront sur la péninsule Ibérique, traverseront les Pyrénées et ne seront stoppés, chassés ou « assimilés » qu'à partir de 732 à Poitiers par Charles Martel.

Lorsque d'autres, venus de Tunisie, investissent la Sicile, la Sardaigne en 846, pillent Rome, Bari, Tarente, débarquent sur les côtes de l'Estérel et le massif des Maures (la Garde Freinet en garde encore les stigmates), vinrent-ils au nom de la foi ? Pas précisément, mais, ils ont donné des idées à d'autres. Et ça perdurera sans discontinuité avec une recrudescence en Palestine au 11ème siècle. La chrétienté s'y mettra à son tour. Au Djihad musulman succédera un autre type de guerre sainte, la croisade des Frisous (des Francs). A égrener ces phrases, les connotations varient selon de quel côté de la méditerranée se placent les chroniqueurs. A quelques exceptions près, les actions des croisés ne furent pas toutes héroïques.

Ils commirent des atrocités, non seulement contre les musulmans, mais aussi contre les juifs, les cathares et l'empire Byzantin chrétien. Les papes, plus enclins à enrichir leurs proches ou leurs familles, eurent du mal à rester crédibles. Ils passeront une partie de leur épiscopat à s'immiscer dans les crises dynastiques, à alimenter les antagonismes entre les souverains qui avaient tous un lien de parenté.

Comment faut-il interpréter l'appel sacré d'Urbain II de 1095 engageant les chrétiens à aller délivrer le Saint-Sépulcre aux mains des musulmans ? A qui s'adressait précisément ce message ? A des serfs obscurs, aux vieillards, aux femmes et aux enfants qui se mirent en marche naïvement pour aller délivrer le tombeau du Christ ?

Le comportement du roi Philippe Ier, le 27 novembre 1095, fut-il à blâmer, de ne pas répondre à la croisade ? Confronté à l'enthousiasme général d'un peuple, il choisit de vivre joyeusement, enlevant la femme du comte d'Anjou. Il préféra se faire excommunier plutôt que de soutenir l'appel de Pierre l'Ermite. Mieux, il achètera à vil prix les châteaux de certains chevaliers, qui pour se croiser et s'armer durent les vendre.

On ne peut lui reprocher d'être sincère, face à l'absurdité de voir des centaines de milliers de gens non préparés partir se faire massacrer sans atteindre leur but. Quels étaient le véritable dessein que l'on réservait à ses pauvres bougres armés d'un seul bâton pour se défendre ? Etait-ce pour encourager la chevalerie ?

N'ayant aucune notion de la distance à parcourir, ils pillaient pour survivre et donnaient une triste image de la chrétienté. Dans ce contexte, tôt ou tard, la mort ou l'esclavage les attendaient. Très peu arriveront à la destination finale. Les brimades encourues durant le parcours, infligées aux survivants venus se recueillir et se réfugier dans la ville sainte, sont légions. Tous les chroniqueurs confirment.

La route de Damas était infectée de bandes de pillards très organisés. Le mot infecté n'est pas logique, car les autochtones pouvaient en dire autant de certains nouveaux arrivants « *pas très catholiques* » !

Etre chrétien en Orient

Ce ne fut qu'un rêve éphémère, unique, cruel, sans retour pour beaucoup de croisés, qui fut récupéré par une poignée de nobles nouveaux possédants où l'Eglise et les rois auront des intérêts convergents et divergents. Il fallut 8 croisades, pour s'apercevoir que leur sacerdoce avait été inutile.

Lorsqu'en 1119, les chevaliers laïques rassemblés sous la coupe d'Hugues de Payns ou Payens arrivent en Palestine Sainte Terre et se mettent au service des chanoines du Saint Sépulcre qui les accueilleront, quel était leur sacerdoce ?

L'explication donnée habituellement est trop simple pour qu'on en parle encore ! Ils sont hébergés temporairement par l'Ordre des Hospitaliers de St Jean créé en 1113. Ces derniers, depuis cette date, se consacraient à des œuvres de piété et de charité selon les besoins des pèlerins. Le groupe des chevaliers accompagnant Hugues de Payns jugeant cette vision restrictive, voire insuffisante, ils construiront les premiers refuges dans la région située entre Haïfa et Césarée.

Leur réaction était louable, mais intenable en milieu hostile. Les croisés ne pouvaient se maintenir avec un effectif aussi faible. Ils subiront à leur tour des harcèlements et des revers.

En 1120, face aux difficultés croissantes des *« pauvres chevaliers »*, on parlera de créer une Milice de trente Chevaliers dont neuf noms resteront à la postérité sous le vocable, « *les Chevaliers du temple* » ou *« templiers »*. Le roi Baudoin II accueillera cette communauté naissante dans une partie de son Palais, la Mosquée d'Aqsa, à l'emplacement de l'ancien Temple de Salomon de Jérusalem.

Pour donner plus de sens militaire aux croisades, ils secondèrent les chevaliers de Saint-Jean-de-Jérusalem dans le sens hospitalité. Ils rentrèrent chez eux et revinrent alors avec d'autres objectifs... Mais là c'est un autre sujet qui alimente encore beaucoup de boutiques, genre Rennes-le-Château. Bien des chevaliers se croisèrent avec la promesse d'acquérir une parcelle de (terrain) royaume en Palestine. C'est ainsi que l'on retrouvera des chevaliers de toutes nationalités et des cadets de tous âges, entendu qu'ils partaient défendre la Terre-Sainte.

Le Saint Sépulcre au Moyen Age à Jérusalem

Ils étaient pour le plus grand nombre, en service commandé, ordonné par un prince ou un suzerain, eux-mêmes en conflit larvé avec l'Eglise pour des questions de fiefs à imposer ou non.

Lorsqu'ils avaient la chance de vieillir en Europe, les rescapés embrassaient quelquefois la vie monastique et prieront pour absoudre leurs péchés. Ont-ils torturés, violés et pillés au nom de Dieu ? A chacun d'agir en son âme et conscience en Aragon ou dans le Languedoc.

La septième croisade de Louis IX

Avant de parler des dernières croisades en d'Orient, on ne peut occulter la petitesse de Louis IX face à la tragédie cathare. Etait-il aussi juste que le dépeint l'Histoire ? En public peut-être, lorsqu'il maîtrisait son sujet, il aimait paraître en spectacle, s'y donner une apparence pieuse.

Comment lui, le grand roi, nous dit-on, ayant porté le sceptre, a-t-il pu autoriser sa mère Blanche de Castille à « *décapiter l'hydre* » de Montségur en 1243 par le bras du grand connétable de France Humbert (Imbert) de Beaujeu ?

Le fait est minimisé par les historiens ; Humbert de Beaujeu avait tous les pouvoirs royaux en main, lorsqu'il réinstalle en janvier 1243 ses garnisons et son administration à Carcassonne avec le comte du Foix.

Il enverra le sénéchal de Carcassonne Hugues des Arcis, déployer quinze cents hommes autour du pog (*château occitan*), pendant le mois de mai. Le siège, si l'on peut dire, se terminera le 16 mars 1244. On en connaît la triste fin. Ce fameux mercredi où le sénéchal de France et l'archevêque de Narbonne firent évacuer le château de Montségur et brûler vifs 225 Parfaits, qui ne renieront jamais leur foi. J'ai précisé « *si l'on peut dire* » concernant le siège, car il est étonnant que les assiégeants aient laissé filer le trésor cathare autour de Noël 1243. C'est un fait historique resté lui aussi sans réponse, repris sous la 2ème guerre mondiale en 1943 ; il suscita bien des fantasmes.

Il faut méditer sur la corrélation manifeste entre Humbert de Beaujeu sénéchal de France, responsable du siège de Montségur et son neveu Guillaume, alors âgé d'une dizaine d'années en 1243, qui deviendra grand Maître de l'Ordre du Temple, mourra au siège de Saint-Jean-d'Acre en 1291 et le sort que l'on infligera à Jacques de Molay sous forme de représailles.

En juin 1244, peu après le concile de Lyon, Louis IX sortant d'une grave maladie avait promis de se croiser. Laissé un jour sans vie, au point qu'une des dames qui le gardaient, tira le drap sur sa tête le croyant mort. Ayant perdu l'usage de la parole, il demanda la croix. A son réveil, il jura de tenir la promesse de partir. Pour l'anecdote, il avait déjà négocié l'achat de terrains à Aigues-Mortes. Des rumeurs judicieusement introduites par le pouvoir rempliront d'indignation les chrétiens, *« en Terre Sainte, tout va mal »*.

Le 23 août en effet, Jérusalem tombera sous l'assaut des cavaliers turcs à la solde du sultan d'Egypte. Louis IX était d'autant plus motivé d'en découdre que la chevalerie attendait, la noblesse se croisa, les chevaliers testèrent, aliénèrent leurs biens. La régence du royaume de France fut confiée à la Reine mère Blanche de Castille, qui redoutait la lenteur des préparatifs.

Elles ne se termineront qu'en juin 1247. De toute façon, Louis IX n'ayant point de port à sa convenance sur la méditerranée, il fallait donc patienter.

La genèse d'Aigues-Mortes

A la mort de Louis IX les remparts débutaient ...

Le choix de ce lieu fut judicieux au Moyen Age à en croire les historiens, Cette future place forte était un port d'attache judicieux pour qui voulait emprunter la voie d'eau de Paris à la mer. Ce comptoir languedocien permettrait à Louis IX d'asseoir son autorité en Méditerranée. Hormis l'objectif des croisades, il pourrait exporter, commercer et accueillir ses sujets comme bon lui semblerait. Il désirait en plus se libérer des contraintes étrangères de Gênes, Venise, Pise et Marseille, mais aussi du pape de Rome, non sans un malin plaisir.

Il le voulait ce port, être en communication directe avec la Terre Sainte. Comme l'a dit l'historien Pagezy, l'un des plus brillants historiens d'Aigues-Mortes et de la Petite Camargue *« porter le mouvement et la vie là où avaient toujours régné le silence et la mort »*.

Depuis Philippe II Auguste, les cathédrales, les églises, les abbayes et les chapelles poussaient à chaque croisade comme des champignons. Les compagnons du Devoir se firent la main et recrutaient. Les maîtres bâtisseurs s'organisèrent, formèrent des castes, des corporations plus ou moins liées entre elles ; la conservation du secret de fabrication était exigé dans la construction. Les tailleurs de pierres protégeaient jalousement leur savoir-faire en estampillant leurs œuvres.

Ces signes cabalistiques apparents sont encore bien visibles à partir d'une hauteur de 3m sur les remparts du côté de la porte des Moulins ou des Remblais. L'homogénéité des remparts trouve une réponse dans l'initiation des apprentis, la transmission du savoir, l'engagement du *« rien dire, tout voir et entendre »*. On n'était tout de même pas en Chine où quiconque trahissait un secret comme celui de l'élevage ou du dévidage du cocon, était de fait condamné à mort.

Ces habiles bâtisseurs détenaient leurs connaissances, selon les textes anciens, voire l'édification du Temple de Salomon à Jérusalem. C'est plausible et cette analogie ésotérique a tout son sens avec les Templiers. Quoi qu'il en soit, le plan de la ville d'Aigues-Mortes ou Aqua Mortuae reste l'œuvre de Louis IX. Un grand chantier portuaire qui perdurera quarante ans sans interruptions majeures, où s'achemineront par voie d'eau des tonnes de pierres du Gard et de Provence. Cette érection devint effectivement la prédilection royale à l'intérieur des terres.

Ses deux voisines, Beaucaire et Saint-Gilles, haltes fluviales en pleine expansion, se réjouiront de l'ouverture sur la mer rivalisant avec Montpellier et Marseille, villes hors du royaume. On lui octroiera même le nom de « *Bona forca* » sous Philippe le Bel, expression qui disparaîtra avec son déclin pour cause d'ensablement, mais surtout avec l'avènement de Sète sous Charles VI.

Les transactions territoriales débutèrent en fait entre 1241 et 1243, selon les sources. La région d'Aigues-Mortes (*aquas mortuas*) appartenait jadis aux moines de l'Abbaye de Psalmodi. Louis IX acheta et échangea ces terrains marécageux pour aménager son port et augmenter la viabilité terrestre, la place était à prendre.

Comme dit Gachon dans l'histoire du Languedoc, « *une station de commerce de relâche et de guerre* ». L'acte fut finalisé en 1248, entre l'abbé Raymond et son assemblée divine d'une part, et le sénéchal de Beaucaire pour le roi de France, d'autre part. Ce type de conception architecturale d'une ville entière dans un quadrilatère était inconnu en Occident. Si Louis IX eut le plaisir de contempler l'imposant donjon, il ne se rendit pas compte, du progrès à la taille des pavés, des difficultés imposées à la main d'œuvre originaire d'Alès, pataugeant des heures au milieu des miasmes insalubres, sous la crainte d'un emprisonnement.

Nous sommes en pleine épuration cathare, ne l'oublions pas. L'érection du donjon, « *Tour de Constance* » sera la première concrétisation du projet et se poursuivra jusqu'en 1246.

Il faut comprendre dans le mot « *donjon* », l'unique tour construite à cette époque. L'épaisseur de ses murs explique en partie sa conception en petites pierres lisses sans bombage, différant de celles de la base des remparts qui resteront une curiosité ne nuisant aucunement à l'homogénéité de l'édifice.

Le bombé archaïque des pavés est typique. On résistait au bélier, matériel de siège courant, sans intégrer la présence des bombardes déjà efficaces à ce siècle. Du haut de la tour, un mirador surveillait la navigation côtière, envoyant si besoin, des signaux dans la baie du Grau Louis. Il était urgent de protéger les autochtones des pillards sarrasins qui, arrivant continuellement d'Afrique du Nord, effectuaient des razzias sur les côtes par l'étang du Repausset. Ils recherchaient des hommes à mettre dans leurs galères. En dehors du canal Viel qui alimentait Aigues-Mortes, l'accès de la terre pour ce genre d'embarcations légères était facile.

Cette configuration temporelle permit d'accueillir « *l'hospice Saint-Louis* » pour les sépultures des croisés sur un îlot formé sur le second cordon littoral. On favorisera les moyens commerciaux de ce bourg en assurant la sécurité de ces futurs habitants, en pérennisant l'activité portuaire, en exonérant de taxes les populations étrangères familiarisées au négoce Italien Aigues-Mortes venues en son sein, restes d'une succursale à forte concentration Génoise.

Sans parler de l'or blanc (le sel) qu'il fallait exploiter quoi qu'il en coûte, argument sans cesse avancé, la construction de la Tour Carbonnière débuta en 1271 à quelques lieues. Située sur l'ancienne voie départementale reliant Saint-Laurent-d'Aigouze à Aigues-Mortes, cette tour haute de 16 m avec 66 marches, au milieu des marais entourée de ragondins est de nouveau accessible en 2014.

Ce poste d'observation reste un havre de paix sur cette partie du littoral. Il serait regrettable de toucher à ce dernier témoignage du moyen âge, hors de toute nuisance. Si Louis IX ne l'a jamais connue, Guillaume de Roussillon l'a découverte.

Après avoir laissé son embarcation à Saint-Gilles ou à Beaucaire, son aventure rocambolesque commencera au passage de cette tour. Lors de votre prochaine visite en Camargue, pensez à lui, allez-la voir et souvenez-vous qu'il l'a connue.

Le porche sous la tour Carbonnière était le seul passage au Moyen Âge payant, pour qui se rendait à Aigues-Mortes !

Tentez l'escalade. Une fois au sommet, imaginez la crainte des guetteurs qui avaient pour seuls compagnons, le sifflement des moustiques la nuit et la fièvre des marais le jour. Des étangs à perte de vue, qui isolaient la place d'Aigues-Mortes, lui évitant ainsi toute mauvaise surprise. On instaura pour améliorer ses revenus, un péage à partir de 1409, qui deviendra l'enjeu de nombreux procès face aux abus des titulaires.

Très vite s'installera dans les constructions, un capharnaüm de vivres, des vins fins, des épices, des fruits confits, tels abricots, poires ou mandarines importés d'Orient qui étaient revendus à Beaucaire.

Depuis 1250 le négoce des armes d'orient à l'acier plus fin avait explosé. Les épées orientales offraient plus de souplesse, plus de résistance et de légèreté dans le corps à corps. Les croisés en firent l'amère expérience lors des décapitations.

Le secret de fabrication du « *Damas soudé* » fut dévoilé et fut adopté en Occident. Cette technique consistait à inclure du carbure à l'acier doux. Après un trempage dans l'acide et un polissage rapide, le moirage des couches apparaissait. Une autre technique syrienne est apparue dans le même temps, le damasquinage. Cette particularité importée de Damas relative à l'incrustation de petits filets d'or ou d'argent sur le métal afin de rehausser l'éclat d'un bijou trouvera très vite en France un débouché dans le tissage de luxe.

Il y avait aussi sur le littoral, le troc des reliques arrachées aux musulmans en souvenir, celui des amulettes revendues à prix d'or par certains vétérans croisés désireux de survivre au retour.

Il serait illégitime de clore ce paragraphe, sans évoquer la véritable richesse de ce port, qui était la production du sel marin, le territoire des Salins de Peccais appartenant à l'abbaye de Psalmody dont Louis IX se rendit subtilement propriétaire.

La décize ou descente des croisés sur le Rhône

Au printemps 1248, le pape ayant engrangé suffisamment de subsides pour guerroyer en Terre Sainte, Louis IX s'empressera de les lui emprunter comme la rémission de sa grave maladie semblait le lui permettre. On envisagea le moment propice pour annoncer une nouvelle croisade. Il devenait urgent d'intervenir en Palestine. Après la ville de Jérusalem, la totalité du royaume de Jérusalem était désormais menacé. Sur un plan de politique intérieure, le roi désirait quoiqu'il arrive, inaugurer les appontements dans la baie abritée du *« Grau »* près d'Aigues-Mortes. Par contre, personne ne connaissait le calendrier du départ, ni la destination finale de la flotte. Les forces des croisés du Nord se rassemblèrent dans un premier temps à Auxonne. Le regroupement s'opérant, on privilégia comme à chaque croisade, le cours de la Saône tout comme les Anglais, ôtant ainsi des chevauchées inutiles aux hommes et aux bêtes.

A l'aide d'un poème emprunté à Revoil, un conteur originaire de Serrières (07), on s'imprégnera des sensations perçues lors de la décize (descente) en bateau sur le Rhône dès l'embarcadère du port de Saint-Paul en amont de Lyon.

« Abandonnant le cours de l'indolente Saône, un navire élégant s'engage sur le Rhône ; Au souffle du mistral flotte son étendard semé de fleurs de lys.

Sur le pont le soudard entoure un brillant trône où, près du suivant d'armes, les archers sont debout prévenants les alarmes ; Grand connétable (Amaury de Montfort et Humbert de Beaujeu), garde, écuyer, chevalier scintillent sur le flot leurs armures d'acier ; La princesse montrant diamant et perle fine, se tient près du page au beau pourpoint d'hermine.

Timbaliers, ménestrels dressent la lyre d'or, et le hautbois se mêle au son joyeux du cor. Entouré de sa cour, (Philippe), roi de France, descend pour visiter les Etats de Provence.

Le long du beau rivage au penchant du coteau se montrent pavoisés le chaume et le château; les vivats des manants éclatent sur la rive, tandis que dans sa barque, abordant en dérive, chaque noble Seigneur, sur le bateau royal, apporte au souverain les présents du vassal. Aux antennes, écussons, labarums, banderoles, un groupe de canots, d'élégantes gondoles montées par le monarque et le prince de sang, au pas de l'aviron sur le fleuve descend.

Saint Louis met un terme à la guerre intestine, va s'embarquer en mer, emmène en Palestine barons, comtes, seigneurs, chevaliers, paladins, combattre pour le Christ, chasser les Sarrasins » (extrait 4ème chant) ».

Ce poème nous a conduits dans le Languedoc avec la septième croisade. Attendant des conditions propices, l'armada transportant les croisés, put hisser les premières voiles à Aigues-Mortes le 25 août 1248. Composée de nefs (naves) et de galères appartenant à Gênes, Marseille et Barcelone, les premiers bateaux apercevront la terre le 17 septembre. La totalité de la flotte, après un mois de navigation, jettera l'ancre le 22 septembre dans la baie de Limassol sur l'île de Chypre. C'était le port de regroupement choisi par Louis IX sur l'île. Le roi commettra une première erreur, celle d'attendre les renforts du roi de Chypre avec des prélats de l'île. Laxisme ou faiblesse, il temporisera jusqu'au printemps 1249.

Les délices du climat, la corruption, la luxure et l'oisiveté amenèrent les seigneurs à se plaindre au souverain d'avoir vendu leurs terres pour rien en quittant leurs châteaux. Ils se disaient ruinés dès leur arrivée, en venant ici chasser leur ennui, alors que l'on ne les autorisait même pas eux à jouer. Seul l'entourage royal avait le privilège du jeu d'argent ! Etait-ce voulu ?

A l'aube du 13 mai 1249, la flotte appareillait. La vraie croisade débutait. Après cinq jours de vents favorables, les bateaux montrèrent leurs proues sur les côtes égyptiennes à Damiette.

Les musulmans médusés par l'arrivée d'une telle force, ne chercheront pas à s'opposer à ce débarquement rondement mené. On parle de 1800 bâtiments, d'une bataille facile à l'arrivée où les croisés se jetèrent à l'eau parfois avec les armures !

Le sire de Joinville, dans sa chronique, ne parle pas trop de Damiette et des difficultés rencontrées par les croisés pour obtenir la reddition acquise après 9 mois d'enlisement, le 10 février 1250. Des croisés mal engagés, mal dirigés, qui finiront à leur tour par capituler.

Les croisés à Damiette en Egypte

A vaincre sans péril on triomphe sans gloire. Louis IX, sous-estimait les rigueurs du climat, sa chaleur, la température des armures exposées au soleil et pire, mal renseigné, il se fera piéger dans le canal d'Aschmoun protégeant la plaine et le port de Mansourah.

Un obstacle imprévu ce canal. Il contraindra les croisés à bâtir des abris sous une grêle continuelle de flèches. Des retranchements en bois qui devenaient la proie mortelle des feux grégeois. Les troupes Franques piétinant, le scorbut, la dysenterie et la famine firent leur apparition. Le roi en sera victime en réconfortant les combattants. Plus l'adversaire se redressait, plus le roi s'enlisait. Il perdit en quelques semaines tous les acquis de 10 mois de lutte. Le pire était à venir le 4 avril 1250 où, il sera fait prisonnier.

Des milliers de morts suivront. Dès le 6 avril, les survivants plus robustes et fortunés, allongés à même le sol dans des conditions atroces, écoutaient le montant de leurs mises. Chacun espérait sauver leur tête lorsque faute d'enchère, les tractations de rançons s'éternisaient. On ne libérait que les prisonniers solvables. Mieux valait être riche et en bonne santé que d'être malade et sans sous comme disait un comique bien connu.

On m'a interrogé à ce titre, sur la présence ou non du croisé Guillaume de Cholnes (*figurant sur la charte d'Acre*) originaire du Lyonnais dont une branche subsiste dans le Pilat. Chol ou Chou, selon les écritures, semble correspondre à la branche originaire de Longes, petite commune du Rhône. Si c'est le cas, il aurait été présent à Damiette. On retrouve au domaine de la Jurary, dès le quatorzième siècle et au quinzième, un Guillaume Duchoux ou de Cholnes qui serait un descendant de ce croisé ?

Il a dû racheter sa liberté en 1254 pour rentrer avec Louis IX. D'autres, moins chanceux, finissaient humiliés sur le marché des esclaves de Bagdad ou égorgés par manque d'acquéreur. Pire, la soldatesque et la piétaille d'origine modeste, ne voyaient même jamais les marchés. Elles étaient sabrées sur place. On réservait le même sort aux populations assiégées hormis aux belles femmes !

Le roi fut contraint de restituer Damiette, prix de sa liberté et dut verser une rançon pour les 10 000 chevaliers francs prisonniers et libéré sur parole le 6 mai. Il ne put solder le montant des 800 000 besants (livre) dont 400 000 était à donner comptant. Le reste sera versé lorsqu'il aura rejoint la Palestine. Il hésitait à partir, car il craignait pour la vie des otages. Les têtes coupées de ses propres amis croisés, exposées en guise d'ornement sur les lances des mameluks, ne laissaient planer aucun doute.

On a du mal à imaginer cette scène. A Damiette, chacun attendait, le statut quo s'installait. Les templiers seront sollicités pour solder le contentieux de 30 000 livres qui manquaient en poids d'or sur les balances. Le grand Maître étant mort dans les combats, le commandeur sans ordre précis, refusera naturellement d'avancer l'argent en l'absence de bailleurs désignés.

C'était l'usage du Temple et le sire de Joinville se vexera (à tort). Le Temple ne dérogea pas à la règle même pour un roi.

Joinville se rendit sur la « *maîtresse galère* », menaçât le trésorier et se servit en guise de clé du coffre de sa hache. Les templiers laisseront à Joinville la responsabilité de cet acte en tolérant qu'il prélève l'or dont il avait besoin. Cet épisode restera dans les annales du Moyen Âge, selon la chronique relatée par Joinville lui-même adepte du nombrilisme.

Le comptage des pièces pu reprendre et un croisé étourdi indiqua que l'on se trompait au préjudice des sarrasins. Le sire de Joinville lui écrasa les orteils pour le faire taire. La rançon soldée, le roi put réembarquer avec la reine Marguerite de Provence et Tristan qu'elle avait mis au monde. Ils mirent les voiles en destination de Saint-Jean-d'Acre, la ville de Jérusalem dans le giron des musulmans leur était interdite.

Louis IX restera quatre ans à Acre, non par plaisir, mais par obligation. La ville était au bord de l'implosion due au siège des musulmans. Il demeura au dire des écrits de son chambellan, « *parce que la majorité des Barons l'y engagea* » et que Joinville confirma le 12 août 1250 « *le plus grand nombre jugea (dont Joinville) que si dans ce moment nous abandonnions ce pays...ce serait l'exposer entièrement aux Sarrasins.... Si au contraire nous restions nous avions l'espoir que le temps amènerait quelque chose de bon* ».

Frappé d'ascétisme, le roi est-il sincère ou naïf ? Il était incapable de dire : « *je renonce à la Terre Sainte* ». Le 21 novembre 1252, sa mère Blanche de Castille rendra son dernier soupir. Elle assura la régence d'une main de fer, freina jusqu'à son dernier souffle les chanoines de Paris qui jetaient abusivement en prison les paysans d'Ile de France faute de paiement de redevances exorbitantes.

Louis IX tombé en douloureuses lamentations, voyant Joinville, lui dit : « *j'ai perdu ma mère* »- Et Joinville de rétorquer avec sa rude franchise, « *moi je ne m'étonne pas Sire, car elle devait mourir* » (un jour). Louis IX, ramené à la raison, comprenait que son royaume l'attendait.

Le calme relatif en Palestine, la présence armée imposant la paix entre les barons d'Orient, il se résoudra à partir après les fêtes de Pâques. Il appareillera de Saint-Jean-d'Acre le 25 avril 1254 vers Chypre. La dernière voile venait à peine de disparaître de l'horizon que l'anarchie reprenait en ville.

Au sud de l'île, la galère royale « la Montjoie » s'échouera et subira de sérieuses avaries. Louis IX refusera de quitter son bateau.

Rafistolé, il repartira avec l'escorte, bravera une tempête qui les retardera et touchera enfin la côte après 10 semaines de navigation.

« Où sommes-nous ? » – « Sire, vous êtes à Hyères » - « Bon, alors je ne descends pas, ce n'est pas ma terre, je veux aller à Aigues-Mortes ». On arrivera quand même à le convaincre que ses gens en avaient assez de ces années d'aventures et de navigation. Il plia et sitôt à terre, le cortège se scinda à Beaucaire, entre lui et Joinville.

Louis IX que l'on dépeint sous un aspect bon enfant n'était pas si tendre qu'on le décrit. Capricieux comme un prince, avec un sourire malicieux assorti d'une naïveté feinte, il était devenu pénible en Palestine. Il fallait des actes non des tergiversations pour couvrir les débordements redondants des Ordres mendiants « du Dieu le veut » ou des seigneurs « au nom du Roi je vous arrête ».

A Acre, les rivalités n'ont jamais cessé sous couvert du trône de Jérusalem et resurgiront à son départ. La peur des lendemains incertains finira par saper les forces des croisés et ranimera la concurrence entre les marchands Génois et Vénitiens.

1254
Louis IX rentre à Paris

Louis IX, après cette longue absence de cinq ans, rentre à Paris. Il ne tenait plus grief aux templiers de ses déboires en Orient bien au contraire. Les chevaliers l'avaient aidé à maintenir l'ordre et la justice. L'amertume reprendra avec la croisade suivante où avec Philippe son fils, influençable, débonnaire et peu instruit sera affublé du sobriquet « *le Hardi* » ? Sa vulnérabilité nous conduirait à le surnommer « *l'imprévisible* ». Sa triste fin le confirmera.

Les templiers avaient quelques raisons d'être insatisfaits du laxisme de Louis IX vis-à-vis des princes, tel Pierre d'Aragon qui mettait à mal leur autorité, sans aucune réaction du souverain. L'Ordre fit aussi comprendre qu'il faisait la part trop belle aux autres Ordres mendiants comme en Aragon, aux couvents des frères prêcheurs. Louis IX, c'est indéniable, protégeait d'un œil bienveillant les missionnaires dominicains, franciscains et cordeliers. Il les encourageait même à encadrer le flot des pèlerins embarqués sur les nefs, à prêcher dans les campagnes, aux carrefours des grands chemins et sur les routes des grands pèlerinages.

Leur exaspération ira crescendo avec l'Inquisition, à la vue d'une libéralité devenue trop criarde. Les templiers, au fait de leur puissance, refuseront d'écouter toute autre autorité que celle du pape.

Ils se méprenaient sur la dangerosité des canons publiés à l'issue des conciles régionaux. Ils n'avaient pas assez réagi à la persécution des cathares, pas plus qu'aux brimades infligées aux juifs devant porter des signes distinctifs apparents. La roue tournait au fur et à mesure que les besoins d'argents se faisaient sentir. Le réveil sera douloureux et paradoxal après 1271.

En l'absence de croisade, les templiers amassent plus de richesses, les rois dépensent plus et s'endettent sous l'œil des dominicains vissé sur l'ordre du Temple. L'Inquisition fait peur, les templiers ont conscience du danger ; exemple du Languedoc où ils en mesurent les effets tout en se croyant encore invulnérables grâce à leur force de mobilisation et entraînement intensif.

Dans les dernières années de son règne, Louis IX a du mal à gérer son royaume, affligé par la perte de cette mère envahissante. Mais comment engager une nouvelle croisade sans quémander les services financiers des templiers à Paris ? Il est hors de question d'aborder frontalement le sujet depuis sa rançon qu'il vient à peine de solder auprès du sultan Baybars grâce à eux. Les croisades sont bien huilées.

Elles sont devenues un palliatif pour calmer les ardeurs des seigneurs belliqueux en quête d'aventures, qui risqueraient de perturber son royaume. La papauté récolte la dîme, amasse les dons, gonfle le trésor du Temple ; les rois et les princes grincent des dents. Il y avait quelques heureuses exemptions envers les maladreries et les chartreuses récentes. Cette disposition concernera Sainte-Croix-en-Jarez plus tard.

Les legs au nom de la piété, d'un repenti ou d'une absolution de péchés, firent beaucoup de biens aux Ordres religieux. Malheureusement, le droit de regard sur cette manne d'argent était incontrôlable. Cette gestion fut contestée par le roi. Elle atteindra son paroxysme sous Philippe le Bel.

La dîme servant en principe à financer une œuvre pie couvrira également des dépenses personnelles et des guerres moins honorables que la délivrance devenue impossible du tombeau du Christ à Jérusalem.

Chaque année, l'église engrangeait, après approbation d'un concile de nouveaux dons. Elle s'arrogeait quelques legs au départ de certains croisés, fait plus rare au retour d'un estropié ou de sa délivrance moyennant une rançon.

Après la dernière croisade de 1270, les comptes de décimes perdurèrent sans raison. La promesse de Philippe III le Hardi et des papes qui promettaient la reprise des croisades ne trompait personne, ni même les musulmans !

Les riches font la guerre les pauvres meurent...

La justice et l'impartialité étaient les traits saillants de Louis IX nous dit-on, lorsqu'il s'agissait de crimes graves. Pour le reste, ne tolérant ni contestation, ni injures, il faisait apposer le fer rouge sur le nez ou la bouche des insolents sans retenue. Les débordements de son frère étaient couverts.

Le Prince d'Anjou, revendicateur, vindicatif et revanchard au possible ne fut jamais victime de guet-apens. Il était surveillé et c'est tout. Pour Louis IX, une seule chose comptait, repartir au plus vite outremer. Les dernières nouvelles étaient catastrophiques pour les chrétiens « *La gent de la sainte terre estoit en grand péril* ».

Le pape Alexandre IV, exhorte les rois d'Europe, à reprendre la lance et l'épée. Comme chacun reste sourd à son appel, le sultan mamelouk Bahrite d'Egypte ou Baybars (Baybars) reprend tranquillement l'offensive, contre les colonies chrétiennes. Félon et féroce, il ne tenait pas parole. Mais depuis 1260, une nouvelle confrontation se dessine entre les mongols et les mamelucks. Baybars doit se calmer. Le destin des croisés en dépend. Par qui vont-ils être mangés ?

L'invasion mongole menée par Houlagou Khan dont la favorite est chrétienne, menace d'engloutir le Moyen Orient. Le calife de Bagdad ne sait que faire pour enrayer cette bête sanguinaire. Le sultan se rendra et sera aussitôt roulé dans un tapis, et piétiné par des chevaux afin de le réduire en bouillie. En Perse, tandis que l'on massacre 800 000 musulmans, on épargne les chrétiens à la demande de son épouse. Il enverra une armée de 20 000 hommes en reconnaissance en Syrie. Le sultan Baybars alerté, quittera le Caire avec 30 000 mameluks et se portera à leur rencontre. Les chevaliers templiers et hospitaliers, dans leurs forteresses du littoral étaient pris en tenaille. Ils opteront pour le moins cruel momentanément. Contre toute attente, ils accepteront de laisser passer Baybars sur leurs terres et la route de Damas.

Le sultan va même jusqu'à demander du ravitaillement. Il l'aura en vertu d'un accord de trêve. Les mameluks arriveront ainsi par surprise sur les mongols et l'affrontement sera immédiat à Aïn Djalout au nord de Nazareth.

Les mameluks font mine de reculer pour mieux piéger leurs adversaires. La bataille dure une matinée, aucun survivant mongol ou si peu. Un des rescapés fit parvenir ce message à Houlagou Kan, histoire de se faire pardonner « *que le Khan ne soit pas affligé par la perte de son armée. Qu'il s'imagine que pendant une année, les femmes de ses soldats n'ont pas été enceintes et que les juments n'ont pas pouliné»* ». La Syrie, désormais aliénée par Baybars, restera sous domination mamelouke en limite du Tigre, jusqu'au seizième siècle. Baybars profitant de l'affaiblissement mongol se rendit compte que rien ne pouvait plus arrêter ses desseins. Tant pis si les croisés ont cru en lui. Pouvaient-ils en être autrement ?

Son objectif est clair, les forteresses franques doivent disparaître. Successivement Césarée en 1261, Haïfa 1265, Safed 1266 et Jaffa 1268 tombent. La destruction finale, le nettoyage ethnique des croisés devient une obsession. L'occupation franque a assez duré. Louis IX sera maintenu au courant des désastres en permanence.

La dernière croisade du roi de France en Orient

Il sait qu'en France, on est hostile à toute idée d'une nouvelle expédition. Il devra manœuvrer habilement afin de retourner les sentiments de ses barons avant de provoquer un Parlement en 1267. La décision sera finalement arrachée, les faits se précipiteront. Louis IX fixera ce 2ème départ pour 1270. Il demandera au nouveau pape Clément IV, de lever un impôt exceptionnel sur le clergé, qui se récriera aussitôt arguant le fait qu'il est dans le besoin (c'est récurrent). Louis IX n'appréciera pas et ordonnera de lever dès lors des taxes proportionnelles à la fortune de chacun...

Le 15 mars 1270, après avoir recueilli la panetière à Saint-Denis, il ira se recueillir et prier à Notre-Dame. Il passera la nuit à Vincennes et c'est ainsi que débutera la 8ème croisade. Cet écho réveillera quelques ardeurs belliqueuses chez ceux qui croyaient encore à pouvoir couronner leurs casques de batailles en Europe, exemple de Charles d'Anjou ou Edouard fils héritier du roi Henri III d'Angleterre.

Dans toutes les provinces les croisés français recevront l'ordre de se diriger vers les ports de Marseille et d'Aigues-Mortes. La flotte Génoise, réquisitionnée en nombre dans le golfe du Grau tardera à répondre à l'appel. Louis IX déjà affaibli avant d'embarquer se reposera quelques jours à Saint-Gilles où le climat était plus sain.

Les fêtes du Languedoc reprendront autour d'Aigues-Mortes comme lors de la précédente croisade avec les tournois entre les barons du nord et ceux du sud. Les escarmouches se succèderont entre bandes rivales et aiguiseront l'impétuosité. Il est temps d'embarquer tout le monde. De l'inaction surgissait journellement des querelles entre catalans et provençaux. Il y aura des morts. Louis IX sera contraint de prendre des sanctions.

Le 2 juillet 1270, Aigues-Mortes est en effervescence. Les vents devenus favorables, le roi embarque. La physionomie actuelle du golfe ne reflète en rien ce qu'il était à l'époque. Les cordons de dunes sur lesquels est bâtie aujourd'hui la petite ville du Grau-du-Roi n'étaient pas complètement formés. De l'ancien canal Viel, qui traversait jadis l'étang récent du Ponant, pour se jeter dans le Grau Louis vers le pont des Abîmes, ne subsiste plus qu'un marécage épars. A proximité de cet ancien canal, la bande côtière a été remodelée. Parsemée de marais, d'un plan d'eau artificiel et de vignes, elle dessine aujourd'hui le domaine du mas du petit Chaumont. On prête dans le secteur proche la présence de plusieurs tombes ou vestiges qui auraient abrité une ancienne maladrerie. Si le fait est envisageable coté Boucanet (Grau-du-Roi), il n'est pas improbable de la faire figurer à proximité du Petit Chaumont. La mer a reculé...

Ce secteur a été entièrement défriché, fouillé pour ne pas dire occasionnellement déminé par ses propriétaires entre 1957/59 suite à l'occupation Allemande de 43/44. On doit tenir compte d'une règle, la quarantaine imposée jadis au large aux retours des expéditions. Elles se concrétisaient par quelques corps jetés en mer. Une mesure maritime qui s'appliquait à toute grosse embarcation désirant débarquer à l'époque médiévale, cas des galères ou des nefs. C'était un moyen drastique d'enrayer les épidémies venues d'Orient.

La présence d'un hébergement en dur, protégé des inondations lors des crues du Vidourle était incontournable sur cette portion du littoral. Un avant-port dut servir nécessairement de relais occasionnel aux appontements mobiles empruntés par les nefs huissières à trois étages.

La flotte mouillant au large du Grau était parée. On allait mettre le cap sur la Sardaigne pour former un regroupement que les chroniqueurs estimeront à 1800 embarcations. Arrivé à Cagliari le 13 juillet, Louis IX demanda à descendre pour ravitailler la flotte. Il essuya un refus catégorique des habitants, ce qui donna le ton à sa croisade. A la surprise générale, il révéla la destination : fondre sur Tunis à la place de Saint-Jean-dAcre. Louis IX, privé de ses habituels conseillers tel Joinville, ne savait plus où diriger sa barque, du moins en apparence. Il semble qu'il ait disposé d'un portulan (carte côtière) très précis sur lequel figurait / tous les accidents et localités situés sur son parcours maritime répondant à des activités économiques. Devait-il débarquer en Syrie ou en Egypte ? Charles d'Anjou le pressait d'aller à Tunis recueillir les fruits d'une couronne. Ayant la nostalgie de son ancêtre, ancien roi de Jérusalem en 1131 ; Charles d'Anjou, ne pouvait compter que sur lui, tant il importunait les alliés de Louis IX par sa seule présence. Des souverains étrangers réduisirent leurs effectifs, tels le roi de Castille, les croisés allemands, les Teutoniques refusant de servir d'autres intérêts que ceux du roi de France. Il lui resta malgré tout 65 000 combattants.

Les esprits s'échaufferont. Edouard, fils d'Henri III d'Angleterre et d'Aliénor de Provence n'était pas dupe. Il ne croyait pas à la conversion chrétienne du sultan d'Egypte évoqué par Charles d'Anjou. Edouard en profond désaccord avec Louis IX avait compris que la stratégie de son frère ne rêvant que de conquêtes et de meurtres. Charles d'Anjou trahissait Louis IX, l'histoire le démontrera.

Edouard tenait en apparence à ramener un peu d'espoir aux autochtones du royaume de Jérusalem et porter la croisade en Asie selon les évènements ! L'idéal de la foi chrétienne n'était plus dans la tête des princes. Il ne voulait pas prendre le risque d'éprouver ses troupes par un détour inutile en Tunisie. Constatant que son avis ne prévalait pas auprès de Louis IX, il ira passer l'hiver en Sicile pour de ne pas faillir à sa promesse d'aider la France. Cette décision le servira, son armée restera intacte. Edouard désormais sûr de son host, refusera de parafer la trêve en Tunisie.

Philippe III acclamé roi de France

On ne s'étendra pas sur les échauffourées sanglantes, dans les dunes et tempêtes de sable engendrant des milliers de morts parmi les croisés devenus minoritaires. On signalera la présence du chevalier Olivier de Termes qui, le 17 août 1270, par sa bravoure, évita un désastre à Philippe III, malade à son tour. Ce dernier outrepassant les ordres de son père, qui conseillait d'attendre le renfort de Charles d'Anjou, s'élança seul à la poursuite des tunisiens, qui harcelaient quotidiennement le camp où il faillit perdre la vie.

On reparlera de cet Olivier de Termes prédécesseur de Guillaume de Roussillon occupant le poste de « capitaine des forces françaises » à Acre. Philippe III (le Hardi) était désemparé ce 25 août 1270. Son père rendit son dernier soupir sous le grand pavillon royal. Il sera aussitôt ovationné « roi » par les barons, dans une atmosphère de désolation intense. Les templiers venaient de perdre un ami très sûr. Jamais lors d'une croisade, l'identification des victimes contagieuses ne fut rendue aussi pénible. Le nombre des écus délaissés sans le corps des combattants était époustouflant. Les hérauts complétaient les listes en allant directement voir sous les tentes.

Difficile de résister à l'odeur pestilentielle des mourants. Louis IX avant de mourir participa à les soutenir. Selon Joinville, « *La maladie le prit (avec) un flux de ventre pour laquelle il se mit au lit* ». Une seule bonne nouvelle arriva heureusement à Tunis : le débarquement de Charles d'Anjou, le croisé atypique qui concevait la guerre que si lui seul en tirait profit.

Il harangua les troupes qui commençaient à s'encroûter sérieusement. Sa présence retourna la situation et évita la reddition inéluctable, à cause des conditions sanitaires. Des myriades d'insectes tourbillonnaient autour des cadavres. Sa verve permettra à son neveu Philippe, de conclure en octobre 1270, une trêve « honorable » pour quinze années solaires avec le sultan Baybars.

Edouard d'Angleterre qui était revenu sur son intention, arriva lui aussi, mais trop tard. Trop fier, il ne ratifiera pas le traité, au contraire il rajouta : *« qu'il n'a pas fait tout ce chemin, amener autant d'hommes sur une plage où ne poussent à peine quelques plantes rabougries, aloès et cactus, pour repartir en Angleterre sans combats et sans butins. »*

Le répit sera malsain pour tous les combattants. Le danger ne venait plus de Tunis mais du côté de la Syrie, où les mongols dévalaient maintenant les plaines. Errements de ces époques, de ces paix illusoires conclues entre des princes qui seront ensuite définitivement séparés par l'immensité des flots.

Elles caractérisaient la lassitude des croisades pour tous. Cette paix relative donna au jeune roi très versatile, l'espoir de rentrer en France et de s'occuper de son royaume exsangue. Le peuple eut du mal à concevoir l'issue de cette croisade qui une nouvelle fois avait été mal ordonnée par Louis IX.

La nef marseillaise pouvait embarquer jusqu'à 220 croisés

Sa mort ne surprendra pas le sire de Joinville, qui avait essayé de le dissuader de partir en cet état. Parmi les effectifs de la 8ème croisade, 8000 croisés réembarqueront avec le roi. La flotte des nefs lèvera l'ancre le 15 novembre. Philippe roi de France, Charles d'Anjou roi de Sicile, les princes, les princesses, les barons et les chevaliers vogueront eux sur des vaisseaux solides en direction de la Sicile. Faute d'embarcations en quantité suffisante, une partie de la troupe des mercenaires optera pour les ports d'Aigues-Mortes et d'Hyères. Si le moral des troupes était bas, elles étaient déjà heureuses de rentrer indemnes. Au large de la Sicile en vue de Trapani, la flotte se sépara le 17 novembre afin d'éviter l'entrechoquement de tant d'embarcations ballotées par les flots.

C'est alors que 18 grands vaisseaux ne purent vaincre une affreuse tempête d'équinoxe le 19 novembre et furent engloutis. Quatre mille croisés embarqués sur les coquilles de noix Vénitiennes et Génoises disparaîtront. Y sont-ils encore ?

Les armes, les équipements, les chevaux et les monceaux d'or donnés par le calife de Tunis à Philippe III reposeraient au fond de la Méditerranée. Seules quelques nefs du temple toucheront le sol Languedocien avant Noël, à Aigues-Mortes, vraisemblablement (sans preuve) sous la responsabilité d'Olivier de Termes qui rentrait aussi au bercail. Il venait revoir son compagnon d'armes, le roi Jaume Ier en Aragon, le frère d'Isabelle, la jeune épouse de Philippe III le Hardi enceinte, qui décédera comme nous le verrons plus loin.

Au fond des cales des embarcations s'entassaient pêle-mêle, les caissettes plombées renfermant les ossements des chevaliers croisés, dont certaines allaient grossir les sépultures du Grau, au lieu des Tombes proche du Boucanet en attente des familles qui viendraient les reconnaître. Est-ce ainsi que transita éventuellement ceux de Guillaume. On doit établir une distinction entre caissette plombée et urne funéraire.

Un chrétien tel Guillaume ne pouvait pas être incinéré, ses cendres mises dans une urne et envoyer à sa famille. L'époque ne se prêtait pas à ce rite et la crémation était interdite. Les corps ou les débris étaient mis dans des cercueils provisoires, parfois des tonneaux remplis de vin en attente de sépultures décentes ou carrément de tombeaux érigés sur place pillés, brisés tôt ou tard.

C'est dans ces parages que s'établiront les premiers habitats de pêcheurs des rivages du Languedoc. De nos jours, ce lieu plus proche de la Grande Motte a été aménagé en zone de loisirs et réserve naturelle ; situées sur le côté droit de la route en quittant le Grau-du-Roi. On y accède facilement par un petit sentier pédestre, à partir du pont sur *« la passe des abîmes »*.

1272 - Mariage de l'archevêque de Lyon

On revient dans le Lyonnais afin d'examiner les évènements survenus dans le même temps. Le rapprochement des familles s'opérait, les alliances se formaient et les seigneurs se bagarraient à la moindre étincelle. Le déchirement entre les comtés du Forez et du Lyonnais battait son plein comme entre les fiefs des Roussillon.

En 1272, les lyonnais n'avaient plus d'archevêque depuis des lustres, pour des raisons saugrenues. En 1248, Philippe de Savoie devint le 76ème évêque de Lyon. Evêque de Valence, on le nomma sans lui demander son avis sous le pontificat d'Innocent IV.

Philippe acceptera la charge mais refusera d'être ordonné. Il était élégant de corps, expert au fait des armes et des tactiques militaires. Il devait malgré tout se soumettre. Le pape lui demanda de prendre en charge la défense de sa personne à Rome !

Il acceptera de quitter son diocèse à condition de conserver ce nouveau titre d'archevêque avec les revenus adéquats. Pas folle la guêpe. Onzième des 19 enfants du comte de Savoie Thomas Ier, sa carrière est pourtant tracée. Ecclésiastique contre son gré, il exigea de conserver les émoluments d'archevêque et de guerroyer pour le pape avec la charge de Gonfanon, chef des troupes vaticanes. Même parti au loin, il gardait un œil sur ses dépendances en France, dont un petit joyau dans le Dauphiné, le château de Septème.

En 1251, Albert, seigneur de la Tour (du Pin), père de Béatrix de Roussillon notre héroïne de Ste -Croix, voulut secouer le joug de l'Eglise de Lyon consécutif à un différend avec la Savoie. Il se retrouvera confronté aux troupes de notre Philippe de Savoie qui jouait avec ses deux casquettes. Le problème réglé, Philippe repartit en Italie ou sa charge de général des troupes papale le retenait. C'est autour du dauphin de Vienne de vouloir s'emparer maintenant, en son absence, des châteaux d'Annonay et d'Argental.

C'était mal connaître Philippe qui n'hésitera pas à refranchir les Alpes, assiégeant en représailles les châteaux du dauphin du

Viennois, de Septème (38) et de Villeneuve. Guy d'Auvergne archevêque de Vienne trouvera un arrangement. Chacun gardait ce qu'il avait conquis, à condition de rendre foi et hommage à Innocent IV.

Cette transaction satisfaisait les deux parties, notamment Philipe de Savoie et le pape son « *employeur à Rome* ». Avec l'attribution du château d'Annonay, le diocèse de Lyon perdait la suprématie temporelle dans le sud du Vivarais. Inversement le dauphin ramenait le château d'Annonay dans l'escarcelle du diocèse de Vienne. En 1265, conduit à prendre la succession des comtés de Savoie et de Bresse, Philippe devra se résoudre à quitter Rome et renoncer, à l'âge de 58 ans, aux honneurs de primat de Gaules et du poste romain. On lui recommandait de se marier, pas de problème. A cœur vaillant rien d'impossible, il convolera en justes noces avec Alix, la fille héritière du comte de Bourgogne.

Il démissionnera des charges ecclésiastiques et des bénéfices. Les lyonnais crurent à des raisons de santé ! Il allait très bien au contraire et occupera le siège du comté de Savoie pendant onze ans. Philippe, fils de Thomas Ier, appliquant la loi salique ne voulait pas que sa sœur hérite de la Maison de Savoie. Il succédera à feu son frère héritier de son neveu, le fils de son frère aîné, Amédée IV.

Mais Philippe décèdera sans postérité en même temps que le roi de France en 1285. Les lyonnais, victimes des exagérations du Chapitre n'appréciaient pas pour autant cette absence d'archevêque.

L'intérim à ce poste à Lyon fut assuré par l'archidiacre, en l'occurrence Guy (ou Guigues) de Roussillon, oncle de Guillaume de Roussillon, à qui va échoir prochainement le château d'Annonay. On gravite continuellement autour des mêmes familles.

Le funeste retour d'Orient

Philippe III le Hardi revoyait, impuissant, les images du naufrage collectif des croisés. Il se remémorait son père contraint de peser ces équivalents en or, voici 20 ans, pour la libération des prisonniers. Les cercueils étaient là, celui de son père, de son jeune frère Jean Tristan âgé de 21 ans. Il privilégia la voie terrestre pour rentrer à Paris et enverra des émissaires afin de hâter le service solennel des obsèques prévu à Notre Dame et préparer les sépultures à la basilique de Saint-Denis.

Il a 25 ans, il se sent malade et tributaire de son entourage qui l'oppresse. Une satisfaction certes, celle de quitter une terre où les morts sont plus nombreux que les vivants. Son oncle (encore lui), roi de Sicile jamais désintéressé, lui conseillera d'attendre la fin de l'hiver pour quitter le pays, accessoirement l'aider à guerroyer en Grèce. Philippe, n'avait que faire de Byzance et de l'empereur Michel Paléologue. Il acceptera une halte d'un mois en Calabre pas plus, pour la santé de son épouse. La tutelle de Charles d'Anjou et de cette île lui pesait. Il y perdra d'ailleurs son oncle par alliance, Thibault de Champagne, le roi de Navarre qui, à peine accosté le 4 décembre 1270, décédera subitement à Trapani.

Son épouse Isabelle, fille de Louis IX, malade et terrassée par la douleur, se laissait dépérir à son tour à Cosenza le 21 avril 1271. A peine arrivée, la jeune reine avait été victime d'une mauvaise chute de cheval, en traversant un torrent calabrais. Enceinte, elle traînera 17 jours et en mourra à 24 ans, le 28 janvier 1271. Déjà mère de trois enfants, elle était la fille de Jacques Ier d'Aragon, dévoué au Temple et à son beau-père Louis IX.

En quittant la Sicile, Philippe III ramenait cinq linceuls et ignorait les évènements cruels de Palestine. Profitant de son départ, Baybars assiégea par ruse et finira par faire tomber la célèbre forteresse des hospitaliers réputée poliorcétique depuis 129 ans pour la chrétienté *« le Krak des Chevaliers »*. Les chevaliers hospitaliers, réduits à 300, capitulèrent. Le 8 avril, le château changeait de propriétaire. C'était un symbole qui s'écroulait en Outre-Mer et pour l'Occident.

Le départ de Philippe III avait laissé un profond malaise aux chrétiens d'Orient. Avait-il un autre choix, devoir agiter un espoir comme il disait, même si les factions chrétiennes s'entredéchiraient au sein de la capitale du royaume de Jérusalem ? On doit intégrer à ce stade de notre enquête, la situation vécue à Chypre en 1267 où le roi, un enfant (Hugues II) de 14 ans mourait. Le régent, un jeune homme, Hugues de Tripoli, n'ayant pas 30 ans revendiquait par son épouse Isabelle d'Ibelin, la légitimité du trône de Chypre.

Les francs d'Acre ses sujets l'invitèrent en lui jurant obéissance. Hugues III devenu roi légitime du royaume de Jérusalem et de Chypre envoya des ambassadeurs au sultan afin de formaliser par traité le 7 juillet 1268 à Acre qu'il stipulait clairement la gestion de ses 2 royaumes. Hugues III reçut la délégation musulmane et voulut les impressionner et pour cela, s'asseoir au-dessus d'eux. L'honneur de l'Islam ne tolérait pas cela. Le roi irrité, leur demanda de regarder derrière eux. Ils virent son armée déployée et le roi les menacer. Il attendait leur réponse. Laconique, elle tomba sous réserve d'avoir la vie sauve : « *chez nous dans les prisons du Sultan au Caire, il y a plus de prisonniers francs qu'il n'y a ici de soldats* ».

C'était clair. Hugues III se mit en colère, fit le signe de la croix en disant « *je n'écouterais plus les paroles de ces gens-là* ». Il était impressionné et désirait temporiser et attendre vainement un Louis IX, qui ne vint jamais. Historiquement parlant ce fut une erreur manifeste.

Craignant de voir arriver un autre compétiteur (Charles d'Anjou) sur son royaume, il signa une paix temporaire. Hugues III de Lusignan, mal à l'aise, voyait peu à peu son titre contesté. Une frange de barons chrétiens d'Acre, soutenus par les Vénitiens changeront de camp lui rendront la gestion de la ville invivable. Lui persévérait avec sagesse, espérant que Philippe III le Hardi le remplacerait (ou un émissaire) et ainsi, que les barons de Chypre le soutiendraient.

Afin de ne pas envenimer les relations avec les autochtones, il s'abstiendra de poser un seul pied dans la ville. En 1271, la contestation s'amplifie. On lui reprochait de sympathiser avec le sultan ! En fait, il était contraint d'accepter la paix, en l'état des clivages c'était invivable pour les sujets du royaume de Jérusalem. Pire, les notables, les templiers se ligueront contre lui. Ceux-ci en viendront aux mains avec les hospitaliers.

Il n'y avait pas moins de 38 églises à Acre pour environ 50 000 habitants. A la fin de l'été les commerçants génois, pisans et vénitiens se disputeront les marchés alimentés par un commerce maritime florissant dans une ville encerclée !

Les quartiers se cloisonneront comme c'est encore le cas de nos jours en orient. A contrario l'occupation terrestre autour de la ville prenait forme. Ce phénomène amplifiera la guérilla entre les clans rivaux, chacun espérant obtenir la reddition de l'autre. Le sang coulait entre chrétiens. Le sultan Baybars avec ses mameluks, ennemi juré des chrétiens, attendait que le fruit mûr tombe. Retenons bien sa stratégie qui deviendra cruciale à l'aube de 1275 lorsque Guillaume de Roussillon arrive en octobre à Acre. L'histoire officielle disait avant les révélations de cet ouvrage, qu'il était venu préparer une hypothétique croisade ! En fait, quand il arrive, comme dit l'expression : les carottes sont cuites ! Il dut déployer de toute urgence ses troupes, afin de séparer les belligérants sous la forme d'une force d'interposition. La croisade n'était qu'un écran de fumée.

Philippe III
La traversée de l'Italie

Pour l'heure, le roi de France Philippe III a d'autres inquiétudes. Il rentrait à Paris et entamait la traversée de la Toscane, de la Lombardie, au pied du mont Cenis. Il lui tardait de revoir Paris, son royaume endeuillé. Au passage des alpes, la commanderie du col offrira un repas frugal. Il est vrai que la saison n'était pas des plus propices, pour héberger 400 cavaliers et 600 bêtes de charge. Le convoi ne passera pas sans grever les réserves.

Dans les charrois, les restes enfûtés (dans le vin) de cinq défunts ballottaient toujours au gré des ornières verglacées et des bêtes harassées. Passé l'Italie et Viterbe le 14 mars, ancien siège de l'antipape, le convoi funéraire entra enfin le comté de Savoye (Savoie).

Bifurquant sur Crémieu, les Terres Froides du Dauphiné, il ira saluer sa parenté, Albert III baron de la Tour du Pin ainsi que son épouse Béatrix de Coligny, parents de Béatrix de Roussillon, l'épouse de Guillaume, petite cousine du sire Jean de Joinville par alliance.

En empruntant cet itinéraire, il évitait l'enlisement des chariots dans les plaines encore enneigées des « *Brotiaux* » à Lyon. Ce détour occasionnera au cortège un brin de manutention fluviale à partir de Vienne. Sitôt passé le vieux pont romain, le cortège se retrouva à Sainte-Colombe sur la rive droite du Rhône et aperçut l'église de Saint-Romain-en-Gal que desservaient les hospitaliers de Saint-Jean-de-Jérusalem.

Au milieu des rivages luxuriants jusqu'à Loire et Givors, se déroulaient souvent, des querelles sporadiques de voisinage entre les suzerains et les vassaux des Eglises de Lyon et de Vienne. Les limites imprécises, provenant d'un partage inextricable depuis le Saint Empire Germanique, en étaient la cause. Le vieux pont sur le Rhône réunissait bien les comtés et permettait de maintenir des relations amicales entre les deux royaumes, grâce aux libéralités récentes octroyées par l'archevêque de Vienne, Jean de Bournin (Bernin). Une chapelle était venue compléter l'arche centrale du pont. Un proche du monarque fit cette remarque en le traversant : « *On précipite du haut de cet ouvrage dans le fleuve, les assassins et les faux monnayeurs vivants, fermés dans un sac !* »

Châteauneuf le fief en douaire de Béatrix

Nous sommes dans les derniers soubresauts de l'hiver 1271, quelques gelées matinales pointent en ce mois d'avril à Châteauneuf. Les Saints de glace ne sont pas encore passés. Guillaume de Roussillon est matinal, il doit convoyer une caravane de mules à partir de Dargoire. Une course exceptionnelle qu'il ne manquerait pour rien au monde l'attend. La noblesse de la province attend le passage du cortège royal à Givors. Préoccupé et soliloquant, il fait les cent pas. Il passe, repasse devant la haute cheminée, en agitant les brandons *« à quoi bon continuer d'aller en Terre Sainte ? »*.

Il se remémore les dernières pensées de son père Artaud IV de Roussillon, tourmenté comme lui-même, par les nouvelles d'Orient. Il lui avait demandé de s'entretenir avec le roi, sur la vision partagée par la noblesse régionale. Il avait convenu la veille de quitter leur résidence principale de Roussillon et se rapprocher ainsi avec une petite escorte de 30 hommes.

Il passa donc la soirée à Châteauneuf, près de Rive-de-Gier afin de se rendre agréable envers Béatrix. Il aurait préféré voir le roi à Serrières, où l'escorte aurait pu converger sur le Vivarais, comme l'avait fait Jules César. Mais en mars, les giboulées perdurent.

Guillaume l'aurait invité à déjeuner chez son cousin (Aymar de Lavieu ?) au château d'Annonay qui, déçu, recommanda de présenter ses hommages au souverain à Givors. Comme le cousin était âgé, il allait tester, alors autant ne pas le décevoir...

Guillaume héritera effectivement du château d'Annonay le 6 Juin 1271. Un codicille du 11 Août 1271 lui ajoutera les fiefs de Peaugres et de Quintenas. Sa grand-mère, Alix de Roussillon, née de Glane, avait eu la riche idée de restaurer Châteauneuf, ancienne forteresse qui tombait en ruine en surplomb du Gier. Avec sa silhouette altière en belvédère de la petite cluse formée par le Bozançon, cette vallée rappelait la Savoye (Savoie) à Béatrix. Cette porte naturelle à l'entrée du Pilat conférait à Guillaume de Roussillon une autorité incontestée sur la vallée, en aval de Rive-de-Gier, à partir de la chapelle de la Madeleine. Un fait pas très apprécié par l'Eglise de Lyon... D'un confort modeste avec son donjon, et sa façade orientée à l'est, le château s'agrémentait d'une charmante chapelle dédiée à Sainte-Marie Magdeleine.

Château laissé à Béatrix par son époux en 1278.
Lithographie de 1835, wagonnets de charbon pour Givors.

L'ensemble comblait d'aise la jeune Châtelaine Béatrix entourée de ses huit enfants, Artaud, Albert, Guillaume, Alix, Guigone, Eléonore, Arthaude et Catherine. Cette chapelle n'était pas sans rappeler celle instaurée dès 868, à l'Abbaye de Vézelay par un certain *Gérart de Roussillon.* Béatrix ne craignait pas cette conception moderne crénelée, surplombant une large terrasse bordée de jardins suspendus, renforcés par l'alignement d'arcs-boutants. Il était bien sain, ce château, aéré et conçu pour résister aux hivers rudes. Il était loin le temps où en ce lieu se dressait jadis un oppidum Romain qu'alimentait un petit aqueduc. Ce castrum était un poste d'observation romain comme à Ampuis sur la rive droite du Rhône, l'ancien château de la Garde au milieu des vignes. Il protégeait des surprises, la ville d'Ambroniacum, aujourd'hui Rive-de-Gier à une lieue. Guillaume aimait ce Gier lui rappelant sa jeunesse pour y avoir grandi, pêché, chassé et surveillé les pirates et les orpailleurs. Famille très puissante, les Roussillon avaient acquis en l'espace de deux siècles, un nombre incalculable de seigneuries sans guerroyer du côté de l'Empire et du Rhiaume (royaume) comme disaient les mariniers. Ils étaient avec leurs cousins, les comtes du Forez et les sires de Beaujeu, les notables de la région. Ils devaient malgré cela, rendre hommage aux suzerains ecclésiastiques qui assimilaient à souhait leur pouvoir spirituel au temporel (séculier) comme les limites des bornes d'assises de leur territoire. Au gré des conflits et des affrontements sanguinolents, on faisait souvent appel aux Roussillon pour départager les belligérants. Au faîte de la gloire, Guillaume avait soif de faire d'autres connaissances.

N'ayant jamais usé d'intrigues pour son aura, il avait du mal à concevoir les enjeux du pouvoir en Palestine. Pourquoi gaspiller inutilement tant de vies humaines et d'argent ? Mais où passaient les décimes collectées par Rome ? Lui comme son père, n'avaient jamais pris la croix, c'est un fait. En retour, ils payaient le dixième de leurs revenus chaque année. Dans quel but, pour quel usage ? A quoi avait servi de traverser les mers, d'abandonner patrimoine, femmes et enfants, de troubler le bonheur des autres durant 8 croisades ? Cette pensée était fugitive certes, mais réaliste. Sa réserve naturelle et sa foi lui interdiront d'en dire plus. Pour l'heure, il se rendait à Givors, là où le Gier se jette dans le grand Rhône.

Le rendez-vous avait été fixé avec le capitaine châtelain de Givors au pied de la colline de Saint Gérald. L'arrivée du jeune monarque, accompagné du nouveau sénéchal, Humbert de Beaujeu était programmée depuis déjà quelques temps. Il avait opté pour le Lyonnais et empruntera en amont de Givors un bras du Rhône navigable. L'évènement n'était pas anodin, Béatrix accompagna son mari avec les dames du Forez, désirant se recueillir au passage des reliques de ce Louis IX qui finira, comme on le lit dans les manuels scolaires, par être canonisé.

A travers les Vorgines du Gier à Givors

Si le paragraphe suivant est partiellement romancé, vous en conviendrez, il respecte scrupuleusement les mentalités et les traditions de cette époque. Sautillant sur les berges au risque de se mouiller les pieds à travers les galets scintillants de rosée, chacun accaparait un petit bout de rivage sur le minuscule banc de sable, à travers les « *vorgines* » ; nom donné jadis à la végétation des bords du Rhône à Givors.

Soudain du côté du château de Seyssuel, lieu de résidence d'été des archevêques de Vienne, les trompettes résonnent. La halte fluviale de « *Roche Piquet* » s'anime. Le glas de l'église romane de Chasse prend le relais, puis au signal, Luiri (Loire), Baons (Bans) emboitent le pas. Perché au loin sur son belvédère, le petit prieuré clunisien de Ternay ne voyant rien restera muet. Le méandre de Flévieu lui cachait les festivités. Guillaume entendait les pèlerins naviguant sur le Rhône, dirent à la vue de ce clocher roman : « *partout où le vent vente l'abbaye de Cluny a une rente* ».

On critiquait la cupidité des visiteurs de Cluny *« inspecteurs et collecteurs moyenâgeux »*. Pour l'heure, il avait dépêché 2 émissaires à Givors, le prieur et un jeune abbé, Aymar de Roussillon, frère cadet de Guillaume. Il ne voulait rien manquer et pour ce faire, était venu saluer à l'occasion sa famille résidant dans le Pilat, les représentants de son père Artaud IV, qu'il voyait rarement. Le glas des chapelles couvert par le son des trompettes formait un tintamarre qui sortira enfin Guillaume de sa torpeur.

Lône de la « Roche Moussy » en 1898, un bras mort du Rhône à Loire/Rhône restera navigable jusqu'en 1840.

On voyait maintenant se profiler sur le Rhône à un mille sur les bords du rivage, de lourdes embarcations que hâlaient de gros limoniers (chevaux), couverts de housses ornées de brillants pompons de laine rouge et bleue, de harnais de cuivre et de sonnailles comme dans les alpages. La foule bariolée, les croyants agenouillés se pressaient sur les berges de la tour de Bans.

L'ost des hommes en armes protégeait la remonte des voituriers d'eaux. Cette procession fluviale marquait l'imaginaire de ce petit peuple peu habitué au folklore. Sollicités par l'Eglise de Lyon, les mariniers de Condrieu apportaient leur contribution à ce transport. Le passage dans les lônes de l'abbaye de Saint Pierre de Vienne, de Roche Mossu, (Roche Moussi à Loire) et de la Bonne Paroisse (Bans) de Bans faisait gagner du temps au cortège en cette saison, une journée de moins au charroi.

Les équipages étaient composés d'une trentaine de « *Rigues* » (barges d'autrefois), que hâlaient chacune 4 chevaux. Le méandre de l'embouchure du Gier sablonneux coté rive droite se prêtait à l'accostage en basses eaux en cette saison. Les barques à fond plat pouvaient ici s'engraver sans heurt.

Une partie des chevaliers de l'escorte avait emprunté elle, l'ancienne voie romaine depuis Saint-Romain-en-Gal par la croix du Pont, les combes de Baons. Elle rejoindra les troupes du monarque au pied du château dans le vieux bourg de Givors qui leur avait ouvert ses portes. Une coïncidence est à relever entre Vienne et cet évènement. On parle de la place Saint-Louis. Y-a-t-il une relation entre Saint-Louis ce lieu, où il est effectivement passé (mort) ?

De Givors le roi poursuivra son périple en direction de la métropole de Lyon indépendante. Il était attendu. Le transfert des radeaux et autres faix s'effectuant au bord du fleuve, Philippe, comme à Viterbe, s'entretiendra avec la noblesse des lieux pour s'enquérir sur la situation politique du Lyonnais, sur les chicanes occasionnées jadis aux bourgeois par Renaud du Forez et qui priaient afin d'être pourvu « *d'un pontife affable* ». L'enthousiasme que suscitait son passage, laissait un brin d'amertume pour certains seigneurs. La bourgeoisie Lyonnaise dans ses élans ostentatoires en profitera pour offusquer le clergé régional. C'était la coutume.

A Givors, Guillaume resta prudent et ne se livra pas. Il savait que grâce à son oncle Guigues de Roussillon, archidiacre de l'Eglise de Lyon depuis presque 20 ans, qu'il aurait une introduction auprès du roi quelques jours après à Saint-Jean. Il put ainsi deviser avec le jeune monarque. Il était venu à Givors grossir les rangs du seigneur « *obéancier* », accompagné des familles de la Chance, de Montagny, de Miribel, de la Porte, de Chavannes avec Alaman de Condrieu. Guillaume remarquera la présence de Guillaume de Seyssuel, d'Humbert de Virieu assis près de l'archevêque de Vienne, Guy d'Auvergne très affable envers Béatrix son épouse.

C'était logique au regard des appuis qu'il avait eu pour son élection et les liens entre les familles de la Tour du Pin et des comtes de Savoie. Guillaume était arrivé avec son escorte, utilisant un mode original. Une fois n'était pas coutume. Ils avaient descendu le cours du Gier à dos de mulets en empruntant les mules des sauniers du Rhône. Les familles de Forez, Jarez, de Lavieu, de Talaru et de Riverie avaient moyennement apprécié.

Guillaume était par sa mère Artaude apparenté à toutes les grandes familles du Forez. Elle était la fille de Guy IV, comte de Forez (voir tableau T2), à qui succèdera Guy V, puis son autre frère Renaud de Forez, comte de Forez marié à Isabelle de Beaujeu.

La mère de Guillaume de Roussillon était la petite nièce du grand archevêque de Lyon que fut Renaud II du Forez (1208 à 1226), l'infatigable bâtisseur de châteaux forts pour l'église de Lyon. Ces explications sont indispensables pour appréhender les liens unissant les Roussillon, les comtes de Forez, de Savoie et les sires de Beaujeu.

Isabelle de Beaujeu était la fille du grand connétable de Louis IX, mort en 1250, cousine germaine de Guillaume de Beaujeu grand maître du Temple. Un nombre impressionnant de prélats mitrés et de seigneurs régionaux dans leurs habits somptueux était venu soutenir le jeune roi, et défendre leur rang. Le siège de l'archevêque étant vacant, le Chapitre avait missionné en son nom, le doyen Gérard de Beauvoir.

Il représentait l'Eglise de Lyon pour les affaires courantes. Cette faveur permit au Chapitre de St-Jean de réaffirmer sa présence sur le bourg de Givors pour son obéancier (pouvoir temporel exercé par un vassal ecclésiastique du Chapitre de Lyon).

Ce dernier déléguait à son tour la charge moyennant un loyer annuel payé par un noble châtelain (capitaine, viguier), l'ancêtre des notaires, qui gérait la place forte à sa place et y logeait.

La démission de Philippe de Savoie, archevêque de Lyon, parti à Rome, avait laissé un goût amer dans la région. Guy d'Auvergne, archevêque de Vienne en abusa.

1819. La vallée de la Gère à Vienne et le château de la Bâtie qui appartenait à l'archevêque.

Ce dernier profitera de cette vacance pour s'immiscer dans les affaires outre-Rhône (rive droite), fait devenu récurrent dès le début du 13ème siècle entre les 2 grandes métropoles. Le dauphin du Viennois avivant si besoin les tensions, usurpant quelques châteaux, comme Annonay, Argental et Condrieu au nom de l'Eglise de Lyon.

Guillaume repartit à songer, voyait un roi préoccupé, pressé de rejoindre Lyon sans faire un seul brin de causette. Donnant quelques coups de pied ici où là dans les galets du Rhône, les seigneurs échangèrent quelques politesses avec le monarque. Il en profita pour glisser tactiquement qu'il avait besoin d'eux pour remettre un peu d'ordre dans la région Lyonnaise trop insoumise à son goût.

Il souscrira au vœu du clergé de nommer rapidement un nouvel archevêque. Philippe III le Hardi découvrait pour la première fois son peuple ! Touché par sa mansuétude, il s'octroya 8 jours de repos afin de faciliter les démarches épiscopales. Chacun interprétera cette nasarde faite à l'Eglise. L'annexion du lyonnais était inéluctable dans les pensées de Louis IX, tout comme sera plus tard, celle de Philippe le Bel de fondre les deux Ordres militaires en un seul.

Guillaume de Roussillon contemplant le défilé des oriflammes et des bannerets eut un pressentiment, un doute ; « *et si j'étais un jour confronté à reconnaître un ami d'un ennemi au cœur d'une mêlée. Coiffé de son heaume, quel ne serait pas mon émoi à devoir identifier au premier choc son écu dorsal. Je serais mort avant d'avoir même pu faire le signe de la croix.* »

A la vue de cette escorte multicolore, de ces chevaliers montés sur des palefrois éblouissants, Guillaume mesurait la qualité de la science héraldique, son ignorance envers la figuration des blasons malgré sa participation aux tournois de joute notamment dans la Drôme. Il n'était jamais trop sorti de sa contrée c'est vrai, comme disaient ses compagnons *« n'a occis personne »*.

Ses liens familiaux l'ont souvent conduit à travers le royaume certes, jamais trop loin du Lyonnais, Beaujolais, Bresse, Forez, Jarez, Dauphiné et de la Savoie. Dans ces limites, il n'avait aucun problème. De là à imaginer se retrouver dans le fracas des armes au milieu des sables d'Orient, il n'y pensait pas. Les mentalités avaient évolué en occident. On n'abordait plus guère ce sujet, hormis le jour des obsèques, lorsqu'une famille recevait la traditionnelle petite boite plombée avec l'urne funéraire. Un cri de désespoir avait parcouru les châteaux engourdis depuis la chute de la forteresse de Safed en 1266 en Galilée puis les autres tombées comme des dominos...

Une fois arrivé à Lyon, plusieurs réunions se succédèrent avec les grands feudataires, les vassaux et les seigneurs des autres comtés. Philippe III le Hardi accompagné de son inséparable connétable de France, Humbert de Beaujeu les rencontra tous. Pour une question d'ordre public et de bon aloi pratique, le roi soumist de valider le transfert de la sénéchaussée de Mâcon à Lyon.

Jérusalem, un royaume à l'agonie

Quelle perception Guillaume avait-il de la Terre Sainte, sur Acre, jadis surnommée Ptolémaïs, en plein essor, que les Hospitaliers avaient rebaptisé Saint-Jean-d'Acre. Pour l'heure, les croisés devenus « *des poulains* », livrés à eux-mêmes s'entretuaient. Victime d'un embargo drastique, des centaines de galères déversaient journellement des tonnes de vivres mais plus de troupes fraîches.

Galère hospitalière rapide du 13ème siècle usitée en orient

Des nefs réembarquaient au contraire des chrétiens terrorisés, des familles décimées, à travers une ville sans foi ni loi. Le titre de roi de Jérusalem, à Acre ne tenait qu'à un fil et les princes chrétiens à Chypre et en Sicile se le disputaient malgré tout !

Le roi de Chypre était toujours Hugues III (*de Lusignan*). Il s'appliquait à gérer consciencieusement ses 2 royaumes (*Chypre et de Jérusalem*) un pied dans chaque botte. L'autre prétendant était connu, l'éternel assoiffé de couronne, le frère de Louis IX, roi de Naples et de Sicile Charles d'Anjou, était resté en Sicile souvenons-nous au retour de l'échec de la 8ème croisade.

Tel un épervier, il guettait sa proie, attendait le moment propice pour s'emparer de la citadelle d'Acre. L'absence de pape à Rome depuis le 28 novembre 1268 lui était profitable. Ce fut un intriguant incorrigible bien connu des historiens.

Qui était Clément IV ? Il devait son élection à Louis IX et décéda à Viterbe en condamnant ce prince. Tout jeune, il avait connu intimement l'ambitieux Charles d'Anjou. Ce dernier avait épousé en 1ère noce Béatrice, sœur de Marguerite de Provence épouse de Louis IX. Il était né à Saint Gilles dans le Gard, Guy Foulques dit Fulcodi, fils de Louis Foulques dit Fulcodi bourgeois juriste et de Marie–Laure Salvanhiac. Guy se maria avec Marguerite Ruffi le 16 janvier 1239, eut plusieurs enfants, dont deux filles survivront à leur père.

Veuf en 1255, il est ordonné prêtre avec une promotion fulgurante. Devenu curé de Saint-Gilles, pas très évident pour les paroissiennes d'aller *« à confesse »,* il sera nommé évêque du Puy, archevêque de Narbonne en 1259, conseiller personnel de Louis IX,

Garde du Sceau à Paris, conseiller du pape Urbain IV à Rome dont la dévolution fut de favoriser les desseins de Charles d'Anjou tout en servant les siens. De conseiller, Guy Foulques finira par être élu Pape... Autant il tolérait l'écartement politique du régent Manfred, autant il n'acceptera jamais la décapitation stupide et publique de Conradin sur ordre de Charles d'Anjou à Naples.

Ce dernier ne fut pas peiné d'apprendre le décès de celui qui contrecarrait ses plans. Rusé, il donna l'illusion au monde chrétien que la Curie le soutenait, malgré le meurtre du jeune Conradin de Hohenstaufen le 29 octobre 1268.

Histoire pendable comme on en jugera. Emprisonné à 16 ans pour la simple raison d'être le « *juste héritier* » du royaume de Naples, de Sicile et de Jérusalem, Charles d'Anjou le fit décapiter. Pour le régent Manfred, le crime fut plus subtil, on dira mort au combat en 1266. Ces faits le rattraperont un jour. Pour l'instant, il ne gênait personne, pas même son frère, le futur saint roi Louis qui avait besoin de lui.

Il alimentera jusqu'à sa mort la fronde des barons au sein de la chrétienté. Il engendra l'adage qui sème le vent récolte la tempête. En Orient, le monde arabe regroupé autour du sultan Baybars, véritable artisan du relèvement musulman en profitera.

Face à des barons égoïstes et hautains, il intensifiera sans peine la reconquête du Moyen Orient et réussira après maintes tentatives un coup de maître, faire tomber l'invincible « *Krak des Chevaliers* » le 8 février 1271. Cette forteresse réputée inexpugnable depuis ses dernières modifications était à l'origine arabe, selon Ibn Abd az-Zâhir. Elle abritera jusqu'à 2000 croisés qui résistèrent à 12 sièges.

Administrateur efficace, Baybars avait créé une marine de guerre inquiétante, une force armée de métier, les mamelouks, qui excellèrent dans la transmission et la communication des messages grâce aux pigeons voyageurs, auxquels les Hospitaliers répondirent eux, en élevant des éperviers dressés pour tuer les pigeons.

Cyprus, Cypre ou Chypre

Baybars voulait déloger Hugues III roi de Chypre de son île. Il avait renoncé à le combattre dans la plaine d'Acre comme en 1269 au corps à corps. Hugues III de Lusignan croyant la ville menacée, s'absenta de Chypre. Baybars tenta alors sa diversion sur l'île.

Il débarqua de nuit avec 16 galères, l'élite de la flotte musulmane, selon Al Aini. Elles arrivèrent sans bruit à l'entrée du port de Limassol. Une tempête se leva et les embarcations s'écrasèrent sur les récifs sans combat. Baybars perdait une bataille sans préjuger de ses forces véritables. Ce n'était que partie remise, Baybars continuait à comptabiliser le nombre de chevaliers combattants qui débarquaient sur ce territoire et ceux qui, dès l'accostage, apeurés de la situation réembarquaient dans la première galère en partance pour l'Apulie, Chypre ou Aigues-Mortes. Baybars connaissait la mentalité des Francs et vice versa, les Templiers et les croisés connaissaient les ruses de Baybars.

Les nouvelles recrues, les ressources s'amenuisaient et ne comblaient plus les pertes infligées autour de Saint-Jean-d'Acre dans les plaines désertiques. Baybars prendra le temps qu'il faudra et arrivera à ses fins selon les chroniques arabes.

Edouard d'Angleterre à Acre

Le souvenir de Richard Cœur de Lion était dans les esprits en orient. Son nom galvanisait toujours les troupes anglaises en 1270. Pour Edouard I d'Angleterre, la 8ème croisade (de Louis IX mort) n'était pas terminée après la défaite du roi de France, qui était ne l'oublions pas son oncle.

En effet la femme de Louis IX, Marguerite de Provence et la femme d'Henri III d'Angleterre, Eléonore étaient sœurs. Edouard lui, n'avait pas signé de trêve estimant que le but assigné n'était pas atteint, c'est à dire la délivrance de Jérusalem. On peut se poser des questions sur la sincérité de ses pensées. Il ré-allumera la guérilla en direction de la Syrie à travers le royaume de Jérusalem.

Certains auteurs anglais appellent la bravade d'Edouard, la 9ème croisade? On peut le laisser croire. Il s'agirait plutôt de «razzias » commises sur des populations sans défense. Il n'était pas roi mais l'héritier de la couronne d'Angleterre. La nuance est capitale.

A Rome, le siège épiscopal étant vide, donc, double raison pour prêcher la sinistrose d'une nouvelle croisade. Les capitales européennes ne se bousculaient plus.

La ville de Nazareth pillée par Edouard en novembre 1270.

Edouard d'Angleterre engagera malgré tout son armée en Galilée où, disent les chroniqueurs, tous les prétextes furent bons pour commettre pillages et massacres au nom de la chrétienté, exemple à Nazareth, ville sans défense.

Il crut convertir l'Emir de Jaffa (Tel Aviv) qui lui envoya un émissaire oui, mais pour mieux le poignarder. Il comprit le message et rejoignit Saint-Jean-d'Acre sans autre tentative. Ses troupes repues s'installèrent dans un des quartiers de la ville. Ce fut le dernier prince anglais et chrétien à venir en Terre Sainte.

La crainte de ces 1200 chevaliers anglais conduit par Edouard, son rapprochement inévitable avec les mongols plus les contingents des ordres militaires présents dans la ville inquiéteront le sultan.

Il jugea préférable d'accorder une nouvelle trêve de 10 ans, sous l'égide de Hugues de Lusignan ; « *M CC VXX II 22 avril fu faite la treve (entre) du roy de Jérusalem et de Chypre Hugue de Liseigneu et du soudan Bandocdar (sultan Baybars) et n'avoit eu la trive que la plain d'acre sans plus (elle ne concerne que la plaine d'acre) et le chemin de Nazareth* ». C'est dans ce contexte qu'arriva Guillaume de Roussillon.

Même si leurs noms ne sont pas mentionnés, Edouard d'Angleterre et son frère Heymons étaient également présents. Ceci n'empêchera pas Baybars de s'emparer encore de la forteresse de Masyad au nord de la Syrie aux mains de la Secte des Assassins. Un calme étrange et précaire s'instaurera autour du bastion Acre encerclée.

Les chroniqueurs arabes sont clairs ; le sultan exigeait tout simplement le blocus ; empêcher tout ravitaillement par voie terrestre. Un silence de mort s'abattit à l'extérieur des murailles, qui ne présager rien de bon. Baybars en vieux stratège en avait usé voici 20 ans et vaincu les croisés de Louis IX.

Paysage de Galilée à l'époque d'Edouard

Il connaissait la naïveté de ces chevaliers fanatiques qui se croyaient invincibles derrière leurs côtes de mailles, qui au mépris de la loi du nombre (inférieur) voulaient en découdre avec les infidèles. Le sultan bénéficiera de la complicité des autochtones musulmans acquis à sa cause, à l'intérieur de la ville qui coopèrent en affamant les populations périurbaines chrétiennes.

Le remède était efficace, le royaume de Jérusalem se vidait sans heurt. Les Francs affluaient sur Acre comme un troupeau de moutons à la bergerie, et Baybar aimait justement le mouton. Ce climat d'insécurité s'avérera payant après quelques années.

Il stoppera radicalement l'immigration en Palestine, mais pas le négoce des Italiens bien entendu. Ils augmentaient, eux, les livraisons de matières premières aux musulmans, fabriquant des bateaux et des armes. Les Vénitiens les approvisionnaient en jeunes esclaves russes, destinés à devenir de futurs combattants mameluks réputés.

Le grand maître du Temple de jadis, Thomas Béraud (Bérart) avait tenté un rapprochement avec les Hospitaliers. Il avait raison d'essayer... Le moment était encore opportun. Et si les deux ordres arrêtaient de se quereller, rangeaient leur orgueil, sous la bannière exclusive du roi de France qui sait ? Militairement l'idée était jouable, financièrement, l'écart entre eux était disproportionné.

Le roi en avait une autre différente. Son idée germera et se retournera contre le Temple. Bérart gérait avec beaucoup de zèle et de fermeté. Louis IX le tenait en haute estime, même après la perte de la forteresse de Safed en 1266 où il sera fait prisonnier. Il fut relâché sans rançon, étonnant, non, pour un Templier ?

Là où jadis le Temple scrutait l'horizon, flottait désormais les bannières musulmanes. A 35 Km Safed occupée permettait de lancer des raids offensifs contre les francs ! La brèche était irréparable dans le réseau défensif de la Terre Sainte. Pour l'heure, le 22 Avril 1272, après de nouvelles pertes infligées aux croisés (Jaffa, Belfort, Antioche en 1268), le sultan stoppera momentanément l'offensive.

L'idéal des croisés n'existait plus et l'apport de quelques centaines de mercenaires ne pouvait changer le cours de l'Histoire ; en Europe, le nationalisme s'éveillait par crainte des mongols. A Acre, on alternera entre prière ou guérilla entre clans rivaux.

Un pèlerin incognito

Dans les premiers mois de 1272, Edouard Ier toujours dans La citadelle apprit le décès de son père, le roi d'Angleterre. Il ne pouvait laisser la gestion de son royaume à son cadet. La politique de la chaise vide était indélicate en perfide Albion. Non mécontent de cette nouvelle, il quittera Saint-Jean-d'Acre regretté des habitants. Il leur avait sorti de ses bagages, un dignitaire de marque, l'archidiacre Théobald (Thibault) Visconti. Un jeune prélat, combattant, qui avait eu le loisir de s'entretenir avec les factions rivales et ainsi assoir sa diplomatie.

C'est dans ce laps de temps, après 2 ans et 9 mois de conclave, les suffrages des cardinaux désignèrent Thibault, archidiacre de Liège, ancien chanoine de l'Eglise de Lyon, né à Plaisance de la famille des Visconti. Il sera élu pape le 10 septembre 1271 ! Son élection rassurait implicitement le Chapitre de Lyon vis-à-vis de l'annexion. Mais, à la surprise générale il était croisé à Acre !

Enfin presque, il résidait depuis quelques mois à Saint-Jean-d'Acre. Loin des tractations de la Curie romaine, il avait donc suivi Edouard d'Angleterre en Asie, en Sicile puis à Saint-Jean-d'Acre où il avait apporté un peu de répit en Terre Sainte aux chrétiens de Syrie.

Tout le monde espérait de ce vénérable prélat, témoin privilégié de leurs misères, un secours inespéré. Il écouta la nouvelle, venue du Concile, et accepta alors de quitter la Palestine avec ces mots « *si je t'oublie, Ô Jérusalem que ma main droite tombe desséchée* ! *Si ton souvenir s'efface de mon cœur que ma langue s'attache à mon palais* ». Dès son arrivée à Rome, Thibault devenu Grégoire X, s'occupa de remplir fidèlement ses promesses. Il sous-estimera les clivages et la lâcheté du monde chrétien en Europe.

En définitif, qui dirigeait Acre ?

Qui détenait en fait l'autorité sur la ville en 1273 ? A vrai dire personne, même le sultan l'ignorait... On serait tenté de dire, une oligarchie triée sous le joug du roi de Chypre gouvernait Acre sans y être à partir de son île. On ajoutera, le servile patriarche de Jérusalem, l'évêque d'Acre, les ordres religieux militaires indépendants, le connétable (chef des armées) du royaume, Balian d'Ibelin inexistant et son subalterne le sénéchal Jean de Grailly qui était en définitif, le seul à représenter l'autorité française avec son rôle de « *capitaine des gens du Roi de France* » et les Ordres militaires avant Olivier de Termes. Il détenait la force, la seule autorité civile à Acre. Jean de Grailly viendra d'ailleurs en personne, donner son sentiment, sur l'avenir du royaume de Jérusalem au concile de Lyon. Il voulait comprendre l'attitude des seigneurs d'Occident. Est-ce lui qui souffla le nom de Guillaume de Roussillon pour occuper le poste de capitaine des forces à Acre ?

Pour l'heure, il attendit que son remplaçant Olivier de Termes arrive à Orient pour venir au concile de Lyon. Missionné par le roi de France, Olivier reprenait du service comme au temps de Louis IX. Il quittera définitivement les Corbières, sa terre natale pour venir mourir en Terre Sainte, un vœu exprimé par beaucoup de croisés. Le changement de poste se fera en décembre 1273. Olivier de Termes avait environ 73 ans, selon l'historien occitan Gauthier Langlois.

J'occulte volontairement les affrontements fratricides des Ordres religieux qui étaient légions intramuros. Des Ordres militaires occupés à soigner leurs prestiges sous l'œil réprobateur des franciscains et des dominicains qui, eux, écoutaient, regardaient et s'en souviendront un jour « *d'annoncer au monde ce qu'ils ont contemplé* ».

Le pape Grégoire X s'installe à Lyon comme prévu

Arrivé à Lyon vers le mois de novembre 1273, fatigué par son voyage à travers les alpes, le pontife s'enquiert du départ pour Acre des chevaliers Gilles de Sancy et Pierre d'Amigny à la tête de 700 arbalétriers voués à faciliter la mission du chevalier occitan Olivier de Termes. Il cumulait la fonction de sénéchal du royaume de Jérusalem et chef du corps expéditionnaire des troupes françaises stationnées d'Orient.

Tâche prestigieuse qui permettait, à ce poste, d'user de toutes les autorités octroyées par le roi de France, le pape et le roi du royaume de Jérusalem. Il avait assez de moyens pour acheter des mercenaires selon la nécessité des évènements.

Olivier de Termes était un homme rompu à la Palestine, aux mentalités changeantes au gré des rayons du soleil. Il connaissait les tactiques de combats, l'armement des musulmans qui variait selon les forces en présence et la nature du sol. Olivier de Termes avait gagné tous les honneurs. Lors de la dernière croisade de Louis IX, son autorité avait été reconnue naturelle. Et le voici à nouveau, au cœur d'une actualité qu'il affectionnait particulièrement.

Guillaume de Beaujeu
et l'Apulie (Italie)

Le 25 mars 1273, une dépêche laconique émanait de Saint-Jean-d'Acre : le grand Maître du Temple est mort. Du fait, la situation chaotique en Terre Sainte ne s'arrangera pas. Les Républiques commerçantes italiennes, de Gênes, Venise, de Pise se querellèrent de plus belle. Chacune recherchait un appui externe lui permettant de chasser ses rivales, méprisant le danger et le risque de tout perdre. On évoquera de nommer l'ancien commandeur de Tripoli au poste de grand Maître ?

A ce stade, quelques compléments s'avèrent nécessaires pour évoquer la nomination de Guillaume de Beaujeu, proche parent de Guillaume de Roussillon. Lorsque le grand Maître du Temple Thomas Beraud (ou Bérard) disparaît après 21 ans de magistère, il avait déclenché des querelles entre les templiers et les hospitaliers.

Guillaume de Beaujeu était alors en Italie commandeur des Pouilles ou Apulie en Italie, située dans le talon de la botte, côté mer Adriatique. La commanderie principale était basée à Brindisi, port qui avait deux escales, une à Aigues-Mortes, l'autre à Marseille.

Elle entretenait un commerce florissant avec le comté de Tripoli, l'île de Chypre et Saint-Jean-d'Acre. La flotte du Temple était le trait d'union entre Venise et Pise concurrentes de Gênes, sous l'œil avisé de Charles d'Anjou, qui épiait tous les mouvements.

Quel était le dialecte d'Apulie ? Aussi surprenant que cela puisse paraître, c'était le franco-provençal, le même qui se délimite inclusivement dans le Forez, la Bresse, le Bugey, le Lyonnais, le Dauphiné et la Savoie. Coté Italie, on le retrouvait dans le couloir migratoire du Val d'Aoste comme dans l'enclave des Pouilles (Apulie). Le flux des locuteurs français entre le 13 et 14ème siècle explique la présence de souches françaises commerçantes, dans la périphérie des ports de Brindisi, Celle San Vito, Facto et Tarente. La présence, même éphémère du commandeur templier Guillaume de Beaujeu, dans ce coin de péninsule n'était pas fortuite dès l'instant qu'il y avait des transactions commerciales et un devoir d'hospitalité.

Parenté des familles Roussillon & Beaujeu

Guillaume de Beaujeu est originaire de la branche du Forez et du Lyonnais, non pas, comme on le croit parfois, de Bourgogne (région de Gray). En histoire, lorsqu'une erreur est entrée, elle persiste longtemps.

Qui est son père ? Après un recoupement laborieux voici la conjecture la plus probable. Il est né autour de 1233, troisième garçon (connu) de Guichard de Beaujeu et Catherine de Clermont, dame de Montferrant. Humbert (Imbert) V de Beaujeu marié en 1219 à Marguerite de Beaugé, sénéchal de France, était son oncle et décédera à la bataille de Mansourah en Egypte le 7 avril 1250 en voulant forcer avec Joinville le blocus imposé à la flotte de Louis IX.

Le fils d'Humbert, Guichard V, son cousin était marié à Blanche de Chalon décèdera subitement en 1265. Son cousin, autre Humbert (Imbert) de Beaujeu, militaire vivant à Vincennes marié à Isabelle de Mello, deviendra d'ailleurs, connétable de France à la cour de Philippe III le Hardi. Il était le frère de Guillaume de Beaujeu Grand maître 3ème garçon du couple.

Par ce fait, ce dernier ne pouvait prétendre à la suite des sires de Beaujeu et sera fait chevalier. La famille de Beaujeu n'appliquant pas la loi salique, ce sera Isabelle, la fille aînée de Humbert V grand connétable, mariée en seconde noce à Renaud d'Albon, déjà comte de Forez (oncle de Guillaume de Roussillon) qui prendra la succession des Beaujeu. On dira la suite de la première race.

Guillaume abandonnera toute prétention. Par contre, il gardera les armes de sa famille jusqu'à sa mort survenue en 1291. Il est entré dans l'Ordre des templiers jeune novice, et lorsqu'il part en Orient il a peine 20 ans. On le retrouve commandeur dans le comté de Tripoli (aujourd'hui la partie orientale du Liban), puis dans la région d'Apulie au moment du décès du grand Maître Bérart.

Sa cousine Isabelle de Beaujeu, mariée en 1240 en première noce à Simon de Semur-en-Brionnais devient veuve. Riche douairière, elle se remarie en 1247, à Renaud d'Albon comte de Forez, dont elle aura un fils, Louis Ier d'Albon (cadet) qui reprendra à son tour le titre de sire de Beaujeu (deuxième race) à la mort de Renaud de Forez en 1295. Guillaume de Beaujeu a ainsi côtoyé tous ses parents, cousins, oncles par alliances en Occident.

Il est mort en 1291 sans laisser trop d'espoir aux adeptes des secrets templiers du Lyonnais. Le mystère du château d'Argigny à Charentay (69) restera entier à bien des égards.

Renaud d'Albon et de Forez, devenu sire de Beaujeu par alliance était le fils de Guy IV comte de Forez. Il avait une fille aînée, Artaude de Forez qui se maria à Artaud IV de Roussillon alors veuf (voir généalogie dans le Tome 2 C.Rollat). De ce nouveau mariage, naitra 3 garçons Guillaume, Aymar, Amédée de Roussillon et une fille Alix. Renaud de Forez est donc le cousin germain de Guillaume de Beaujeu par sa femme. Renaud est l'oncle de Guillaume de Roussillon par sa mère Artaude de Forez. Vous m'avez suivi ? En conclusion disons simplement qu'Isabelle de Beaujeu, cousine de Guillaume de Beaujeu était la tante par alliance de Guillaume de Roussillon. L'historien Steyert produit dans l'Histoire de Lyon tome 2 p 522, l'arbre complet de la famille de Beaujeu.

On pourrait tout autant établir cette même parenté avec les familles de Savoye, d'Albon, les dauphins du Viennois, les ducs de Bourgogne et même, aussi étonnant, avec la branche de Savoie du côté de Béatrice de Savoie, épouse de Manfred de Hohenstaufen descendant des Empereurs d'Allemagne avec Béatrix de la Tour du Pin, l'épouse de Guillaume de Roussillon !

Ce fait n'est pas un hasard. Béatrice de Savoie et Manfred auront une fille, Constance qu'on maria à ce Pierre III d'Aragon qui fera tant parler de lui. Les rois de France raffolaient de ces complexités matrimoniales où un excès de consanguinité bien géré, permettait de concentrer le pouvoir, en incorporant plusieurs fiefs en un seul mariage ; tactique plus élégante que celle d'assassiner son rival.

Le lien entre nos deux Guillaume étant fait, on retrouve donc Guillaume de Beaujeu à Paris où le Temple lui confiera la charge d'assumer le destin des lieux méditerranéens stratégiques, ce qui ne lui déplaisait pas et collait à son caractère.

C'était donc un sire de Beaujeu plus combattant que religieux que l'on retrouvera en Terre Sainte, avec une connaissance parfaite des pèlerins, des objectifs des derniers croisés, des attentes des souverains, des limites des papes à Rome, des appuis familiaux avec son frère Humbert et des desseins que poursuit le temple. Une dernière particularité est à souligner avec le comté de Tripoli (actuel Liban) où il résida longtemps. La culture méridionale y régnait en puissance. Les croisés provençaux s'implantèrent très tôt sur ce morceau de littoral de 1099 à 1291. Ils parlaient couramment la langue d'Oc et Guillaume de Beaujeu eut tout loisir de faire apprécier ses qualités et sa diplomatie aux «occitans», toujours désireux de retrouver leur indépendance, face au royaume de France. J'émets quelques réserves, car les juifs et les cathares, n'oublièrent jamais les exactions commises par son grand-père Guichard IV antisémite, présent au siège de Béziers avec Simon de Montfort en 1209.

L'élection au Temple

Du fond de son Apulie, Guillaume de Beaujeu se mit en route pour Paris et passa par le Lyonnais. Son élection à la tête de l'Ordre fut acquise à l'unanimité par le chapitre Templier réuni à Paris, le 13 mai 1273. Le voilà à la tête d'un Ordre plus puissant militairement parlant que le roi de France. Philippe III le Hardi devait composer. Son frère Humbert de Beaujeu, futur seigneur de Montpensier, deviendra connétable de France.

Le choix du grand Maître était alternativement établi, soit à Paris soit en Terre Sainte. Dans le cas présent, on dérogeait une fois de plus à la règle. Les Templiers étant une force internationale, organisée par échelons nationaux en Angleterre, en Allemagne, en Espagne, au Portugal, en Italie et en 11 Provinces (ou Langues) en France hormis l'Alsace, le Roussillon, la Bretagne et la Savoie, n'appartenant pas encore au royaume.

Pour apprécier les fréquentations ou analyser un évènement particulier, il faut à chaque fois, évaluer les distances séparant les commanderies entres elles, tout comme le clivage intérieur existant entre chevaliers combattants et moines banquiers.

On reviendra sur ce thème après le concile de Lyon, dans le Languedoc et le Roussillon, sans occulter la région aux hypothétiques trésors comme le Razès et son Bézu proche de Rennes le Château. Alors que les « poulains » croisés en Terre Sainte attendaient impatiemment Guillaume de Beaujeu lui, prenait le temps d'amasser les pécules. Il temporisait en Occident selon la version officielle afin de connaître en détails la puissance de l'Ordre et l'état de ses finances à Paris. L'argent est le nerf de la guerre...

Le grand nombre de nobles décédés en orient ne facilitait pas le décompte des baillis. Dans le royaume de France, les templiers axaient leur activité principale sur l'argent. La force armée était toute dirigée en Terre Sainte. De plus, lorsqu'un chevalier revenait exténué, âgé, à bout de force, il était choyé pour sa bravoure et entretenu par la commanderie de son origine.

A contrario, un seigneur laïc rentrait avec ses hardes, non seulement ruiné, un remplaçant avait parfois pris sa place sous le baldaquin avec une veuve épanouie (fait véritable). Il avait quitté son château plein de rêves et riche en deniers, il revenait en loques avec des dettes qu'il s'était engagé à rembourser sur l'honneur à Acre ou ailleurs. Comme les finances publiques et privées du royaume d'Occident s'amenuisaient, il bradait ses biens à vil prix au pouvoir royal ou à l'évêque du lieu.

Ci-dessous, la pratique de la ceinture de chasteté galvaudée par les croisés en orient si souvent évoquée était-elle bien réelle ? Personnellement, j'en connais deux, une à Cluny et l'autre au château de la Rochelembert près de Saint-Paulien (43), célèbre pour son seigneur qui est revenu d'outremer, en témoigne la clef !

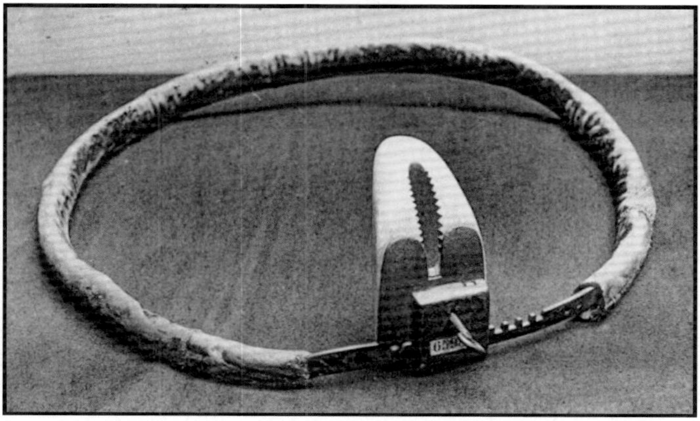

La ceinture, une pomme de discorde...

Les commerçants Italiens ne se sont jamais plaints du contexte durant toutes les croisades. Ils déposaient des pèlerins ou des mercenaires à l'aller ; ils réembarquaient sans état d'âme du fret de luxe pour les musulmans, les siciliens ou languedociens en Occident avec la garantie du change assuré par les templiers ; c'était suffisant. Le grand maître du temple, Guillaume de Beaujeu, excellera dans ce commerce, avec les nefs huissières, qui avaient encore la particularité de posséder deux gouvernails, l'un à bâbord et l'autre à tribord.

La vocation du Temple n'eut rien de maritime à l'origine et fut d'ailleurs plus tardive d'ailleurs que chez les Hospitaliers. Par contre, grâce à leur puissance financière, ils maîtrisaient le nolisement (l'affrètement) des bateaux en partance de Barcelone, d'Aigues-Mortes, de Marseille, Palerme, Venise, Brindisi, Chypre, du comté de Tripoli et bien entendu Acre.

Guillaume de Beaujeu l'armateur du temple

Il faut chasser cette image du combattant simpliste, éperdu d'inanité, traversé par un trait au moment du siège de Saint-Jean-d'Acre. Guillaume est un homme avide de pouvoir, instruit, qui sait vérifier les comptes établis par les tabellions des commanderies.

Il supervise les opérations banquières, traitées avec les principaux princes et souverains étrangers. Il ne craignait pas de revenir en coup de vent si les intérêts du Temple l'exigeaient (dans tous les sens du terme, mini 50 jours en aller-retour).

Il sera désireux de connaître les dépôts de bijoux, les objets précieux, les titres de noblesse, les dépôts irréguliers, les comptes courants, les prêts, les avances, les cautions, les usages de transmission d'argent à distance et les numéraires des commanderies. En fait, il pratiquera ce que Philippe IV le Bel désirera ôter plus tard. Une politique émoustillant le royaume, un véritable état dans l'état exerçant un contre-pouvoir indépendant.

Il y en avait un de trop... Guillaume de Beaujeu sera un des rares participants du concile de Lyon en 1274, à pouvoir juger la sincérité des participants face à un pape naïf (en apparence), qui prêchait encore une croisade. Si le roi accordait sa confiance au Temple, ce n'était pas par amour.

Pendant quinze mois, il alternera ses visites entre Paris, le Languedoc, l'Aragon et le Lyonnais qui reste son lieu de prédilection, et le château (féodal) de Pierre-Aigue à Beaujeu, berceau de sa famille. Dans les dernières années de sa vie, il dut se remémorer ses haltes dans ce château de Louis Ier d'Albon, sire de Beaujeu marié à Eléonore de Savoie en 1270. A-t-il eu la possibilité d'y déposer quelques petits cadeaux orientaux (or)? Connaissant son tempérament, c'est peu probable, même pour la propriété d'Argigny entre 1286 et 1288.

Les barons d'Occident, n'étant pas très enthousiastes à repartir en croisade, préféreront payer. Guillaume percevra ces échos dans les commanderies d'Auvergne, du Lyonnais, du Dauphiné et du Forez.

La nomination de Guillaume de Beaujeu fut une lueur d'espoir pour les chrétiens de Terre Sainte bien vite éteinte. C'était un personnage rassurant, certes, qui par sa fougue et sa parfaite connaissance de l'Orient avait convaincu le pape de provoquer le concile de Lyon. Ce dernier pèsera le pour et le contre : soit secourir la Terre Sainte, soit l'abandonner à son triste sort. Pour l'heure, Guillaume était l'invité de marque attendu à cette assemblée œcuménique, où la noblesse française ne tint pas à rappeler au pape ses promesses d'Acre face aux barons d'Orient et les chrétiens.

2ème PARTIE

Lyon janvier 1274
le roi repart avant le concile

Grégoire X a eu un penchant pour Lyon, ville dont il avait été chanoine. Le concile programmé pour le mois de mai 1274 ; il devait offrir à ses invités comme à lui-même, toutes les commodités de l'époque. Ayant clos les arrangements annoncés, le Saint Père arrivant de Rome fit son entrée à Lyon, sous la protection des chevaliers hospitaliers en novembre 1273.

Six convocations officielles partirent : une pour l'empereur Michael Paléologue représentant l'Eglise Grecque, pour Philippe III le Hardi, pour le roi d'Angleterre, pour Jacques Ier d'Aragon et une à chacun des grands Maîtres des Ordres militaires.

Michael Paléologue était la personnalité marquante. Il régnait en Grèce un calme précaire. Venir au concile de Lyon équivalait pour lui à choisir l'exil. Quitter son pays réservait des surprises, perdre son titre d'Empereur, selon l'attitude qu'il adopterait avec le pape. Michael Paléologue avait donc d'autres préoccupations que de venir en aide aux chrétiens de Palestine !

Il faisait partie de ces monarques dont trop de monde souhaitait la perte au concile. Un certain Charles d'Anjou, se voyait bien couronné à sa place à Byzance. Si aplanir le schisme entre l'Eglise Romaine et les Eglises Orthodoxes était envisageable à Lyon, reconnaître l'autorité papale de Rome sur les Byzantins n'était pas exempt de risques pour Michael Paléologue.

Un autre sujet tourmentera le pape. Comment assurer la tranquillité du concile avec des campagnes pourvues de sujets qui se rebellaient continuellement ? Le pontife sollicitera de l'aide, ce qui incombera à Imbert (Humbert) de Beaujeu, connétable du roi de France, neveu de Charles d'Anjou, ennemi direct de Michael Paléologue. On remarquera que le Lyonnais avait la réputation d'être trop « *gras* », comprenez trop riche et favorisait le brigandage. Michael Paléologue jouant la raison d'état ne viendra pas et désigna des émissaires (courageux) pour le rapprochement des deux Eglises.

Ils en paieront le prix de leur vie au retour un jour. Le jeune roi d'Angleterre Edouard, proche du pape (autrefois son chapelain à Acre) ne répondit pas à l'invitation, faute d'argent invoqua-t-il !

Le pape devant combler le déficit des têtes couronnées, enverra un nombre considérable d'invitations aux évêques du royaume, « *avec obligation de présence* ». Ils vinrent si nombreux par crainte de représailles, qu'ils n'entrèrent pas tous entrer dans la cathédrale Saint-Jean. Les places d'honneurs furent réservées aux dignitaires des Ordres, le grand maître des templiers sillonnait déjà la ville depuis quelques temps.

Hugues de Revel âgé, grand maître des hospitaliers déléguera son spécialiste, l'ancien maréchal de l'Hôpital Guillaume de Courcelles. Ce chevalier assurait ce poste en Terre Sainte depuis 27 ans. Accompagné d'Arnoul de Wezemal, maître d'hôtel de Philippe III le Hardi chargé de bouches et des domestiques de la cour, il quitta Acre en décembre 1273 et arriveront dans la métropole Rhodanienne en janvier 1274. Comme ils colportaient des nouvelles fraîches, les conditions étaient réunies pour s'aboucher secrètement avec le roi en dehors du concile, permettant ainsi d'aborder les sujets brûlants avec le pape, comme par exemple, l'annexion du Lyonnais et son projet de remariage proche.

Les négociations secrètes avant le concile

Je tiens à remercier ici les chercheurs, Pierre Vincent Claverie professeur à l'Université de Rennes, que j'ai contacté suite à la publication d'un ouvrage collectif, édité sous la direction de Michel Balard, membre dirigeant au CNRS, professeur à la Sorbonne, intitulé « *Migrations et Diasporas méditerranéennes* ».

Leur reportage m'a permis de valider mon approche sur les événements secrets qui se sont déroulés au moment du concile du Lyon et de retrouver ainsi et surtout Guillaume de Roussillon dans l'Histoire que Sainte-Croix avait soit disant perdu !

Revenons au roi qui accoste à Lyon dans un contexte étrangement calme. Invité de marque, il choisira d'organiser des réunions en catimini avec le pape. Situation ambiguë pour celui-ci avant le concile. Le roi cherchait des expédients pour apaiser les dissensions entre les Lyonnais et le Chapitre de Saint-Jean. En réalité, ce dernier attisait le feu avec cette main tendue envers la bourgeoisie.

Il entrevoyait 2 avantages capitaux dans son déplacement, l'annexion progressive de cette province clé pour la couronne de France et sa non-participation implicite d'une 9ème croisade malgré sa promesse émise en 1271 ! Sa position se résumait à envoyer une force de maintien de l'ordre à Acre, et puis barre. Il faut avouer qu'il se moquait du pape. Pour Lyon, il conclura un acte très subtil, un droit de garde : « *la protection de la Ville et de ses Citoyens* » au détriment de l'archevêque. Il était radieux, son but inavoué atteint.

Afin de ne pas démobiliser les troupes, l'archevêque de Lyon et le pape n'eurent pas d'autres choix que de minimiser sa dérobade. Philippe III le Hardi plantait ses jalons pour l'avenir. Il mettait la ville sous sa garde et l'approbation timide du Chapitre métropolitain qui avait bien du mal à céder ses droits. Il imposera son arbitrage dans la justice, installera une cour séculière sous la responsabilité du sénéchal de Mâcon. Il sollicitera l'archevêque de Lyon pour mettre un « *gardiateur* » aux points stratégiques. Les historiens (religieux) disent qu'il y eut de longues conférences, dont il résulta de grands avantages pour le Saint Siège qui obtenait le Comtat Venaissin ! Si la phrase est longue, c'est sans doute pour cacher la sécheresse de cette transaction inéquitable.

Le roi de France avait-il prévu de voir les papes siéger en Avignon ? C'est moins sûr à cette date, mais son fils, Philippe le Bel, en usera habilement par le truchement de son légiste Guillaume de Nogaret et le népotisme de Clément V né de Got.

L'élévation laborieuse des remparts d'Aigues-Mortes…

Philippe III le Hardi a-t-il parlé au pape du sujet délicat, de ses fiançailles proches, du coût de son remariage, prévu le 27 août 1274 et du montant de la dot qu'il devait verser au duc de Brabant ? Et ne venait-il pas d'apprendre également, que la construction des remparts d'Aigues-Mortes était au point mort. Sa défection envers la croisade le gênait d'autant plus, qu'il devrait annoncer la créance de Saint-Louis et qu'il devrait régler fin janvier, aux enfants de l'entrepreneur Génois Guglielmo Boccanegra.

Il admettait que les murailles, timidement débutées n'admettaient aucun retard sans le risque de doubler les coûts. Le roi avait bien touché quelques subsides inespérés de son oncle Alphonse de Poitiers, décédé en juillet 1273. 16 000 marcs d'argent destinés selon son testament, à la défense de la Terre Sainte et que Philippe III détournera afin de s'octroyer momentanément un peu d'aisance.

Qui était ce Boccanegra ? Un Italien, ancien capitaine du peuple et administrateur de la ville de Gènes. Il deviendra l'ami intime de Louis IX qui lui accorda un refuge politique et salutaire en France. Il consentit, en retour, d'investir une partie de sa fortune sous forme de prêts et réaliser Aigues-Mortes selon le vœu de Louis IX. Il rêva de construire une cité fortifiée, réplique de celles de Terre Sainte. Ce rêve, Philippe III le Hardi, puis son fils Philippe IV le Bel, le réaliseront alors que l'architecture des remparts protégeant du brigandage, n'était plus adaptée pour résister à la poudre à canon !

Par un traité passé le 12 mai 1272 entre les deux parties, les revenus domaniaux de la ville furent octroyés pour moitié au roi et l'autre à la famille Boccanegra afin de rembourser l'emprunt.

Le Génois, en disparaissant brutalement compliquera l'arrangement des financiers ; du reste pour payer ce n'est jamais le bon moment. Philippe consentira sous la pression populaire à l'abrogation des gages. Il ordonnera au sénéchal de Beaucaire Jean Garel de rembourser les héritiers. Cette créance correspondait sensiblement au prix de la moitié des remparts. Ce qui n'était pas rien et laisse pantois.

Ceci appelle deux remarques :

- le remboursement devait s'échelonner sur 10 ans
- le roi avait décidé ou presque, en février 1273 de tirer un trait définitif sur la Terre Sainte. Pour l'heure, les héritiers Boccanegra acceptant leur indemnité partirent en Espagne et soulageront le trésor public. Ce fut par le Temple, du fait sa solidité financière, que transitera le remboursement anticipé.

Sans pape pas de croisade !

Afin de bien cerner les véritables enjeux de chacun au concile de 1274, voyons l'ordre du jour, les sujets attendus et nous compareront les résultats lors de la clôture des sessions. Le concile, contrairement à ce qu'affirme l'Eglise catholique, n'a pas répondu aux attentes des croyants. Le pape mis devant le fait accompli, devait minorer les antagonismes, feindre un espoir pour l'Orient. Chacun était venu prêcher la bonne parole pour sa chapelle.

Heureusement, le pape était diplomate et entretenait sa mémoire, pour preuve ce fait divers qui datait pourtant de onze ans : « *Henri III de Gueldre, qui fut élu évêque de Liège le 10 octobre 1247, gouverna pendant près de dix ans son diocèse sans avoir été ordonné prêtre (c'était courant à cette époque). Il ne reçut les Ordres qu'en 1258. Sa vie fut parsemée de scandales.*

En 1262 il abusa de Berthe, fille du seigneur Conrad le Frison et maltraita Théobald (futur Grégoire X) alors son archidiacre, qui avait osé lui faire des reproches. Devenu pape, il le convoqua au concile comme les autres évêques, mais le prévint qu'il serait cité pour sa conduite antérieure. Henri préféra se démettre de ses fonctions plutôt que de comparaître devant la justice de Dieu ». Grégoire X était juste et droit. C'est indéniable, un des rares pontifes où aucun acte, ne mentionne les dérives, mêmes sectaires.

On prédisait ce concile comme un tournant décisif de l'Eglise Romaine ! On espérait une nouvelle croisade soulevant l'enthousiasme des Chrétiens; on suggérait des réformes régaliennes à adapter pour le roi de France ; le rapprochement des Eglises Romaine et Grecque ; la diminution des conclaves en cas de vacance du siège épiscopal lors d'un décès brutal du pontife. En conclusion, tous les sujets bons ans mal an, furent abordés publiquement sauf celui de la croisade. Cherchez l'erreur !

Le décès (salutaire) de Saint Bonaventure entre la 4ème et 5ème session du concile meubla les débats. Ce fait divers arrangeait tout le monde. Il permit d'alimenter les conversations entre chaque séance ou prière et déboucha naturellement sur des obsèques nationales interminables.

Personne n'osa soulever concrètement le thème des croisades, à la reprise de la 6ème session et cela perdura jusqu'à la fin du concile le 17 Juillet 1274. Est-ce par crainte d'excommunication, peur d'un désaveu public et cuisant, l'Occident s'interdisait d'exposer aux croyants de telles basses œuvres ?

Une brève du concile résume le contexte : *« Première Session. Après trois jours de jeûne, le lundi des Rogations, 7 du mois de mai, le concile s'ouvrit à Lyon, dans l'église de Saint-Jean »*. Dès cette session l'assemblée toute nombreuse qu'elle soit, s'était formée sans tumulte et sans distinction de rang avec les évêques, les prélats inférieurs et les députés des provinces. Le pape Grégoire X, ayant à son côté le seul roi d'Aragon, prononça les prières et les cérémonies accoutumées.

Il exposa 3 motifs l'ayant conduit à convoquer ce grand concile: Le premier, envoyer des secours aux chrétiens de la Terre Sainte; le second, réunir l'Eglise Grecque à l'Église Romaine et le troisième, réformer les mœurs et la discipline et notamment de fixer un terme pour l'élection du pape, dont le délai interminable était funeste. Il venait personnellement d'en être témoin.

Il clôtura en indiquant le sujet de la seconde session prévue le lundi suivant, ou 14 du même mois. Dans l'intervalle qui s'écoula, il

« *manda à part* » les archevêques de toutes les provinces, chacun avec un évêque et un abbé. Il sollicita et obtint une décime à prendre 6 années consécutives sur tous les revenus ecclésiastiques pour aller défendre les lieux saints. Il reçut en même temps des lettres qui annonçaient l'arrivée prochaine des Grecs. Lecture en fut faite aux prélats assemblés, après le discours de Saint Bonaventure sur le sujet.

En matière de 9ème croisade, on pouvait faire mieux ! A savoir si le pape lui-même, en son for intérieur, en voulait une ? Ayant une vision parfaite de la situation militaire là-bas, ne désirait-il pas clore sans l'affirmer, ce chapitre douloureux ? Et un grave problème d'argent restait à épurer. La rançon de Louis IX à rembourser, même mort, continuait à grever les fonds du royaume.

On peut envisager une autre hypothèse, qui, loin d'être hasardeuse était plausible au regard des sentiments exprimés au concile. Si quelques fervents chrétiens s'apprêtaient à ouïr un vibrant appel pour aller secourir la Terre Sainte, d'autres voulaient stopper cette boucherie inutile.

En arrivant à Lyon, le pape connaissait les tenants et les aboutissants, les rapports de force. Les chroniques anciennes sont assez documentées à ce sujet.

C'était un homme d'une grande dignité, un stratège qui fut le confident des rois de France et d'Angleterre, ce qui n'est pas courant chez un pape vivant dans ce siècle tourmenté. Il s'entendait très bien avec Aymar de Roussillon qui semble avoir été de la même force de caractère. Grégoire n'avait pas craint de quitter son poste d'archidiacre à Liège en claquant la porte du palais épiscopal que l'évêque avait transformé le lieu en débauche. Grégoire c'est l'inconnu, qui fut élu inopinément lors d'un conclave où les cardinaux se chamaillèrent durant trois ans sans désigner le pontife.

Les habitants de Viterbe, exacerbés de les voir tourner en rond les enfermèrent en ne leur laissant que du pain et de l'eau. Jugeant que ce n'était pas assez expéditif, ils enlevèrent le toit du bâtiment, les exposant aux intempéries certes mais permettant aux influences divines de descendre plus facilement sur leurs délibérations.

Si le fait est controversé, un miracle se réalisera. Le Saint-Esprit opéra un étonnant succès. Les cardinaux déléguèrent à 6 d'entre eux la décision de choisir et Théobaldo sortit ainsi des chapeaux. Il fut élu pape à la plus grande surprise, sans jamais avoir été évêque ...

Où la favorite passe, la diplomatie trépasse

Grégoire avait retenu de son séjour en Palestine, que le seul espoir des croisés résidait de signer un pacte avec les Mongols, eux-mêmes ennemis des Égyptiens. Cette alliance procurait un avantage stratégique au grand chef Kubilay Khan qui malgré son harem étonnement pourvu ; sous l'influence de sa favorite fut enclin à embrasser le christianisme. Les troupes mongoles comptaient dans leurs rangs quelques chrétiens orientaux.

Grégoire voulut à Lyon impressionner sa délégation, favoriser la conversion de quelques autres au christianisme et faire de Khan kubilay, le fils spirituel du pontife Romain. La ficelle était un peu grosse. L'assemblée avait pressenti le piège, les intentions de Charles d'Anjou et d'Edouard d'Angleterre qui volontairement absents observaient un mutisme patent.

L'empire Mongol s'étendait de l'Euphrate à l'Océan Pacifique. Il était le plus vaste que jamais le monde eut possédé. Avec un tel allié, on écrasait l'empire Musulman et l'empire Franc aurait pu tel le phénix se reconstituer sans heurt. Grégoire X, même âgé, était un stratège religieux redoutable qui savait naviguer à travers les écueils.

Le sujet des croisades a bien été traité, c'est exact, mais en catimini et hors sessions. Cette lacune a dû interpeller les participants eux-mêmes. Une vérité s'impose. Faute de mobilisation générale, sans renforts de troupes conséquents, il fallait tirer un trait sur l'orient. Les croisés et les « *poulains* » condamnés à l'immobilisme, prendront acte de cet abandon. Les templiers avec Guillaume de Beaujeu, contraints et forcés, devront se résigner à modifier la ligne directrice de l'Ordre.

On négociera avec les musulmans le temps qu'il faudra afin d'évacuer proprement les biens. On ne renonçait pas aux comptoirs chrétiens, les abandonner était exclu.

L'avis des experts militaires

Les conclusions fournies par les experts militaires en missions diplomatiques en Terre Sainte venus au concile, se résumeront à confirmer l'envoi de quelques contingents de renforts « *des soudoyers* » comme on disait jadis. De pèlerins plus, Jean de Grailly sénéchal de Jérusalem, les experts militaires Erard de Valery et Humbert de Beaujeu, la délégation de Charles d'Anjou aussi présents aux délibérations appuyèrent ce même point de vue au pape et au roi. La présence française s'éteignant on devait se contenter de peu et ce peut-être dans un but inavouable. Chacun pensait à son avenir et à se servir de ce contingent.

Le roi arriva à la fin de janvier 1274 avec l'escorte du connétable de France, Humbert de Beaujeu renforcée de celle du sénéchal de Mâcon à l'approche de Lyon. On jugeait utile de ne pas hâter le renfort de nouvelles recrues en Orient. On butait sur le nomination du remplaçant à donner à Olivier de Termes. Ce dernier même à 77 ans, assurait efficacement l'intérim de Jean de Grailly présent au concile. Jean de Grailly l'avait dit : «*il ne veut pas mourir dans cet enfer* » et servira le pape si c'était nécessaire.

1274, les pèlerins prêchent dans un désert...

L'enthousiasme des états Latins pour la guerre sainte était bien révolu. Rien n'arrêtera la morosité. Le temps des conquêtes outremer était enterré. Les croisades n'avaient plus de rêve à promettre aux princes, chevaliers et barons, au mieux une couronne de martyre.

Grégoire X n'obtenait dans ses homélies que des railleries à peine voilées. Le roi de Castille à l'issue de l'une d'entre elles, disait : « *le pape vient de me nommer souverain de la Syrie et de l'Egypte ;*

comme je ne veux pas être ingrat avec lui, je proclame à mon tour le saint Père, calife de Bagdad ». Personne n'était dupe et de plus il y avait 2 prétendants pour ce royaume de Jérusalem amputé. En Palestine peu importait le sultan mamelouk, Baybars veillait l'arme au pied. Les musulmans désiraient en découdre avec ou sans trêve. Ils attendaient de voir l'issue de l'assemblée présumée grandiose. Le sultan du Caire, lui rêvait, d'assiéger les ports maritimes fortifiés des Francs.

Il manquait seulement une flotte à opposer au roi de Chypre, aux Ordres religieux, Temple et Hospitaliers. A Saint-Jean-D'acre, il feignit d'accorder « *généreusement* » une trêve aux colonies chrétiennes. En fait, il parachevait le ghetto d'Acre. Une ceinture militaire hermétique, qui en moins d'une quinzaine d'années, mènera à la reddition de cette ville après des soubresauts de vie désastreuses, brigandages, rançonnages et meurtres. Baybars déstabilisera lentement l'organisation des croisés, soumettra les populations à sa volonté.

Guillaume de Beaujeu fut l'un des rares responsables Francs à analyser cet impact et l'exprimer. Ce qui lui sera reproché à titre posthume en 1308, lors du fameux procès où Jacques de Molay monta au créneau pour le défendre. Guillaume de Beaujeu avait un champ de vision très large. Ne pensait-il pas déjà imposer l'hégémonie du Temple sur l'Occident quitte à laisser l'Orient au sultan ?

En attendant, Philippe III le Hardi se contentera d'envoyer quelques renforts en empruntant 36 000 marks par an pour leur entretien, c'est tout. Il puisa dans le trésor royal. Je corrige : il demanda au Temple, implicitement à Guillaume de Beaujeu, de garantir le remboursement de ses prêts en acceptant d'hypothéquer sur leurs propres possessions. Ces négociations révèlent toute l'ambiguïté existante entre le donneur d'ordre, le roi et son banquier.

Il fixe aussi les limites et les contradictions du soi-disant pouvoir octroyé au « *capitaine des gens du royaume de France* » redevables aux templiers. Le pape, grâce aux dîmes, prendra à sa charge l'affrètement des nefs de Pise, Gênes et Marseille à condition d'embarquer les mercenaires au mouillage dans le golfe d'Aigues-Mortes. L'aménagement du littoral se concrétisait à l'embouchure du canal Viel. Le canal de la grande roubine n'existait pas à l'époque (voir plan p 119), à l'embouchure actuelle, aujourd'hui du Grau de Roi.

Le Temple fidèle à son activité, complètera en affrétant sa flotte basée en Espagne ou en Sicile. Le souverain pontife s'engageait lui à régler la solde des 500 prochains «mercenaires» en partance d'Aigues-Mortes pour une durée de 1 an... Ceci en dit long ! Sitôt dégrossi, cet arrangement d'alcôve ne convenait pas aux attentes du pape pour la Terre Sainte.

Le roi, complètement désintéressé, passa au sujet suivant. Il avait hâte de quitter Lyon et pour ce faire délégua à Humbert de Beaujeu, chargé de la garde du pape et du bon déroulement des sessions comme prévu. Il ne désirait en aucun cas assister au concile, revêtir des apparats pompeux sachant qu'il n'y aurait aucun résultat tangible à proposer aux chrétiens d'Orient. Et puis, ses fiançailles l'occupaient déjà assez.

On pouvait craindre ce genre de non évènement, qu'un effet démobilisateur parcoure l'assistance. L'outrecuidance du roi était conforme à la sensibilité de Philippe III. Un être instable et bivalent qui ne voulait cautionner cette atmosphère déliquescente, des luttes d'influences stériles alimentées par Charles d'Anjou.

Chacun viendra fourbissant ses armes, attisant le feu en Aragon, en Asie, en Orient en Sicile, et dans le royaume de France. Le roi manquant de clairvoyance ou d'intelligence, laissait trop de liberté à son entourage, à ses chambellans, à l'Inquisition.

A la cour, la Terre Sainte était démodée. Elle avait moissonné trop de familles nobles, à contrario enrichi plus d'un banquier Juif, Lombard ou Génois.

Rien qu'un exemple, lorsque les Génois avançaient 100 000 livres tournois à Louis IX lors de sa croisade ; le roi payait (tirait un chèque dirons-nous) par mandat sur son trésor à Paris et se rendait ainsi une nouvelle fois, tributaire du trésorier du Temple. Le mandat était ensuite envoyé à Gênes, remis à une compagnie de Plaisance (Piacenza), par l'intermédiaire de ses représentants aux foires de Champagne, qui le recouvraient encore au Temple à Paris.

Les Placentins, au retour, payaient immédiatement les Génois sur présentation du reçu ou du mandat. C'est le premier exemple d'escompte connu. Au change, s'ajoutait l'usure, le bénéfice du prêt ou les Génois dans cette opération, s'octroyaient au minimum 20%.

Un double restait toujours à terre en cas de procès ou de naufrage. Les villes, les bourgs réclamaient plus d'autonomie, obtenaient ce que l'on nomme les franchises dans ce système féodal appauvri. Elles délimitaient les frontières taxables ou non. C'est le cas de la bourgade de Virieu (Pélussin) dans le massif du Pilat. Chacun gérait son pactole, plaçait ses familiers (comme de nos jours). Selon son niveau social on ménageait ses alliances.

Les rois, les princes montreront l'exemple, peu importait l'âge. Philippe III le Hardi se remariera avec Marie de Brabant qui avait 14 ans. Son fils aîné, Louis avait 10 ans, Philippe (futur Philippe le Bel) 6 ans, issus du premier lit. Une situation courante.

La foi était reléguée loin derrière l'héritage et les dispenses. La grand-mère de Béatrix de Roussillon, fille du comte de Savoie s'est mariée à 3 ans. Elle fut élevée en fait avec son mari. Dans le cas présent en mars 1274, la dérobade du roi pour échapper à une croisade ne trompa personne. Marie de Brabant au visage d'ange, entrait dans l'Histoire. On n'avait pas fini de parler d'elle.

Le Triumvir Roussillon

Entre mars et avril 1274, le cadet de la famille Roussillon, Aymar, abbé de Cluny se verra intimer par Pierre de Tarentaise, archevêque de Lyon, l'ordre de quitter l'abbaye de Cluny. Arrivé à Lyon, le jeune abbé sera conduit devant Grégoire X lui confirmant qu'il était promu *« garde et conservateur de la paix pendant toute la durée du concile de Lyon »*. Si Aymar feignit d'être surpris, il savait qu'il devait sa promotion à son oncle Guigues, l'archidiacre de Lyon, prédisposé à son égard et au rang de sa famille. Il n'allait plus bien, diminué au point de ne pouvoir seconder l'archevêque dans sa tâche de maître des cérémonies.

Chez les Roussillon on ne laissait pas passer une telle opportunité. Tout était bon pour faire briller son aura. L'autre appui provenait sans doute, du sénéchal Hugues de la Tour chef de la justice de l'archevêque. Hugues de la Tour était le frère de Béatrix de Roussillon, un fin monnayeur, passé maître dans l'art d'émettre la monnaie à Lyon...

Il avait reçu une remontrance 5 ans auparavant d'Alphonse de Poitiers, frère de Louis IX (Saint-Louis) pour avoir affaibli (discrètement) le monnayage Lyonnais. C'est lui qui alors chanoine, pendant la vacance du siège de l'archevêque livrera les clefs des portes de la ville aux Bourgeois contre le Chapitre, mais ceci est une autre histoire...

De toute façon, Aymar de Roussillon, abbé de Cluny, dès le printemps 1274 rencontrait son cousin Humbert de Beaujeu dont la famille était le soutien inconditionnel de la puissante abbaye. Aymar devra assurer la protection de l'archevêque toujours en bute avec la milice des bourgeois Lyonnais.

Craignant des réactions hostiles à son élection, Aymar sollicita l'appui armé de Savigny dont l'abbaye était sous la houlette du jeune frère, Amédée de Roussillon. Ce souhait lui sera accordé avec une surprenante facilité. Lui simple abbé n'avait autant dire, jamais mis les pieds à Lyon. Et des semaines très riches en rebondissements arriveront avec un évènement imprévisible à moins d'une semaine de l'ouverture du concile prévu le 7 mai 1274.

Le 29 avril 1274, l'archidiacre de l'Eglise de Lyon, Guy (Guigues) de Roussillon décédait. Il était le second dans la hiérarchie de l'Eglise après l'archevêque et oncle de Guillaume de Roussillon, grand feudataire du Forez et du Dauphiné, seigneur de Roussillon et autres places, frère d'Aymar protégé de l'archevêque Pierre de Tarentaise.

Rien ne pressait alors. Aymar, fidèle à sa mission de veiller au bon déroulement du concile avec Humbert de Beaujeu, attendait son ouverture. Il sut dès sa première rencontre avec le pape se faire apprécier.

Question influence entre les deux frères auprès du roi et du pape, entre Guillaume et Aymar, qui eut les faveurs ? Un peu comme la poule et l'œuf, lequel a influencé le destin de la fratrie ? Le concile s'ouvrira le 7 mai 1274 (on le fixe selon le calendrier pascal au 13).

Le pape Grégoire X n'a pas négligé les conseils de chacun, ni les réunions secrètes depuis son arrivée en Occident. Il fut frappé à l'ouverture de cette assemblée épiscopale par l'éloquence, la sagesse et l'érudition de Pierre de Tarentaise.

Il vit en lui son successeur, le nommera aussitôt cardinal et évêque d'Ostie, sans attendre la fin du concile. Il était ainsi assuré de le ramener en Italie dans ses bagages. Ce geste facilitera la succession qui surviendra plus vite que prévue. Il va mourir naturellement le 21 janvier 1276. Le fait était très rare, on doit le souligner ; à cause du surmenage et de lassitude « *à force de s'adresser à un mur, concernant la Terre Sainte* ».

Qui avait assez de charisme pour remplacer au pied levé Pierre de Tarentaise à la tête de l'Eglise de Lyon ? Il fallait un homme habile, subtil, instruit, assez influent par ses filiations paternelles ou maternelles pour accepter une telle charge. Exercer sur la région une autorité suffisante pour faire valoir la suzeraineté temporelle de l'Eglise, sur les territoires, du Lyonnais, du Forez et même du Dauphiné.

Aymar de Roussillon remplissait les conditions et déjà « *gardiateur* » du concile ; pourquoi pas lui, sa famille était assez puissante pour défendre ce titre. On le nommera subrepticement archevêque entre deux séances. Aymar se posait une question : *« Comment un petit abbé de Cluny, était-il devenu en l'espace de deux mois archevêque de Lyon ? »*.

Il bouleversait les pronostics, ce qui provoqua des heurts avec ses concurrents, notamment avec le clan de Villars qui attendait vainement son heure. Son frère Amédée, à son habitude, interviendra comme il se doit avec les troupes de Savigny. La nomination reçut l'aval des Beaujeu, donc du grand maître Guillaume, je présume. Lorsque les intérêts convergent pas de problème, sinon c'est la guerre ou le mariage.

Le 16 juillet 1274
fin du concile

En analysant méthodiquement les faits, on arrive tranquillement à la conclusion : la montagne accoucha d'une souris avec les croisades. Le pape n'a fait que des déçus qui repartiront avec le sentiment que la foi était trahie. Ces arrangements pris hors concile bloquèrent toute décision majeure pendant les sessions officielles.

Les plus aigris furent certainement les 2 Ordres militaires qui repartaient dos à dos. Il fallait maintenant expliquer la déconvenue aux chrétiens d'Orient. Nous sommes à un tournant, là où il faut dire que 8 croisades n'ont servi à rien. Qu'en penser ? Comme l'a relevé Thierry dans « *le vieux secret* » en citant Honoré de Balzac dans le monde « *il y a deux histoires, l'histoire officielle, menteuse ; puis l'histoire secrète...* ».

Les historiens traditionnels comme Michelet, Voltaire et Guizot se contredisaient déjà entre eux sur la personnalité de Saint-Louis. Le premier lui attribuant le qualificatif de sceptique pour ne pas dire niais, le voyant comme un homme qui rien ne pourra faire évoluer quel que soit le débat jusqu'à sa mort, comme Jésus sur le calvaire : *« mon dieu pourquoi m'avez-vous abandonné ? »*

Au concile, le scepticisme exprimé dès le 11ème siècle par les adversaires de la foi resurgissait. On le cerne dans l'attitude de Philippe III le Hardi avec la maxime « *chacun pour soi et Dieu pour tous* » qu'il appliquera en taxant fortement la société féodale. Son fils, Philippe le Bel précurseur de Charles Darwin ira plus loin en remplaçant « *Dieu pour tous* » par *« la loi du plus* fort ».

Nous sommes en 1274, dans une période où l'intrigue règne et la cathédrale Saint Jean ressemble plus à un théâtre, à en croire des auteurs reconnus comme J.J E Roy en 1851 « *on y comptait .... Les envoyés des empereurs d'orient et d'occident, ceux du roi de France, du roi de Chypre Hugues III de Poitiers de Lusignan, de tous les princes chrétiens d'Europe et d'outre–mer* ».

On remarque surtout dans cette imposante assemblée, la place assignée par le pape aux deux ordres militaires, le privilège d'être placé au-dessus des ambassadeurs, des pairs de France et des autres grands seigneurs. Parmi eux, se glisse Guillaume de Roussillon venu prendre la température de l'assemblée.

Mais ces honneurs rendus aux défenseurs de la Terre Sainte ne ranimeront pas un zèle qui n'existait plus.

« Les décisions du concile, les exhortations du pape n'eurent pas plus de succès. Cependant quelques princes, quelques souverains ... paraissaient plutôt...céder...qu'obéir...à leur conviction. Charles d'Anjou frère de saint Louis et Roi des deux Sicile prit la croix par ambition et pour ajouter à ses titres celui de Roi de Jérusalem d'où il ne reste de chrétien que la ville d'Acre. Il va prétendre avoir droit en vertu d'un transport et d'une session que lui en a fait pendant le concile (non mais en dehors des séances officielles) même de Lyon, Marie princesse d'Antioche, fille de Melisende de Lusignan et de Bohémond IV prince de Tripoli ».

L'auteur prend ses désirs pour des réalités. Il n'y a à cette date, aucune transaction officielle de souveraineté, mais seulement une approche entre les partis, dont Guillaume de Beaujeu fut averti secrètement. Du vivant de Charles d'Anjou, aucun acte ne sera produit et pour cause.

Pour les accros de romans historiques dont celui de Maurice Druon, on entre dans le préambule des « *Rois Maudits* » comme je l'ai annoncé en avant-propos. Et l'auteur J.Roy de poursuivre *« en même temps (*sous-entendu durant le concile) *Hugues III de*

Lusignan Roi de Chypre et de Jérusalem lui aussi, par ses représentants soutenait que la couronne de Jérusalem lui appartenait en droite ligne d'Alix de Champagne, fille de Henri Comte de Champagne et d'Isabeau fille d'Amaury troisième Roi de Jérusalem. Ce prince, Hugues de Lusignan se fit couronner en cette qualité, Roi de Jérusalem dans la ville de Tyr ».

Hugues de Lusignan était reconnu roi de Chypre et d'Acre par Philippe III le Hardi avant, pendant et après la fin du concile de Lyon le 16 juillet 1274. Charles d'Anjou son oncle, roi de Sicile, est l'usurpateur qui vient d'acheter le titre en attendant de pouvoir envoyer ses troupes à Saint-Jean-D'acre !

Il veut prendre possession des débris de ce malheureux royaume en envoyant son lieutenant (bailli) Roger de Saint Séverin un ecclésiastique. Les seigneurs du royaume de Jérusalem se diviseront entre les deux prétendants.

Guillaume de Beaujeu, grand Maître des templiers à son arrivée en Terre Sainte a changé de bord ; il se déclarera favorable au roi de Sicile (Charles d'Anjou) sans le laisser paraître. Par déduction, il se plaçait contre Philippe III le Hardi, Hugues de Lusignan, le pape à qui il devait pourtant obéissance. Les hospitaliers, prudents, conservèrent la neutralité.

Que disaient les chroniqueurs présents en parlant des représentants de la Terre Sainte « *et alerent au concile au lion por Sire Hugue de Liseigneu roi de chipre et por chretiens de la mer messages (messagers des croisés chrétiens) , l'arcevesque de Sur, l'evesque de Jaffe, Johan de Grely seneschal du roiaume et frère Guillaume de corceles frère de l'ospital et Jacques Vidal et Enguerran de Jarni ; et aucuns de ces alerent (et aucun de ceux qui y allèrent) procureor (représentants) por le roi de chipre en contre damoisele (mais contre mademoiselle) Marie qui chalengeoit (qui concourait) à la cort (cour) le roiaume de Jhérusalem comme son héritage* ».

On imagine que l'imbroglio politique profitait au sultan Baybars, Un stratège qui se frottera les mains. Pour notre héros de l'ouvrage, Guillaume de Roussillon, peu lui importait la suite. Seul comptait le titulaire reconnu par le roi de France.

Pour les curieux, on précisera que les émissaires de Marie d'Antioche présents au concile, proposeront oralement son titre aux représentants de Charles d'Anjou (absent) sans acte et rien d'autre.

Elle revendiquait cette succession depuis que le vrai titulaire du royaume de Sicile, Conradin, jeune fils de Conrad de Hohenstaufen avait été décapité le 29 octobre 1268. Paradoxalement Marie et Charles étaient devenus complices sans aucun remord. Conradin, je l'ai déjà signalé, était trop jeune pour porter ce titre.

Il y eut un régent pour la Sicile, Manfred son demi-frère, que Charles d'Anjou élimina en 1266 en le combattant dans le Bénévent avec le soutien des papes Urbain IV et Clément IV. Ce dernier, indigné, reviendra d'ailleurs sur cet appui incongru. Conradin grandira et revendiquera légitimement son héritage.

Hugues III de Lusignan, roi de Chypre, tenait le même titre de roi de Jérusalem, sans meurtre lui, à un degré de parenté identique à sa rivale, par la loi salique, d'après Alix de Champagne fille d'Isabelle reine de Jérusalem.

Ces détails révèlent l'ambiguïté de ces têtes couronnées qui passaient leur temps à se chicaner, pour quelques lambeaux de territoire alors que seul résistait encore Acre et ses 45 000 habitants. C'était énorme reconnaissons-le, alors que Lyon à cette époque en comptait 20 000 et Aigues-Mortes 11 000, si l'on recense « *les employés* » assignés momentanément à la confection des remparts.

Espérant des jours meilleurs, la majorité des fortunes chrétiennes d'Orient s'étaient agglutinées depuis des décennies autour des adeptes de la pierre philosophale et du Graal... ils ne vinrent jamais.

Renfort illusoire en Terre Sainte

J'ai volontairement occulté jusqu'à présent le rôle tenu par Guillaume de Roussillon. Nous y sommes. Le roi et le pape comme je l'ai écrit, se sont rencontrés à diverses reprises, dans le courant du mois de février 1274 à Lyon. Il y eut de longs débats pour déterminer la nature des secours à envoyer et le financement.

Si la solution du renfort traditionnel fut retenue par tous les partis, restait à savoir à qui confier cette ordonnance (mission) dans le plus grand secret.

Ne rien divulguer avant le concile, ne rien laisser transpirer aux chrétiens présents en Terre Sainte, ni aux têtes couronnées. Qui fut alors mis dans la confidence avant le concile ?

Vraisemblablement, le roi, le pape, l'archevêque de Lyon Pierre de Tarentaise, le sénéchal de Jérusalem Jean de Grailly, le connétable de France Humbert de Beaujeu bien sûr. On émettra des réserves concernant Guillaume de Beaujeu et le maréchal Guillaume de Courcelles pour l'Ordre de *l'Ospital*.

Pour le chevalier Guillaume de Roussillon, la question ne se pose pas. Il fut convié en catimini, par le roi en personne qui lui confiait cette mission à haut risque, assumer la responsabilité des derniers mercenaires croisés de Palestine, temporiser autant que faire se peut, arracher une nouvelle trêve, s'interposer entre les Ordres militaires. Pour l'heure, il avait le temps de réfléchir et devait rendre sa réponse. On connait la suite...

Guillaume de Roussillon, respectant l'ordre du jour du concile ne fit aucun commentaire. Le roi clôtura leur échange en soulignant qu'il serait prévenu en temps utile par le connétable de France. Du côté du pape, il eut la recommandation de suivre l'expérience de son chapelain qui l'informerait des évènements journaliers d'outremer. Ce dernier lui sera attaché dès 1274.

Imaginons-le ressenti de ce noble rural, jamais sorti de son domaine ou si peu, assujetti à une requête qui le condamnait à tout quitter et mourir... Quel en était le contenu ? Guillaume retiendra quelques bribes voilées du genre : « *...donner l'impression à l'Orient que l'Occident allait réagir prochainement...* ».

On lui démontra que le roi de Chypre, titulaire de la couronne de Jérusalem avait quelques problèmes pour faire respecter son pouvoir temporel dans Acre, réputée dangereuse et aux mœurs très libres.

En conversant avec des représentants de Saint-Jean-d'Acre qui pouvaient l'aider ? On retiendra ce texte lié à son prédécesseur « *et alerent li maistre du Temple et le mareschal de l'ospital et le commandeor des Alemans et sire Johan de Grely et plusors autres en chipre por concorder le roi et ses barons et sanz rien faire s'en retournèrent (n'ayant pu rien faire) ». Il ajouta « et mourut frère Thomas Berart (Beraud) maistre du Temple, le jor de la Nostre Dame de mars et fut maistre le XIII jors de mai frère Guillaume de Biaujeu qui estoit Outre-mer commandeur du Temple en Puille (Pouille) et en l'an 1273 li 28 avril revint Olivier de Termes avec 25 hommes a cheval et 100 arbalestriers a pié as deniers le roi de France* » ..... (Payés par le roi de France).

La réalité n'était pas que politique. Guillaume n'en était pas dupe. Il partait faire du maintien de l'ordre, calmer les têtes brûlées, jauger le rapport des forces en présence. Il devait éviter l'embrasement du royaume de Jérusalem et ne pas commettre d'impair. En son âme et conscience, il ne pouvait pas reculer. Refuser au roi équivalait à jeter l'opprobre sur les membres de sa famille. Comme il n'était pas du genre à se dérober, il posa deux conditions en cas de disparition brutale.

La première, rapprocher de Lyon son frère cadet Aymar, abbé à Cluny, qui en cas de malheur, serait d'un grand secours (il a huit enfants) pour son épouse. La seconde, promouvoir Amédée le puîné, évêque dans la région dès son départ. En joignant leurs forces, les Roussillon seraient invincibles en cas de conflits.

N'ayant pas d'autre souhait immédiat à formuler, le connétable de France lui communiqua la suite des conditions « *le sire de Roussillon sera convoqué au Temple à Paris ou sinon recevra les officiers royaux sur son domaine d'Annonay. Il sera conduit à diriger les troupes françaises stationnées en Terre Sainte avec le conseil des seigneurs actuellement sur la place de Saint Jean d'Acre.*

Il disposera de tous les moyens financiers nécessaires à sa mission, armer une flotte ou engager des mercenaires, il embarquera à Aigues mortes. Il doit le faire en concertation des personnes ici présentes et du roi de Chypre si il était présent ». Les derniers mots veulent tout dire. Ils révèlent bien l'instabilité du royaume et le tohu-bohu de notre enquête.

Sans autre objection Guillaume donnera un accord de principe. Le sujet épuisé, la réunion était terminée. Guillaume ne reverra jamais le roi. Il pria sûrement Dieu qu'Olivier de Termes vive très longtemps.

Le cœur de Guillaume de Roussillon penchait pour cette noble cause ; aîné des Roussillon chez qui le sens du devoir primait avant les obligations familiales. Guillaume était abasourdi par la complexité de sa mission qui va le conduire à passer de longues heures à justifier son départ auprès de Béatrix.

Elle savait qu'il était inutile de le dissuader, que sa décision était irrémédiable « *par ordre du roi* », et même si un pressentiment la tourmentait et tiraillait son âme de croyante, les dés étaient jetés à l'aube de l'été 1274.

Guillaume ne pouvait se résigner à abandonner les chrétiens de Palestine. Il se méprenait sur la situation politique qu'il allait découvrir. Non aguerri aux combats à cheval, ignorant la culture, il appréhendait de mourir en combat contre les musulmans. Naïf, il n'imagina pas une seconde subir ce qui arriva...

Seul à Acre, il ne bénéficiait d'aucun parti, ne connaissait personne, hormis Guillaume de Beaujeu de nom et son chapelain. Pour l'heure, il gardera le secret de sa mission...

Sept mois s'écouleront sans incident. Le concile terminé depuis le 16 juillet, son frère Aymar devenu archevêque de Lyon sans problème, grâce aux facilités prodiguées par le pape.

Dans la première semaine de septembre 1274, Aymar se rendit au château d'Annonay voir Guillaume et lui délivrer ce message laconique : « *Le pape vient d'écrire, Olivier de Termes est décédé à Acre le 12 août, tu connais la suite*» - « *oui je pars* ».

Il s'est éteint de vieillesse ou de maladie vraisemblablement ; les chroniqueurs en pareils cas, n'en soufflaient mot, contrairement à un combattant mort en martyr au service de Dieu. Pour Guillaume peu importait, c'était son heure. Il mit Aymar au courant des conséquences et des dangers potentiels dont l'avait informé le chapelain. Il attendait donc les instructions comme prévues.

En Terre Sainte, la trêve accordée du bout des lèvres par le sultan s'effilochait. Il était souhaitable que les Mongols avec qui Baybars avait de sérieux revers, lui tiennent tête suffisamment longtemps. Les Francs continuaient de croire au miracle !

Selon un désir exprimé en 1254, Olivier de Termes voulut être enterré sur place. Etre enterré sur la terre où avait vécu le Christ donnait le sentiment de se rapprocher de Dieu, écrit Gauthier Langlois dans son ouvrage (voir bibliographie).

Olivier a-t-il eu un revirement trop tardif, changé d'idée pour un autre lieu de sépulture comme l'abbaye de Fontfroide ? Sa vénération y est intacte, mais ...

Avant de traverser la méditerranée, nous allons poursuivre notre périple en émettant quelques prudences sur les dates venant d'orient.

En raison du calendrier pascal, il faut avant tout situer la fête de Pâques et compter le nombre de jours, qui oscillent entre 330 et 400 jours en incluant en plus, le délai de transmission d'une information donnée de Saint-Jean-D'acre qui variait de 20 à 30 jours selon l'état de la mer.

L'organisation se met en route

La disparition d'Olivier de Termes entraînait d'office la désignation de Guillaume de Roussillon pour le même poste dans les mois suivants. Les troupes Françaises du corps expéditionnaire au Levant se trouvant soudainement privées du chef, le roi de France devait replacer une petite main à Acre. L'intendance était prête à Aigues-Mortes, le renforcement des troupes accepté à Paris par les grands officiers du royaume ; il restait à les soudoyer.

Le pape Grégoire X avait dépêché dès 1273 une ambassade en la personne du cardinal Simon de Brie (*) pour collecter les fonds. Tout fonctionnait. L'archevêque Pierre de Corinthe, le cardinal de Sainte-Cécile pour le souverain pontife engageront les tractations avec le chambrier et connétable de France en perspective du second passage en Orient de troupes soldées « *as deniers de l'Yglise* ». Le tout s'effectuera selon les conseils respectifs des experts militaires Erard de Valery et Humbert de Beaujeu qui ont déjà combattus lors des précédentes croisades. Le but était-il réellement de combattre ? Il est autant dire impossible de situer le lieu de ces rencontres, aussi passons à l'acte proprement dit.

Selon Pierre-Vincent Claverie : « *c'est au Temple à Paris où le Templier Jean Ier de Tour gérait les comptes du Roi et de l'Eglise que l'Ordonnance fut indubitablement préparée au printemps 1275 avec la participation de Jean de Grailly sénéchal de Jérusalem et du bouteiller de France, Jean d'Acre* ». Ce dernier accompagnera les démarches de l'expédition pour Guillaume de Roussillon.

Quelques détails sur ces titres sont salutaires. Le connétable était responsable des armées du royaume, le chambrier l'organisateur des affaires politiques impliquant le royaume, avec pour cela, l'appui des conseillers, le bouteiller responsable de l'approvisionnement en vins et en victuailles pour la Cour et les armées. On l'appellerait volontiers de nos jours, le « *traiteur du royaume* ».

(*) Simon de Brie sous l'influence de Charles d'Anjou, oncle de Philippe III le Hardi deviendra pape le 11 février 1281 sous le nom de Martin IV.

L'ordonnance royale

Il existait à ma connaissance, en 2006 lors de la première édition, selon le manuscrit de la Bibliothèque Nationale de France, au minimum 6 reprises de ce texte, voire 3 depuis le XVIIe siècle, Claude Menard, Guillaume du Gange et Nicolas Chorier, trois au XIXe siècle, Paul André Roger, Antoine Vachez et Pierre Vincent Claverie en 2002. Nous parlons d'ordonnance royale et non pas des versions légendées pour Béatrix par les prieurs, vulgarisées par Théodore Ogier en 1856 dans son œuvre, *La France par Cantons ; la Loire* T2, qui sera plagiée par Antoine Vachez et Jean Combe.

Sans trop insister sur le caractère trempé de Guillaume, ses liens de parenté au sein du royaume lui garantissaient pour l'heure une loyauté sans faille envers le roi de France. En revanche, la réciprocité pêchait un peu. Charles d'Anjou connaissait-il le lien de filiation entre la belle-mère de Guillaume de Roussillon, cousine germaine par alliance de Béatrice de Savoie, épouse de Manfred de Hohenstaufen assassiné en 1266 ?

De toute façon la cause était entendue. Il fallait partir, et par enchantement Guillaume obtiendra dès le 30 janvier 1275 la restitution de son château d'Annonay, usurpé par le damoiseau Eustache de la Mastre (Lamastre). « *Anselme sacristain de Vienne juge délégué par l'Archevêque de Vienne, déclare bien fonder l'appel interjeté par Guillaume de Roussillon seigneur d'Annonay de la sentence du juge du Viennois qui avait mis ....le damoiseau ....en possession du château d'Annonay ; il ordonne que les choses seront rétablies en leur premier état et condamne la partie d'Eustache aux dépens. Sceau.* ».

Guillaume profitera d'une certaine indulgence de jugement grâce à ce départ précipité. Il semblerait bien que le château ait jadis appartenu à un dauphin du Viennois qui l'avait rétrocédé lui-même, d'où l'imbroglio. A-t-il posé ses conditions ?

Guillaume recevra en ses terres, l'ordre de mission dès les premiers jours du printemps 1275, par les plus hautes autorités du royaume, le cardinal Simon de Brie, légat représentant le pape, le chambrier Erard de Valery et le connétable de France, *Humbert de Beaujeu.* On peut sans risque ajouter et ce n'est plus un secret, l'archevêque de Vienne Guy d'Auvergne, l'archevêque de Lyon *Aymar de Roussillon* et pourquoi pas, le grand maître du temple

Guillaume de Beaujeu venu accompagner son frère. C'est tout à fait plausible, ce dernier était encore dans la région, si on avait besoin de lui ! Il n'était pas encore parti à Saint-Jean-d'Acre, où pourtant les templiers et les chevaliers teutoniques entretenaient de sérieux démêlés. Le 13 mars 1275, Grégoire X d'ailleurs se constituera arbitre à la suite d'un grave différend survenu entre ces chevaliers.

Chacun avait misé sur un départ de Guillaume de Beaujeu dès la fin concile, allé s'installer dans sa nouvelle fonction à Acre. Il n'était point sourd aux appels désespérés des combattants en Orient depuis 1273, puis en juillet 1274 et sinon au mois de septembre 1275.

Quelle raison impérieuse (d'état) l'obligeait à différer son départ ? Espérait-il que les décisions prises au concile soient amendées en faveur des templiers (et de Charles d'Anjou) vis-à-vis de la couronne de Jérusalem ? Il participera à une dernière manifestation publique à Paris, au sacre de la reine Marie de Brabant le 24 juin 1275 par l'archevêque de Reims. Et après il disparaît de la scène publique!

3ème PARTIE

Guillaume de Roussillon prépare son expédition

Six mois s'étaient écoulés sans confirmation officielle de sa mission. Ce n'est qu'au mois de mars 1275, dans un lieu tenu secret, comme le veut la coutume, qu'eut lieu l'entrevue avec les émissaires royaux porteurs de l'ordonnance. La localisation géographique offre qu'un intérêt secondaire dans ce récit vous en conviendrez.

Par déduction, le territoire de Lupé dans le Pilat en belvédère de la vallée du Rhône se prêtait à cette rencontre, mais nul ne peut l'affirmer. Le choix pour Guillaume était stratégique et judicieux. Le seigneur du lieu était un ami sûr, Guigues de Falatier, une ancienne famille implantée dans le massif du Pilat depuis des siècles.

Un seigneur qui cumulait le titre sur Lupé avec la baronnie de Malleval rattachée au diocèse de Vienne. L'architecture de Lupé porte encore en elle-même l'ancien luxe du château féodal disparu. L'ossature de la bâtisse récente laisse augurer de la beauté de cette demeure au 13ème siècle. Les restes des vestiges « ***non apparents*** » sont encore porteurs de mystères à en croire certains visiteurs prolixes. En tout état de cause, voici l'ordonnance donnée à Guillaume de Roussillon :

« C'est l'ordonnance que ly legaz Symons, messire Erard de Valery et ly connestables de France ont faite de gens que ly roiz et ly legats envoyent outre-mer, dont messire ***Guillaume de Roussil(l)on*** *est cheveteine. Premièrement, l'on baille audict Guillaume C (100) hommes a cheval, c'est a savoir XL (40) archers, XXX (30) arbalestriers et XXX (30) sergents a cheval. Item, l'on luy baille trois cens sergens a pied. Et pour tous sa gens mener et conduire, l'en baille audit* ***Guillaume de Roussillon****.......certaine somme d'argent pour tout un an. Et est divisié icy quels gaiges chacun doit avoir. Et quand ly dit Guillaume vendra en la terre d'outremer, il pourra les gages ausdits gens croistre et admenuisier selon ce que le mestier sera a faire. Item, l'en luy baille deniers pour les despens de son hostel et pour son et de tous les autres dessus dits ; et de ce il en doit ordonner selon sa leuté, selon ce qu'il verra a faire. Item, de ces deniers que l'on ly baille, il doit aider et soustenir les sergents que ly sire de Valery, ly boutilliers de France et ly connestable ly envoyerent, et ly legats des susdits de ceux qu'il verra qui feront à retour. Et l'aide et la souslevance qu'il fera, il leur doit faire par le conseil M. Guillaume de Piquegny et Mille de Cayphas. Item, s'ainsi estoit que par le soudan ou autre nececessité, il feust mestriers qu'il feist autres grandes mises et dépens, ou en galies ou en sodoers retenir ou autrement,* ***il le doit faire par le conseil ly maistre le Temple****, de frère Arnoul (de) Wisemale, et le maistre de l'Hospital et frère Guillaus de Corcelles, et par le conseil au patriarche,* ***et par le conseil au roy de Cypre*** (Chypre) *se il estoit present, et aux deux devantdits chevaliers. Item, ils ont ordonné que si ledit Guillaume de Roussillon mouroit, dont Dieux le deffende, et il mourust sur la mer, messire Aubert de Baignex demourera en son lieu jusques a tant qu'il soit ordonné. Et quand il sera, ledit Aubert et messire Guillaume (de) Piquegny et messire Mille de Cayphas tendront lesdits gens et feront ou leu dudit* ***Guillaume de Roussillon*** *jusques a tant qu'ils ayent fait scavoir au roy et au legat, et qu'ils en ayent remendé leur voulonté. Et s'aisin estoit qu'il mourust outremer, ledit Aubert et ly deux chevaliers tendront lesdits gens comme dit est par-dessus ».*

Commentaires sur sa mission

Elle figure dans plusieurs chroniques qui ont toutes arrêté leurs investigations en 1277 ! Pourquoi André Roger, auteur instruit ou non, de la vérité en 1845, a-t-il inclus ce document de 1275 dans l'histoire des croisades pourtant terminées depuis 5 ans ? Est-ce par ignorance, ou par plaisir vis à vis de ses lecteurs ? L'ordonnance donnée à Guillaume de Roussillon, il est vrai, n'a aucune équivalence en matière d'envoi de troupes outre-mer et de la logistique au 13ème siècle. On l'examinera donc avec beaucoup d'attention en la décomposant en 3 parties distinctes. A savoir, l'analyse politique, l'impact en Orient et les moyens militaires mis en œuvre.

En sachant que depuis l'entrevue initiale de Guillaume avec le roi, plus d'un an s'est écoulé. Les sentiments envers une énième croisade n'avaient pas évolué et le roi convolait en juste noce. La mission, les hommes, le pouvoir outremer n'avaient pas bougé d'un iota malgré quelques implorations faites à postériori (*) du concile de Lyon. Sur le papier, le roi de Chypre était toujours titulaire du royaume de Jérusalem. Guillaume de Roussillon ayant tout compris commençait à se sentir à l'étroit dans sa cuirasse.

(*) Guillaume de Beaujeu ayant analysé le jeu joué par le roi de France, sollicita dès son arrivée à Acre l'intervention d'autres rois plus motivés, celle du roi des Romains Rodolphe de Habsbourg le 27 septembre 1275, puis celle d'Edouard 1er roi d'Angleterre le 2 octobre 1275 (Fonds épistolaire T.3 p570/571 - P.V Claverie 2005).

Un point restait insoluble : comment obéir, respecter tout le monde, alors que la place attribuée *au roi de Cypre* (Chypre) dans ce texte se trouve réduite à une peau de chagrin. On constate avec le recul de l'histoire, toute l'importance dont relevait la réussite de sa mission. On donnait à Guillaume l'impression que l'avenir de la Terre Sainte reposait sur ses épaules. En réalité, c'étaient tous des Ponce Pilate, chacun œuvrant pour sa chapelle sauf un, le pape Grégoire X qui n'a pas louvoyé au regard des documents. C'était déjà, en 1275, l'abandon programmé des colonies chrétiennes.

On acceptait de raser deux siècles de coexistence en Orient. Ce n'était pas avec les 1300 hommes expédiés entre 1271 et 1273 au sénéchal de Jérusalem Jean de Grailly, que le cours de l'histoire des croisades changerait. Et à cette date, on n'était loin d'avoir tout vu...

Sur le plan militaire, cette force mobile d'interposition était efficace pour le maintien de l'ordre, c'est tout et encore, abritée par les remparts de la ville. Certes, elle était adaptée au contexte, mais onéreuse à entretenir. La garnison ne pouvait plus sortir de la citadelle sous peine d'accrochages sérieux avec les Musulmans. On entrera avec Guillaume de Roussillon dans un système organisé de relèves cycliques des troupes françaises entre 2 et 3 ans. C"était cela la croisade de Philippe III le Hardi !

Concernant l'armement, le texte indique « ***40 archers, 30 arbalétriers à cheval* ».** On précisera : « des mercenaires professionnels Génois ». Guillaume de Roussillon n'en vit pas la subtilité sur le moment. Il en modifiera la composition à Aigues-Mortes 2 mois après, face aux volontaires, ajustant ses hommes à la réalité des besoins. Pour les moins avertis, on sait que l'arbalète dérive de l'arc plus léger que privilégiaient les sarrasins. Devenue omniprésente chez les croisés, elle permettait d'envoyer en moyenne 10 flèches à la minute alors que l'arbalétrier lançait deux traits, voire trois dans le même temps en terrain plat. Cette grosse flèche portant aussi le nom de « *carreau ou quarrel* » était mortelle à une portée de 100 m. L'Eglise l'a interdit pendant quelques années, dans les confrontations entre chrétiens ! Joujou des arbalétriers à cheval qui, d'un trait bien ajusté, traversait sans problème la cotte de mailles très légère des infidèles.

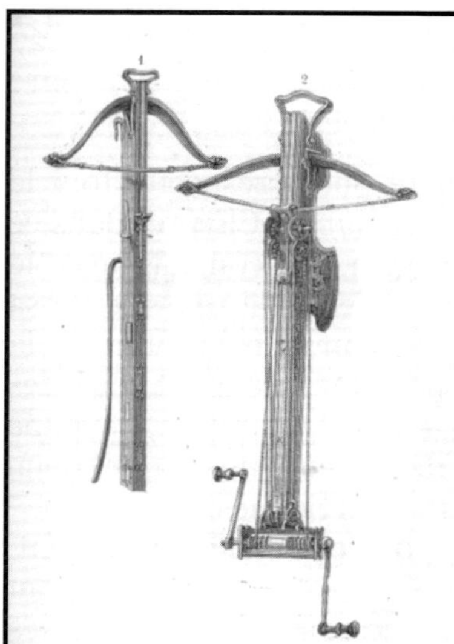

1- Arme convoitée par les Arbalétriers à cheval.
2- Arbalète utilisée sur un rempart lors d'un siège.

Les croisés la suspendaient à l'arçon de leur selle au moyen de l'étrier qui n'avait pas encore disparu à l'époque de Guillaume. La solde des arbalétriers à cheval était doublée voire triplée par rapport à celle des hommes à pied « la piétaille » et curieusement en fonction du nombre de chevaux qu'ils pouvaient monter successivement dans une matinée de combat. Cette arme de siège évolua avec l'arbalète à croc ou à pied de biche. L'arbalète à moufle plus lourde (10kgs) projetait, elle, des viretons « *empennés* » de plumes, de bois léger ou de fines lames de métal. Ses viretons pouvaient traverser une plaque de chêne de 16 cm, les cuirasses et les heaumes. Les arbalétriers puis les sergents à pied composaient « *la piétaille* » lors d'un engagement frontal.

Les arbalétriers à pied ne portaient pas de cotte de mailles sur les vêtements. Leur seule protection consistait à se cacher derrière un haut bouclier effilé. Si une brèche était par malheur ouverte dans la ligne de front, il ne restait à l'arbalétrier que sa lance et ses deux jambes si elles n'étaient pas déjà brisées. Le plus souvent, il était écrasé sans égard par sa propre cavalerie, qui chargeait l'ennemi selon le jargon « *chevaucher la piétaille* ». Sauf que la piétaille était composée de pauvres gueux enrôlés de force la veille.

Guillaume, novice en la matière, redoutait les techniques de combat. Son prédécesseur Olivier de Termes les maîtrisait parfaitement. Guillaume devra se fier à ses lieutenants Guillaume de Piquegny et Mille de Cayphas selon la nécessité de sortir. Guillaume ne vit pas le temps passer durant les 6 mois qui suivront. Il le mettra à profit pour rencontrer ses compagnons de route, régler ses affaires familiales, et surtout établir un testament. Il avait conscience que son fils aîné Artaud, encore jeune, devrait compter sur le soutien de ses oncles Aymar et Amédée.

Amédée Evêque de Valence
Chose promise chose due

Ce dernier obtint comme entendu sa nomination à l'évêché de Valence par la bulle de Grégoire X. Pour la circonstance il se déplacera à la cathédrale Saint-Maurice à Vienne le 30 août 1275. Le pape, tenant parole, viendra encourager Guillaume sur le point de partir quelques semaines après. Cette date scellera le départ de l'expédition. A la mort de l'évêque de Die, Amédée de Genève, Amédée de Roussillon son filleul lui succédera et accumulera ainsi une nouvelle charge (un revenu). Il cumula les 2 charges à partir du 26 janvier 1276, évêque de Valence et de Die.

Après cette parenthèse, retrouvons Guillaume prêt à se rendre à Aigues-Mortes en avril 1275. Il doit finaliser l'ordonnance royale : recruter, acheter des montures, se familiariser aux manœuvres de cavalerie lourde. Sans oublier de rencontrer le maître des équipages avec qui il définira le nombre, le type de bateaux à utiliser, la durée de la traversée. Il était accompagné de son fils ainé Artaud qui à 15 ans ne pouvait manquer un tel déploiement, tout comme son éminent compagnon le chapelain qui deviendra le chroniqueur attitré pour toute la durée de sa mission. Il sera ainsi informé de tous les faits qui se déroulaient en Orient tant au passé qu'au présent sur les hommes, les prélats, les barons, les pièges à éviter et les marchands honnêtes.

A l'escale de Chavanay, les nobles Falatier, père et fils, seigneurs de Malleval désirant découvrir le Languedoc se joindront à eux. Ayant embarqués leurs montures à Saint-Pierre-de-Bœuf, ils descendirent le Rhône jusqu'à Beaucaire. Là, le sénéchal de Nîmes et de Beaucaire Jean Garel, les attendait afin de les conduire à Aigues-Mortes.

L'arrivée en Camargue

Peu après Saint-Laurent-d'Aigouze, l'escorte stoppa à l'ombre du monastère de Psalmodi. Un édifice méritant que l'on s'y arrête un peu. Ses ruines déjà apparentes se perdent dans la nuit des temps et datent sans problème du 8ème siècle. Les sarrasins le saccagèrent en 724 et obligèrent ses occupants à se replier, dit-on, à Saint-Julien-de-Cornilhac près de Marsillargues.

Le calme revenu, ses occupants réintégrèrent l'abbaye. On prête aux moines le fait d'être à l'origine du négoce du sel, entendons dans le sens de l'exportation. Etonnant vis-à-vis des romains. Cette production timide a permis plus tard d'identifier les vrais débuts des salins d'Aigues-Mortes sous Philippe le Bel. Le premier acte de la nouvelle fondation de cette communauté est daté de 815, où Louis le Pieux accorda à l'abbaye un privilège séculier d'immunité reconduit tacitement par les papes. Les rois accordaient avec parcimonie ce genre de privilège laïc à un édifice religieux, en cas de malheur, ou s'il avait besoin d'être relevé. On peut conjecturer à cette abbaye une existence aussi ancienne que celle de Saint Honorat sur les îles de Lerins ou de Montmajour sur l'île Saint Pierre près d'Arles, entourées comme elle, de marécages jusqu'au 17me siècle. La datation archéologique reste la meilleure preuve, et des sondages ordonnés (complémentaires) avec l'accord des intéressés révéleront encore en 2014 ce que les Aigues-Mortais ne savent pas.

On fonctionne souvent par comparaison de vestiges en des lieux inhospitaliers. N'oublions pas que Psalmodi a fonctionné pendant plusieurs siècles en binôme avec Montmajour. Etait-elle également à son origine une nécropole chrétienne ?

Si nous ne devions retenir que la base des murailles, on prêterait à ce site une configuration architecturale analogue au Palais du Miroir (ou des Miroirs) de Saint-Romain-en-Gal (69) en face de Vienne. Il est aujourd'hui très bien restauré.

Elevé au milieu de marais communiquant jadis avec l'étang de Maugio, le monastère de Psalmodi était hors d'eau qu'elles que soient les crues du petit Rhône, du Vidourle ou du Vistre. En partant de ce postulat, le lieu offrait un asile sûr abritant jadis sans doute une « *villa romaine* », limitée en profondeur à cause de la nappe phréatique. De là découlera cette configuration d'un domaine issu du Bas Empire dont les substrats se prolongent sur le troisième cordon du littoral. Aujourd'hui, il est implanté en partie sur le domaine de Jarras entre Aigues-Mortes, l'étang du Roi et l'étang du Repausset au levant.

Est-ce une coïncidence, mais l'implantation du vignoble Occitan est basée sur le maillage des anciennes abbayes qui consommaient (modérément) du vin de messes (noir ou rosé sans jeu de mots). Personne ne semble enlever à ces moines la primauté des productions des premiers petits vins de sable et leur négoce.

En l'absence de vigne, seuls les Salins figurent dans les rétrocessions de territoires au bénéfice de Louis IX pour Aigues-Mortes. La récolte des premiers vins de l'île de Stel ou Insula Stelli dépendirent des templiers de Saint-Gilles dès le début du 13ème siècle. Une époque où personne ne demanda au commandeur Pierre Bernard de Salgues de présenter ses titres de propriétés pour les commanderies mineures.

Ruine romaine du Palais des Miroirs à Saint-Romain-en-Gal en face de Vienne vers 1830. Configuration sensiblement analogue à celle de l'abbaye de Psalmodi.

Le mot Psalmodi est assimilé aux louanges et aux psaumes chantés par les moines à tout moment du jour et de la nuit, créant dans un environnement naturel un bruissement récurrent. On donne également dans cette région un nom dérivé du latin Saumozi, saumure, sel, sauniers… On remarque, dans la carte ci-après p 119, la situation du Mas de Psalmodi dans l'angle à gauche au-dessus d'Aigues-Mortes ; la position des cordons et la création de la grande Roubine, sur lesquels naitront le Grau-du-Roi. On ne s'imagine pas le degré des luttes intestines qui se sont déroulées sur ces territoires, dès le quatorzième siècle, entre les descendants de Guillaume de Nogaret, de Philippe le Bel et les comtes de Provence dans la lignée directe de Charles II d'Anjou. Le dicton *« boire comme un templier »* trouverait peut-être une signification en Camargue !

Il indiquait peut être au roi de France que l'activité salinière de 1246 avait évolué avec les templiers. La récolte du listel sur l'Isles de Stel est récente et son histoire est gravée dans le marbre au domaine de Jarras. On cause et bien entendu Guillaume lui, a poursuivi sa route. Il a quitté ces lieux nostalgiques non sans avoir communié et goûté le « *vin de messe* » avec l'abbé. Sitôt dépassée la tour Carbonnière, il vit à l'horizon un quadrilatère crénelé d'une taille inconnue s'élevant dans le brouillard. Pantois, il contemplait ces murailles en construction au milieu des étendues d'eaux saumâtres. Des hommes arcboutés sur les échelles s'activaient comme une fourmilière. Ployant sous le poids inhumain de gros blocs élevés jusqu'aux barbacanes à l'aide d'une chèvre, voilà « *le prix de certains à payer pour l'indépendance du royaume* », fera-t-il soudain remarquer goguenard à son fils.

«Sire, un royaume que vous ne manquerez pas de regretter dès l'appareillage du vaisseau amiral » rétorqua le maître de port qui arrivait justement à sa hauteur. Après avoir franchi la porte de la Reine, l'escouade des français du nord comme on les appelait ici dans le Languedoc, fut vite happée par une grappe humaine apparue au son des cors guidés par les consuls de la ville à travers les dédales des ruelles tirées au cordeau.

A la vue de l'église des Sablons, Guillaume réalisa la joie des retours pour les croisés, pouvoir revenir prier (l'église actuelle est plus récente). « *Les gentes du Roi* » comme on les surnommait arrivèrent sur une placette de sable. Guillaume fut attiré là, par une élégante bâtisse, aux arcades massives entourées de bruyantes tavernes d'où émanaient les rumeurs.

Aigues-Mortes, une rue typique du moyen âge.

Le maître du port lui dit : *« ici, tous les mariniers se rassemblent, qu'ils soient de Givors, Condrieu, Sablons, Arles, Beaucaire ou Aigues-Mortes. Les pilotes ont le regard assuré, le teint bronzé par le hâle, le mistral et la pluie, accoutumés à sonder la profondeur du fleuve à la harpie en toute saison. Seul l'accent les diffère »*. Guillaume n'en doutait pas. Il connaissait ceux de Condrieu qui parlaient eux sans chanter. Et le maître de poursuivre : *« ici, en ville, ils jouissent d'une grande considération. On les appelle les Empereurs pour ne pas les confondre, avec les commandants de bord sur les nefs ou les galères Italiennes »*. Dans ce domaine Guillaume néophyte ne pouvait qu'être d'accord.

« Vous êtes chez vous et désormais les hôtes de la famille du regretté Guillaume de Boccanegra vous attendent » dit le sénéchal qui terminait ici sa mission : *« ses trois fils sont venus expressément de Montpellier pour s'entretenir de votre sujet»*. Guillaume allait faire la connaissance des héritiers, Niccolo, Rainerio et Ottobono Boccanegra dignes successeurs de leur père.

On ne perdit pas de temps en formalités. Le châtelain d'Aigues-Mortes, Jean de Brie, supervisera avec Guillaume l'enrôlement des 4 compagnies à pied d'arbalétriers Génois, spécialisés dans la défense des remparts et dont l'efficacité était légendaire.

La composition initiale prévue pour Guillaume devait être corrigée. Les conflits larvés dans le bassin méditerranéen étaient si nombreux en 1275 que les archers monnayaient à prix d'or leur enrôlement. Les hommes de troupe devraient être rendus à Aigues-Mortes la première semaine de septembre. Ce premier marché étant conclu avec les fils du Génois, Guillaume, capitaine du roi de France comme on l'appelait momentanément, se mit en quête de trouver sur place 60 sergents à cheval.

L'appui de Jean de Brie et de l'ancien sénéchal de Grailly venu de Terre Sainte lui facilitera la tâche. Le reliquat, soit 40 chevaliers, Guillaume en fera sien grâce à ses réseaux du Pilat et du Lyonnais. Cette première journée remplie, ils passèrent la soirée à la Tour du Roi (de Constance) qui était le seul abri acceptable.

Guillaume devait se mettre en quête de montures et suivant les conseils du petit cousin de Béatrix, le légendaire sire de Joinville, *« acheter du biau »* et du dur. Chroniqueur célèbre de Louis IX, il ne manqua jamais l'occasion de venir saluer sa lointaine parenté du Faucigny. Guillaume l'avait rencontré le 2 avril 1273 au mariage de leur nièce et cousine Béatrix, dauphine du Viennois, fille de Pierre II comte de Savoie et d'Agnès de Faucigny. Jean de Joinville était le fils de Simon de Joinville, qui prit la croix contre les Albigeois et mourut en 1233.

L'élevage, une tradition dans les Causses Noirs

Nous voici partis dans les Causses noirs, terre de prédilection à l'époque de l'élevage des destriers (chevaux) de l'Ordre du Temple. Un lieu répondait à ses critères, celui de la Couvertoirade appelée aussi «*l'Aigues-Mortes des Causses* ». Ce centre de production et de regroupement des élevages sur le Causse fournira des montures aux croisés dès la fin du 12ème siècle.

Il connut un accroissement démesuré en 1245 avec l'avènement d'Aigues-Mortes, là où les chevaux en transit pour l'Orient profitant des pâturages de l'Istel venaient y terminer leur croissance. Les villes de Montpellier et de Marseille, jalouses d'Aigues-Mortes avec ses prédispositions naturelles qui attirait en plus le fret, détournait le flux des derniers pèlerins. Ces concurrentes l'affublèrent du sobriquet peu sympathique de *« nega roumieu »* (noie les pèlerins).

On fera ici une parenthèse concernant l'élevage parfois controversé des chevaux sur le plateau des Causses Noirs. On ne peut contester la faisabilité de cette activité qu'en s'appuyant sur l'inventaire des biens de l'Ordre du temple établi en 1307 et le relief actuel.

Si on trouve des ovins à la place des chevaux, où est le problème ? Les croisades dignes de ce nom étaient terminées depuis 37 ans avant l'inventaire. Et puis, à quoi aurait servi de maintenir un élevage intensif de ce type sans débouché tangible ?

Partie à 7h, l'escorte de Guillaume arriva autour de 16h, en ayant fait une halte salutaire à Lodève pour les montures et les hommes. A leur arrivée, le commandeur de la Couvertoirade avait battu le rappel auprès des frères de la Cavalerie et de Sainte-Eulalie-de-Cernon.

A trois, les commanderies devaient répondre allégrement au besoin de Guillaume, à raison de 2 destriers par chevalier et une moyenne de 3 pour 2 sergents. Globalement, il avait besoin de 180 bêtes. La demande fut conclue après bien des palabres ; comme les maquignons, on frôle souvent la rupture.

On transigea sur la base de 80 livres tournois par tête de coursier avec une mise à disposition pour la fin du mois d'août. Les prix n'avaient pas varié depuis 5 ans, la fin des croisades pénalisant les cours des destriers. Il avait fallu reconstituer les cheptels après la dernière expédition de 1270 qui fut une hécatombe pour les bêtes sur la base de palefrois. Les musulmans culbutés par ces monstres d'acier lors des charges meurtrières concentraient leurs efforts à couper systématiquement les jarrets des montures. Guillaume en avait eu connaissance.

Par contre, le prix lui semblait prohibitif. Lui, qui achetait un cheval ordinaire 30 livres Viennoises dans le Valentinois grâce à son frère Amédée particulièrement au fait des cours... Il est vrai, qu'il fallait ici inclure, que les bêtes allaient paître tout l'été dans les Causses, là où l'herbe pousse moins vite que les pierres.

Ayant fait le tour des rares auberges du village, son équipe reporta leur retour pour la Camargue au lendemain matin, où ils étaient encore attendus à Aigues-Mortes.

La Couvertoirade ou l'Aigues-Mortes des Causses

Guillaume escomptait rencontrer le commandeur du temple de Saint-Gilles afin de lui exposer les besoins d'affrètement. L'entrevue était prévue à la « *marine* » du port en présence des patrons et des Boccanegra. On convint de mettre au mouillage pour les hommes de guerre, cinq nefs et deux galères Génoises dans le Grau Louis, prêtes à appareiller en septembre. Quatre nefs huissières à moindre tirant d'eau viendraient se mettre directement à quai pour le chargement des bêtes.

Guillaume étant d'accord, il contresigna les mandats aux armateurs selon l'usage. Trois billets identiques indiquant à chacun les détails de l'opération furent envoyés. Un à l'Ordre du temple qui se portait caution à Saint-Jean-d'Acre ; un billet clos pour le prêteur, véritable mandat sur le trésor royal, le troisième temporairement donné à l'armateur (avance avec la reconnaissance de dettes) jusqu'à l'appareillage.

Le montage de ces opérations était couvert par le produit de la dîme (trois ans) voté durant le concile de Lyon. Les banquiers Lombards qui avaient été rançonnés puis chassés momentanément de France en 1274, ne furent pas associés à l'expédition. Il est vrai que si le Trésor royal pouvait se passer de leurs services à cause de l'usure prohibitive, on ne tergiversait pas.

Guillaume procédera de la même manière que les noliseurs précédents afin de régler ses courses. Humbert de Beaujeu lui avait confirmé que Geoffroy de Sergines, Erard de Valery et Olivier de Termes pratiquaient de même avec les banquiers de Siennois à Saint-Jean-d'Acre.

En remettant une copie vidimée à l'Ordre du temple, document s'apparentant à ce que l'on appela par la suite « billet à ordre », même s'il n'en portait pas encore le nom.

On respectait l'équité entre les armateurs pour les expéditions outremer. Et en plus, elle rapportait le double en ramenant tantôt du fret ou des expatriés. Ceux-ci abandonnaient définitivement leur Terre Sainte et ramenaient des richesses ancestrales dans leurs bagages.

Guillaume et son fils découvraient un monde nouveau, des moyens de navigation rudimentaires en mer, l'ajout de 2 longues rames imposantes sur le bâbord et le tribord permettant de barrer l'embarcation avant l'invention du gouvernail. On lui donna quelques rudiments d'informations sur un fichu cadran dénommé boussole, qu'il ne fallait surtout pas perdre.

On n'était plus à traverser simplement le Rhône dans un « *barcot* » (petite barque à fond plat du Rhône) entre Serrières et Sablons devenu au 16ème siècle une traille.

Il avait ouï le manque de scrupules de certains affréteurs des Républiques de Gênes et de Venise. Seuls maîtres à bord qui une fois la grande voile levée refusaient d'entendre les passagers qui imploraient Saint-Nicolas de pouvoir se rendre à bon port. En arrêt devant une nef, Guillaume compta les esquifs « *une, deux, trois* ! »…. « *C'est suffisant pour vous sauver, le capitaine et l'équipage* » dit un mousse qui avait compris. « *Et les passagers* ? – *Bof, le pèlerin est une marchandise comme une autre, à la seule différence, qu'elle ne se vend pas à l'arrivée dommage !* »….« *Et en cas de naufrage ?- le bateau coule* »… « *Et si la place manque ? - On attend la prochaine tempête en implorant Saint Nicolas de survivre* »…. « *Ah vous aussi* ! ».

Guillaume voyait qu'il n'obtiendrait rien de plus. Le mousse connaissait trop la situation et ne trahirait pas son bosco. Le gamin regarda Guillaume : « *Sire, si cela peut vous flatter, vous coucherez vous, bientôt au Paradis* ». Cette phrase lui fit froid dans le dos.

Comment son interlocuteur pouvait-il parler ainsi ? Le mousse s'aperçut du malentendu et ajouta : « *c'est une boutade, le terme « paradis » est le lieu le plus tranquille de la nef, où se trouve les chambres du capitaine et de son hôte. Placées en belvédère de la nef, ce sont les plus éloignées de l'odeur pestilentielle des chevaux* ». Guillaume était à moitié rassuré, cette phrase dérangeait ses pensées.

On évoque le confort de bateaux placés sous le pavillon de l'Eglise et de la foi. Les règles furent progressivement modifiées. On allouera un minimum décent à chaque passager embarqué. Des contrôles inopinés furent pratiqués à Marseille. A Aigues-Mortes je l'ignore, mais avec le surnom de « *néga roumieu* » on peut en douter. On avait prévenu Guillaume de l'animosité régnante dans le commerce maritime, des susceptibilités qu'il devrait ménager arrivé à bon port.

Le pape connaissant particulièrement la ville pour y avoir séjourné avant son élection proposa à Guillaume de le décharger des soucis d'affrètement. La répartition fut ainsi respectée à la lettre : deux galères Génoises, neuf nefs dont deux Vénitiennes, une Pisaine et trois Marseillaises battant pavillon du Temple, armées par la commanderie de Saint-Gilles basées à Aigues-Mortes en souvenir de la 8ème croisade de Louis IX.

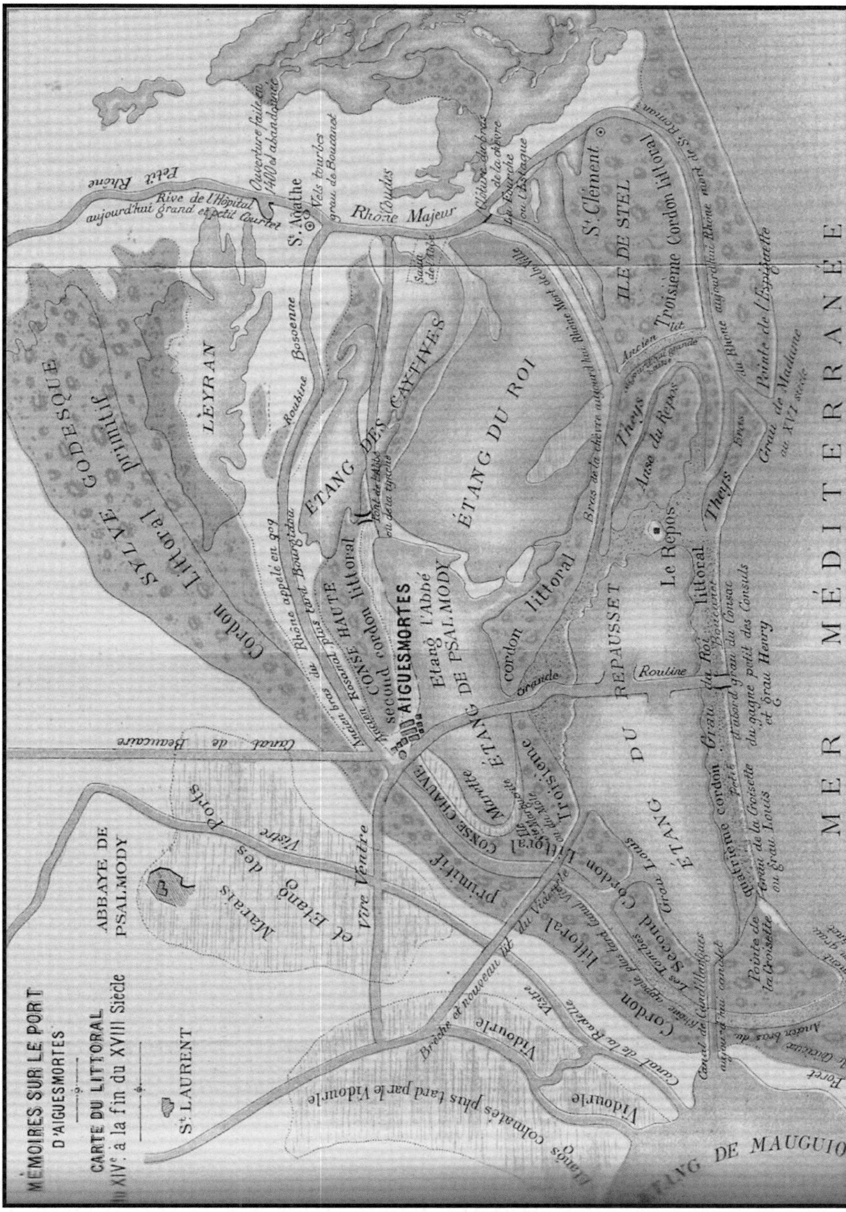

1886. Plan de Jules Pagezy, neveu de Jules Pagezy.
Histoires d'Aigues-Mortes

Le Temple a toujours privilégié cette escale sans jamais y établir un comptoir à demeure. Le site d'Aigues-Mortes semblait trop vulnérable d'accès pour les « barbares » et les bancs de sable rendaient les sorties hasardeuses (au large de l'Espiguette).

On ne pouvait remettre en cause une expédition ou une course Languedocienne, à cause de l'échouage stupide d'une nef huissière. Un peu comme les romains, qui pour exercer une autorité permanente sur leurs conquêtes, ne firent jamais passer une voie romaine en terrain inondable, cas de la Via Domiti parallèle à l'autoroute entre Nîmes et Gallargues.

Guillaume profitant de la facilité d'élocution du jeune marin et peu familiarisé des termes de navigation, l'interrogea à nouveau sur les particularités de la nef huissière (nave) : « *A quel moment chargerons-nous ?* » - « *Selon l'état de la mer, le chargement des nefs huissières se fait au dernier moment à cause des 50 chevaux qu'il nous faut introduire par les huis. Des ouvertures pratiquées sur les flancs, des sabords côté bâbord ou tribord* ».

Guillaume ne l'interrompait pas et suivait tant bien que mal le discours. Il connaissait quelques rudiments grâce au Rhône, « le rheaume ou l'empie » (Le Royaume rive droite et l'Empire rive gauche) dans le langage des voituriers d'eaux et des riverains jusqu'à Arles.

Et notre moussaillon continuait de débiter sa leçon : « *à l'intérieur chaque bête est sanglée à l'aide de deux sous ventrières très larges amarrées au bastingage, ceci pour anticiper le roulis et éviter ainsi à la nef de tanguer et pire de chavirer durant notre voyage, qui dure selon les vents en moyenne 18 jours. Les chevaux, ainsi tous alignés, on peut enfin calfeutrer les ouvertures et l'on charge ensuite le reste des vivres, vins, armes et autres marchandises pour les hommes, le foin pour les bêtes par le pont supérieur en démontant le second pont (soit 30 tonnes). Les huisseries étant closes, les cales sont enlevées, le bateau s'enfonce progressivement. Sire, il faut voir l'embarquement. Le niveau de flottaison se retrouve au-dessus du plancher des bêtes. On s'en rend compte de suite en mer quand le vent tombe.*

La nef huissière embarque 80 personnes environ en incluant l'équipage et son mousse ! Selon les modèles à fort tirant d'eau, la capacité des embarqués augmente et se mesure en tonneaux. Ce n'est pas le cas à Aigues-Mortes. Selon la destination, on atteint une bonne centaine ».

Guillaume était satisfait de ces détails. C'est vrai qu'il était plus familiarisé à voir les décizes des radeaux de bois sur le Rhône. Il pensait qu'il était temps de rejoindre le Vivarais, même si la douceur méditerranéenne arrivait à le convaincre de prolonger son séjour dans le sud.

Dès son arrivée à Annonay, il avait prévu de se recueillir en l'église Notre-Dame afin d'y fonder une chapelle avec son fils Artaud sur qui s'abattaient le poids des responsabilités familiales.

Couronnement de Marie de Brabant

Nous devons à ce stade ajouter quelques faits nationaux qui auront une incidence sur la mission de Guillaume de Roussillon. Pendant qu'il séjournait dans le midi, Guillaume de Beaujeu toujours à Paris « *s'activait lentement* » à rejoindre également Saint-Jean-d'Acre. Que penser de cette temporisation, voulait-il assister au départ officiel de son cousin Guillaume de Roussillon avant de quitter lui-même le royaume ?

Guillaume de Beaujeu participera-t-il au sacre de la jeune reine pour détourner l'attention ? Espérait-il un revirement du roi ? Qu'il envoie un autre capitaine que le chevalier Roussillon, un homme plus malléable selon lui, pour les sbires de Charles d'Anjou ?

Ces interrogations sont capitales. On répondra que l'une des causes du retard se trouve ci-dessus. Philippe III le Hardi venait d'épouser Marie de Brabant le 21 août 1274. Elle sera couronnée le 24 juin 1275, à la Sainte Chapelle, par l'archevêque de Reims. Ces détails ont de l'importance. Ils mettent en exergue l'instabilité du monarque envers ses sujets et de sa parole donnée. Le soutien d'un jour était abandonné le lendemain. Selon les intérêts ponctuels du moment, on facilite les intrigues de la nouvelle reine, très influençable. Elle avait déjà opté pour la cause de Charles d'Anjou qui revendiquait Saint-Jean-d'Acre. Elle poussa en plus son mari, le roi de France à engager les hostilités contre le royaume d'Aragon, famille de sa précédente épouse.

On soulignera une zone d'ombre dans l'emploi du temps de Guillaume de Beaujeu, justement entre son départ de Paris, fin juin

1275 et son arrivée à Acre selon les chroniqueurs : «*arrivé le jour de la saint Michel (29 septembre) à Acre* ».

Si l'on défalque les délais de descente de la Saône, du Rhône, de l'embarquement à Marseille ou à Aigues-Mortes et les 3 semaines de navigation, il subsiste un trou inexpliqué d'environ 2 mois sur son agenda. Où est-il allé, qui a-t-il vu ? On a une petite idée que nous évoquerons en temps utile.

En ce qui concerne Guillaume de Roussillon, il a quitté le Languedoc, il est rentré à Annonay au plus vite car la « *remonte* » sur le Rhône devenait incertaine avec la sécheresse. Le halage variait entre 12 et 15 jours selon les charges. En période d'inondations ou d'étiage exceptionnel du fleuve, les lourds équipages pouvaient être stoppés. Ce ne fut pas le cas. Guillaume et son chapelain convièrent dès leur arrivée à Chavanay, l'ensemble des nobles du Pilat à se rendre à Malleval.

L'organisation une fois présentée, on donna les consignes immédiates à chacun des chevaliers, concernant les problèmes d'intendance pour leurs écuyers. Les émoluments étaient fixés selon les grades et la durée personnelle d'engagement. Les autres détails viendraient une fois levée l'ancre, comme la date du retour, dont personne n'osait parler. Nous n'étions plus dans l'esprit des croisades.

Guillaume déroula l'objet de cette expédition dangereuse à plus d'un titre : « *À l'extérieur de la ville, les patrouilles des mamelucks lancent des raids permanents sur les francs. A l'intérieur du ghetto, des chrétiens écervelés courent à notre perte, s'ils ne mettent pas un terme à leurs querelles* ». Guillaume ne voulait pas en rajouter, sans risque de se contredire, démobiliser les troupes déjà indécises. C'est vrai qu'à force d'en parler aux autres, il était arrivé à se faire peur lui-même. Guillaume appréciait la franchise et les renseignements précieux que lui avait généreusement confiés le pape. Il ne pouvait en dire autant du souverain. Guillaume doutait de la nécessité de cette opération suicidaire et ne pouvait en souffler mot. Son petit cousin Guillaume de Beaujeu n'avait pas apprécié sa nomination. Il n'était pas venu le féliciter à Lyon. Avait-il un tempérament trop trempé, une manière de poser les questions dérangeantes ? Sa femme Béatrix ne se fera jamais à ce départ inopiné, il en était conscient. Bof, les mentalités étaient ainsi...

Guillaume avait un souci de moins concernant cette mission. Le financement de ses mercenaires serait assuré à Acre jusqu'à la fin de la trêve arrachée par le roi de Chypre au sultan Baybars. En tout état de cause, il clôtura la harangue en souhaitant bonne chance à ses 50 chevaliers et en prononçant l'éternel signe de ralliement « *si Dieu le veut* ». Il informa que la bénédiction des barquettes (bateaux de transports fluviaux) aurait lieu sur la rive droite à Sainte-Colombe en septembre avec la présence d'Aymar son frère et archevêque de Lyon.

L'embarquement définitif est prévu à Aigues-Mortes autour du 15 septembre si le ciel en décide comme eux. Il enverra fin août, le sire Fallatier et son chapelain l'archiprêtre (archiepiscopo), comptabiliser les hommes, finaliser les préparatifs avec les mariniers et les armateurs, en présence du grand bouteiller de France.

Un curieux testament au château d'Annonay

Je m'abstiendrais de reprendre le long testament de Guillaume qui n'apportera rien de plus à notre enquête. Il est pour les amateurs, reproduit dans l'ouvrage d'Antoine Vachez et « *le Vieux Secret* » de Thierry Rollat. Par contre, on extraira, lorsque c'est possible avec des réserves, quelques bribes sur les remarques des auteurs qui en ont parlé comme du Gange, Chorier, Vachez et Filhol.

Je dirais que tous les quatre le font mourir en Terre Sainte. Les trois premiers lui attribuent même une épopée pour le moins fantaisiste. L'abbé Filhol a été le plus sage. Sa mort étant restée à ce jour, une énigme historique, qui fait encore réfléchir.

On progressera dans ce récit grâce aux chroniqueurs. Les chances de retrouver sa sépulture ont, je crois, disparu. Guillaume a fini par mourir un jour et être enterré ! Le testament a été rédigé auparavant le 11 août 1275, dans une petite chambre voûtée du château d'Annonay. Je n'épiloguerais pas sur le nombre d'enfants « *légitimes* » concernés par le testament, en l'occurrence huit, le problème est ailleurs. Le testament est un document traditionnel pour un seigneur du nord de la France, sans aucune équité. Le premier garçon hérite de tout, en contrepartie, en cas de problèmes, il prend en charge l'éducation des plus jeunes.

Le cadet doit faire carrière dans les armes, les puînés entrer dans la cléricature, les filles héritent d'un lopin de terre à condition de se marier. Cette dernière particularité explique la hâte du mariage chez les jeunes filles et pour les veuves le remariage afin de conserver la dot initiale.

Guillaume fera de nombreux legs aux chapelains des paroisses avoisinantes avant son départ. Son épouse conservera la seigneurie de Châteauneuf en douaire, comme les terres des Roussillon dans le comté du Forez. Le geste est noble, car les biens donnés à sa femme proviennent de son mari. Guillaume avait sa sœur Béatrix, mariée à Gaudemar de Jarez et ses deux frères bien entendus Aymar et Amédée. Cette attention particulière envers son épouse est à souligner car le système féodal était encore pervers. Il rendait les hommes violents, cruels, brutaux et irascibles, leur insufflant une insoumission naturelle pour survivre.

Château des Roussillon en 1907, disparu en 1968 au centre de la ville d'Annonay.

Guillaume a testé, comme tous les chevaliers des environs, embarqués dans cette galère : «*donation de Guigue et Artaud Falatier au prieur de Saint Sauveur (en rue) passé la veille de l'Assomption 1275* (14 août)*, lorsque nous étions en préparatifs de départ pour un voyage au-delà des mers « cum essemus in procinctu itineris ultra-marini* ». Aucun doute ils partiront tous avec le sire Guillaume de Roussillon.

La cathédrale Saint-Maurice à Vienne

Le 30 août est arrivé. Une cérémonie grandiose se préparait en la cathédrale Saint-Maurice. En présence des archevêques de Lyon et de Vienne, le pape consacrera Amédée de Roussillon, évêque de Valence, bénira les croix des équipages sur les proues des embarcations et les écus des chevaliers. La cérémonie terminée, la foule se pressa sur l'ancien pont romain et s'agglutina près du nouveau monastère des Cordeliers à Sainte-Colombe sur la rive droite du Rhône.

Château de Tournon, sur la rive droite du Rhône

Les frères conventionnels de l'Ordre de Saint-François, ayant bénéficiés d'une largesse particulière de l'archevêque Jean de Bournin (Bernin), avaient pu élever en 1260 sur un tènement assez considérable, un vaste établissement religieux d'art français appelé puis après gothique, qu'on entoura de murailles.

Les frères prêcheurs jouissaient d'une grande célébrité. Les prélats et les princes descendant dans le midi, accostaient fréquemment sur la rive droite avant de rencontrer l'archevêque de Vienne lors d'une escale journalière. L'ensemble des coches d'eaux non pontés et les barques où s'alignaient déjà perpendiculairement les chevaux de « *remonte* » fidèles au rendez-vous.

On procéda à la bénédiction de cette décize comme le voulait la tradition. Chaque homme était venu discrètement reconnaître sa place en se signant devant la croix de Saint-Nicolas, non sans quelques pincements au cœur. On devait garder la tête haute et attendre le départ fixé par le chef. En intégrant tous les aléas, les embarcations quittèrent les appontements aux alentours du 10 septembre 1275. Les chevaliers saluèrent cinq heures plus tard le bourg fortifié de Tournon.

Après une *decize* (descente du Rhône) de trois jours sans encombre, les troupes arriveront à Beaucaire. Là, chacun reçut ses deux montures, son harnachement de cavalerie, le paquetage, les cottes de mailles, l'écu dorsal, l'épée pour poignarder et la dague courte pour trancher dans le combat rapproché. La troupe remise de ses émotions et reconstituée à terre, le cortège s'ébranla. Chaque écuyer se rangea sous la bannière de son chevalier au son des trompettes et des cornes de brumes des embarcations.

Sitôt dépassé la tour Carbonnière, on devait faire bonne figure afin de galvaniser les arbalétriers Génois conviés à proximité des remparts en construction d'Aigues-Mortes, tout comme les palefreniers impatients voyant le ciel propice au départ.

Le quai à peine franchi, l'animal inspecté, ils saisissaient les licols, pointaient et engouffraient les bêtes à travers les huis des nefs qui mouillaient dans l'étang de la Marette. Etrange ballet, où seul le hennissement des chevaux trahissait un départ imminent. Les gestes précis et bien huilés des portefaix impressionnaient.

A chaque huis clos hermétiquement, les marins envoyaient un signal sonore au vaisseau amiral. Le vent continuant de forcir sans trop d'inquiétude, le moment était venu d'embarquer les chevaliers et de rejoindre au large les 4 compagnies de gens à pieds, embarquées la veille au soir sur les galères Génoises. La flotte appareilla sans signe tapageur. Guillaume de Roussillon n'était pas du genre à se faire remarquer.

L'objet de sa mission devait rester secret, en dire le moins possible afin de ne pas démobiliser les ouailles gardoises. A ce titre, si les guerres de religion du 16ème siècle n'ont pas tout détruit, il doit rester des archives sur Aigues-Mortes à Nîmes.

Les deux galères et les nefs s'arrachèrent lentement des flots au gré des flûtes, des tambourins et des timbales. Les cors d'Aigues-Mortes et les clameurs de la foule se joignirent à la cacophonie.

Guillaume se retourna et dit au chapelain : « *notez que nous nous sommes embarqués conscients, au mépris du danger car la cause est perdue d'avance je le sais, mais je ne l'ai pas dit tant que j'avais encore un pied à terre* »...puis se ravisant « *à voir cette foule souhaitons que la chrétienté se souvienne de nous* ».

Le chapelain répondit « *Sire, ce sont des cris de joie tout simplement, car aucun voyage n'est dangereux pour celui qui du rivage, fait des signes d'adieu !* » En somme, il disait la même chose que lui sous une forme plus élégante. Guillaume n'avait pas oublié la remarque de son frère Aymar faite au mois d'août à Annonay : « *bonne chance Guillaume, tu sais, ton testament me fait peur, car c'est moi qui aurait dû partir. Je suis le cadet* ». C'était exact. Le second devait être militaire chez les nobles. La nomination à l'archevêché avait inversé les rôles.

Akko, Ptolemaïs et Saint-Jean-d'Acre

Guillaume de Beaujeu, grand Maître du temple, connaissait parfaitement la Terre Sainte. Il avait passé plus de temps dans les déserts des orientaux que dans le royaume de France à étudier la civilisation et les mœurs.

Cette ville de Galilée, au nord d'Israël, a été tour à tour Assyrienne, Egyptienne, Grecque, Romaine, incluse dans l'Empire Byzantin, Franque et Arabe; Appelée successivement Akko dans l'ancien testament, débaptisée moins de trois siècles avant JC par le souverain d'Egypte Ptolémée II en Ptolémaïs (Saint-Jean-D'acre) et qu'elle conserva jusqu'en 1104.

A cette date, elle tombe aux mains des croisés de Baudouin Ier qui l'appellent alors Saint-Jean-d'Acre, nom qu'elle conservera jusqu'à sa prise par les Mameluks en 1291. Elle sera à quelques îlots près, le dernier bastion du royaume de Jérusalem qui s'ouvrait à l'Occident sur une vaste plaine. Elle compte en 2006, sensiblement cinquante mille habitants, soit une population moindre que voici sept siècles. La méditerranée baigne ses murailles et la commodité de son port invite de nos jours les plaisanciers à jeter l'ancre. De profonds fossés entouraient jadis ses murailles du côté de la terre où, de distance en distance, de formidables bastions se dressaient comme à Aigues-Mortes.

La plus remarquable de ses tours, qu'on a dénommé la « *Tour Maudite* » dominait la ville, la plaine et le port. Une digue construite en pierres fermait le port vers le midi et se terminait comme à Tyr par une forteresse bâtie sur un rocher isolé au milieu des flots.

En 1274, Saint-Jean-d'Acre comptait, selon les sources, soixante mille, au plus 75 000 mille personnes. La morosité et la peur du lendemain gagnaient du terrain, la ville allait se dépeupler.

Les croisés dépassés par la richesse, la luxure, les rivalités internes et la culture musulmane se méprenaient sur l'avenir. La préoccupation de la foi chrétienne était lointaine, reléguée au second rang, avec comme exemple Jérusalem livrée aux mains des arabes.

Les vrais pèlerins n'arrivaient plus et pour cause, l'image que l'on ramenait d'Acre était catastrophique. Pour peu que les croisés, clopin-clopant, aient amassé à leur retour suffisamment de butins, la rumeur faisait le reste. Sur place, chacun redoutait l'étincelle et épiait son voisin. On attendait de voir celui qui allait rompre ce fragile équilibre et provoquer un exode massif sur Chypre ou la Sicile.

Dans ce contexte, les belligérants se posaient la même question : « *que viennent encore faire les croisés en Terre Sainte puisque Jérusalem est perdue ?* » Nous sommes en présence de deux cultures chrétiennes qui s'opposent. Celle de l'Occident où le temps des croisades est déjà révolu, où les chevaliers veulent tourner la page, prendre du bon temps et se distraire dans les tournois ou le soir à la veillée. Celle de l'Orient, où un quarteron de barons s'accroche sur quelques lambeaux de Terre Sainte acquis depuis des décennies. Les chrétiens ont depuis cette époque fait souche.

Devenus implicitement des poulains, ayant perdus leurs racines occidentales, espérant sauver leurs peaux, ils crurent à la cohabitation promue par les templiers. Les hautes murailles d'Acre étaient leur dernier refuge, leur port, leur ultime espoir d'éviter l'exil.

En Terre Sainte, les Ordres militaires ne dérogeront pas à l'anarchie, à chacun sa solution. Les tenues d'apparats excitaient les combattants car elles exigeaient une force peu commune pour endurer le poids des armures. Le territoire se réduisant, la promiscuité aiguisa les tensions. Les confrontations, les joutes verbales étaient chose commune entre les Ordres qui se toisaient d'un quartier à l'autre, entre les résidents et les barons venus de

Chypre qui n'avaient pas les mêmes enjeux à défendre. Malheur à celui qui affichait ouvertement son parti.

C'est dans ce contexte que le grand Maître du Temple arrive autour du 20 septembre 1275. Il confirmera les mauvaises nouvelles du concile de Lyon. Il affirmera que les maigres renforts arrivant d'Aigues-Mortes sont nuls et qu'après eux, l'horizon restera vide. Un calme précaire s'abattra sur la ville ; Acre doit se résigner à mourir à petit feu. Guillaume de Beaujeu va solliciter de l'aide à cor et à cri quitte à peiner le pape. Avait-il un autre choix ?

Le titulaire du royaume de Jérusalem était le roi de Chypre. Un homme bon, intelligent, à l'époque présente c'était insuffisant. Il passait à Acre pour un être lâche, présent comme un feu follet et le roi Pierre d'Aragon, pour de bonnes raisons, le soutenait ! Les templiers disposant de commanderies dans tous les royaumes d'Europe, d'une flotte importante à Chypre et dans le comté de Tripoli, se retrouveront confrontés à un paradoxe inextricable.

Que faire de concret sans tomber dans le piège d'unir leur Ordre avec celui des Hospitaliers silencieux... Ces derniers ne voulaient pas entrer dans une lutte fratricide entre chrétiens, se faire remarquer, encore moins donner l'impression aux mameluks de Baybars qui les encerclaient, virevoltant comme des mouches, que le chaos était proche, la ville prenable !

Guillaume de Roussillon accoste

Aux premières semaines d'octobre, les nefs et les galères chrétiennes atteignirent l'horizon de Saint-Jean-d'Acre sans avarie. C'était un exploit. Sans mal de mer, c'est moins sûr. Du sommet de la tour Maudite aménagée en dunette, l'apparition de la flottille a ramolli les espoirs, un soufflé au fromage qui refroidi. Mise à part quelques chevaliers venus les accueillir, seuls les compagnies d'arbalétriers se rangèrent autour des remparts en position défensive.

Selon les chroniqueurs en place: « *et vint en Acre de par le roi de France Sire guillaume de Roussillon et amena 100 hommes à cheval c'est à savoir 40 chevalières et 60 serjans à cheval et 400 cent arbaletrier a pié as deniers de l'Yglise* ». (Payés par l'Eglise).

La chrétienté avait réagi certes, à la demande des habitants mais avec une parcimonie qui faisait peine à voir. L'annonce de cette escadre faite auparavant par Guillaume de Beaujeu se confirmait, « *plus personne ne viendrait se faire égorger sur cette terre* ».

Cette indisposition de la population ravira les Musulmans qui entrevoient de reprendre leurs hostilités dans un avenir proche. Afin d'en finir avec ces forteresses, ils lanceront à Damas la construction des tours de sièges pour Acre.

Guillaume de Roussillon est accueilli froidement. Il réalise que sa diplomatie va être mise à rude épreuve. Secourir ou maintenir l'ordre avec une poignée de mercenaires, tout juste bons à semer la tempête, est une prouesse. Il ne fallait pas exacerber les passions entre les nouveaux renforts impatients d'en découdre et les anciens croisés corrompus. Amener les deux prétendants au trône à s'entendre entre eux était une mission humainement impossible.

Le roi de France Philippe III le Hardi connaissait la poudrière, alors pourquoi l'a-t-il envoyé ? Philippe a de graves problèmes de succession en Castille. Son neveu est tué dans un combat, et ses enfants, les infants de la Cerda, doivent hériter un jour. Le roi ne parvenant pas à résoudre la situation, essaiera de lancer une opération en octobre 1275 en Espagne. C'est l'abandon. Le départ pour la nouvelle croisade est remis au printemps 1276.

Un autre empêchement survient entre son épouse et Pierre Labrosse, qui s'accusent réciproquement d'avoir empoisonné l'aîné des fils de Philippe et de sa première femme Isabelle d'Aragon. Comme diront les historiens de Philippe, il eut toujours une bonne excuse pour ne pas partir pendant 15 ans.

Et la situation interne va continuer de se dégrader. Il ne suffit pas de comptabiliser les miettes, de calmer les esprits entre les factions rivales et de freiner les ardeurs des Templiers et des Chevaliers de Saint-Jean-de-Jérusalem pour effrayer Baybars, qui au moment présent réglait ses problèmes de succession.

Guillaume de Roussillon malgré son mandat devra très vite discerner sur qui pouvoir compter. Le vrai problème était de trouver des subsides s'il devait entrer en conflit avec les templiers. Ils pouvaient lui couper les vivres et l'argent, nerf de la guerre dont ils usaient. Guillaume l'apprendra à ses dépens comme les mercenaires qui l'accompagnaient.

En bref, que devenait sa mission ? Guillaume s'attacha à contrôler l'activité du port, seul lien de salut sur l'Occident, viser l'exportation et le rapatriement des richesses amassées des autres comtés déchus. Guillaume vrai combattant de la vallée du Rhône, croyait avoir tout vu, mais là on dépassait l'entendement.

Ici, les hommes ne parlaient plus de sentiment, d'honneur et d'amour à la gloire de Jésus Christ. Chaque matin, on se demandait de quoi serait fait le lendemain. Sans scrupule, on cherchait une expédition, un village à piller. Les derniers arrivants, chevaliers, sergents, mercenaires ou commerçants conservaient leurs souvenirs et préjugeaient de leur ancienne propriété. On retrouve une certaine analogie avec le vécu de quelques familles pieds noirs en Algérie.

Les villes de Tyr et d'Acre se partageaient entre les intérêts financiers des comptoirs de Pise, de Gênes et de Venise. Le salut de Jérusalem aux mains des infidèles était du passé.

Guillaume réalisa que la religion, lien naturel des chrétiens établis en Terre Sainte, n'existait plus. D'ailleurs, les vieillards gémissaient sur la dépravation des nouvelles générations. Un constat qui n'a guère changé en France.

Il entendra son chapelain dire, qu'un certain archevêque de Tyr, Guillaume comme lui, retraçait l'histoire sans crainte d'être démenti « *que le Royaume était perverti, à peine trouve-t-on une seule femme chaste dans la ville de Jérusalem, les chefs des colonies chrétiennes et les chefs du clergé donnent eux-mêmes l'exemple en prodiguant à d'infâmes prostituées les trésors des pauvres et des pèlerins* ».

Le pouvoir temporel des Ordres militaires s'immisçant dans la gestion de la cité rendait la situation explosive. Des moines chevaliers plus craints par le sultan que les autorités de la ville ! Des clans qui n'hésitaient pas à braver l'autorité ecclésiastique, à persécuter les frères prêcheurs et à se battre entre eux.

Guillaume de Roussillon s'en accommodera en adoptant la même neutralité que les Hospitaliers. La situation s'était encore dégradée durant ces quatre mois, lorsque surviendra un mauvais message. Le pape Grégoire X Théobaldo Visconti, ami de son frère Aymar, son principal soutien venait de mourir le 10 janvier 1276.

Pierre de Tarentaise, ancien archevêque de Lyon prendra la succession comme prévu sous le nom d'Innocent V. La pression étant trop forte ou la potion indigeste, il décédera à son tour le 22 Juin. La ferveur pour la Terre Sainte s'en ressentira. Guillaume de Roussillon commençait à se poser de réelles questions, car cette fois, Adrien V le nouveau pape élu le 11 juillet rendra l'âme à son tour le 18 août.

On n'avait pas encore tout vu, avec le neveu de Grégoire X, Grégoire XI. Elu le 5 septembre, il mourra le lendemain, avant même que son nom soit prononcé. Bonjour l'ambiance à la Curie, les candidats se feront rares.

Jean XXI, Pedro Juliao, élu le 8 septembre 1276, tiendra avec peine jusqu'au 20 mai 1277, et s'éteindra à son tour dans des conditions ignobles. Cette dernière date n'est pas anodine. Elle s'intercale précisément avec le coup d'état de Charles d'Anjou sur Acre.

Les historiens et l'Eglise n'ont jamais trop épilogué sur les conséquences de cette date, ni sur tous ces décès occultes pour le moins bizarres. En l'espace de 2 ans, Guillaume de Roussillon avait perdu tous ses appuis, beaucoup de proches, comme le 25 juillet 1276 un fidèle croyant des croisades, le roi d'Aragon Jacques Ier.

Ses deux fils se déchireront et engendreront un conflit supplémentaire qui aura des répercussions nationales directes à Saint-Jean-d'Acre et sur le bassin méditerranéen. Toutes ces vacances impromptues perturberont le fragile équilibre que Guillaume essayait de bâtir.

On remarquera que depuis son Ordonnance de mars 1274, le roi de France ne bouge pas un petit doigt et pointe aux abonnés absents en Orient. Guillaume s'interrogeait. Lui qui dialoguait si souvent avec son chapelain, chroniqueur chevronné, sachant lui, analyser et interpréter les aléas politiques méditerranéens.

Guillaume comprit que la relève ne viendrait pas et livra ses pensées : « *Mais que suis-je venu faire en Syrie alors que la Terre sainte n'offre plus que la mort à ceux qui tirent l'épée pour la défendre selon l'humeur du sultan* » – « *Sire, vous croyez que les croisades sont terminées* alors ? » - « *Ici sur ce sol, je présume que oui car les puits sont taris, les intérêts d'hier ne sont plus ceux d'aujourd'hui, il y a les chevaliers qui se taisent et vont mourir ici et il y a ceux qui parlent et qui ne viendront jamais* » - « *Sire, vous pensez à quelqu'un en particulier ?* » - « *oui, le premier c'est moi-*

même votre serviteur, les autres, le roi de France et Charles d'Anjou possédé par le diable ».

La simulation de ce dialogue n'a rien d'étrange, elle exprime clairement la complexité des rapports vécus en Orient. Elle décrit la lucidité des acteurs sur le terrain qui manquaient pourtant cruellement d'informations. Personne n'est dupe et depuis Saladin, les sarrasins savaient que la loi du nombre finirait par l'emporter.

Hugues de Lusignan roi de Chypre

Un autre incident figure sur le calepin du chapelain : ***« en l'an de l'incarnation 1276 fu noiez syre Henri*** (de Poitiers-Antioche) ***le prince pere de sire Hugue de Lesigna roy de chypre devant Sur*** (vielle ville de Tyr) ***a 28 jors de juing ; au mois de huitovre*** (octobre) ***sire Ugue de Lesignan qui s'apellait roy de Jerusalem et de chypre se parti d'Acre*** (quitta Acre) ***et s'en ala a Sur*** (Tyr) ***et laissa la vile d'acre qu'il tenoit*** (gouvernait) ***por sove estraée*** (par un traité) ***qu'il n'i laissa bail*** (juge) ***ne*** (ni) ***bailli, ne*** (ni) ***viscomte, ne nul qui raison y tenaist*** (ni personne qui détenait) ***por un contens*** (par un contrat) ***qu'il ot*** (donnait au Temple) ***por*** (pour) ***le casal*** (château) ***de la Fauconnere*** (fauconnerie) ***que li maistres dov Temple*** »(que le Maître du temple)...et le Chapelain écrivait, écrivait encore...

Et le roi de Chypre qui en avait assez de tous ses barons qui se révoltaient sans cesse contre lui, décida de partir... La guerre civile gronda entre les deux factions rivales, ceux de Bethléem avec l'Ordre de l'Hôpital et les Mosserins (comprendre Mossoul) et les autres. « ***Por plusours fois fu requist*** (les habitants parlaient de leur roi) ***qu'il meist conseil en la cyté d'Acre*** (qu'il siège en la cité) ***et qu'il revenist*** (qu'il revienne) ***qu'il n' étoit pas leu ne saison*** (qu'il n'était pas le moment et la saison) ***d'abondonner la terre en tel maniere, por lor henemis*** (à leurs ennemis) ***qui estoient fort et pres ; a cest requeste faire*** (après cette requête faite) ***plusors prelaz*** (plusieurs ecclésiastiques) ***religious*** »... Les teutoniques (chevaliers allemands), les hospitaliers, les pisans, les bourgeois de la terre, les génois et tous les autres gens furent de cet avis. Au contraire, les templiers et les vénitiens ne le furent pas selon cette requête et disaient d'ailleurs : «***s'il veaut venir si viegne*** (qu'il vienne) ***et s'il ne veaut si le laist*** » (s'il ne veut pas qu'il reste). On voit que les clivages étaient bien marqués.

Guillaume de Beaujeu a une idée derrière la tête et il n'en déroge pas. Il s'oppose à son cousin, Guillaume de Roussillon, trop brave qui s'aventure timidement dans une tentative de négociation qui le marginalisera. Il fut ordonné « ***par ceux favorable au roy de Chypre*** » de tout mettre en œuvre pour arrêter le bain de sang et faire revenir le roi... « ***que ce seroit tout a son honeur*** ». Guillaume ne fut pas écouté car l'autre Guillaume « ***passa au drons*** (dessus) ***et avait besoin d'autre chose*** ». Et le chapelain continue ***« quant li patriaches et li maistres de l'Ospital et sire Guillaume de Roussillon et les autres bones gens de la terre, prelaz, reliious et partie des comunes*** (frères des communautés Franciscains et Dominicains) ***virent que li maitre ne voloit revenir ne*** (ni) ***mettre conseil en la ville, il s'en alerent a Sur ou li rois estoit*** (à Tyr où le roi était) ***et avoit assemblez tuit les hommes liges*** (vassaux assujettis à sa cour). ***Tuit*** (tous) ***le prierent moult*** (plusieurs fois) ***doucement de revenir mais onques n'en vost oyr parole*** (mais n'entendirent pas le son de sa voix) ***mais fist il por lor priere*** (mais écoutant leur prière) ***qu'il laissa le seignor d'Arsuf bail en Acre*** (juger à Acre) ***et Guillaume de Flori viscomte et les autres baillis à la Fonde***... (Lieu public d'Acre où les marchands se réunissaient pour traiter leurs affaires) ».

Il existait un tribunal de ce nom présidé par un bailli ... « ***et a la Caene »*** ... (tribunal ne jugeant que les litiges commerciaux maritimes, le nom provient du mot chaîne qui était tendu en cas de conflits en travers des ports) « ***et es offices si com il estaient devant*** » Là le roi de Chypre se moque littéralement d'eux et leur dit que ses officiers le représentait comme si c'était lui. « ***et sur ce, parti de nuit sanz congié prendre (sans dire au revoir) et s'en ala en chypre*** ».

Hugues de Lusignan ne voulait plus les voir, il les renvoyait à leur triste destin. Lusignan était un croisé que les historiens dépeignent courtois, courageux (*on en doute*) et téméraire (*certainement pas*). Trop jeune, imbu de sa personne et sans expérience, l'abandon fut très mal perçu, à qui la faute ?

« ***Ainsi fu Acre abandonne et fu dit d'aucuns*** (et il fut dit que pour cela) ***qu'il porcassa envers le sodan de brisier la trive***

qu'il avoit à ceans d'Acre (qu'il se pourrait bien que le sultan brise la trêve qu'il avait signé à Acre), ***mais li sodan ne l'en crut pas ainz lor referma la trive et la lor tint moult bien.*** » (Baybars ne tenant pas compte du départ du roi de Chypre et la trêve fut maintenue).

Cette temporisation inattendue servait les desseins du Temple. Rien n'était résolu pour autant à Acre. Hugues de Lusignan continuait d'accrocher le titre de roi de Jérusalem sur son écu, un autre voulait l'imiter. Les chroniqueurs arabes relateront effectivement le retour d'Hugues de Lusignan pour Chypre. Le sultan considérait cela comme une ruse et ne profitera pas de l'opportunité.

Qui part à la chasse perd sa place, c'est bien connu, et Guillaume de Roussillon vivait très mal cette place vacante. Qui donnait les ordres ? Il ne pouvait plus se déplacer sans craindre une embuscade. Les exécutions sommaires étaient fréquentes...

La ville de Tyr (Sur) au Liban

La ville de Tyr telle qu'elle est apparue au chevalier Guillaume de Roussillon en octobre 1276 lorsqu'il s'y rendit pour négocier. Souvenons-nous que l'évêque de Tyr était le suffragant de son frère Aymar de Roussillon archevêque de Lyon, lien qui expliquerait le moyen d'informations dont disposera Béatrix de Roussillon à partir de 1277.

Guillaume aurait dû alerter le roi de France, faire comprendre que sa mission s'arrêtait là. L'ordonnance lui disait « ***sous l'autorité du roi de cypre*** » et le roi de Chypre n'était plus là ! Ce fut un tournant, une opportunité. Est-il blâmable alors que 7 siècles nous séparent ? C'était un homme d'honneur, un seigneur de parole. Il ne se voyait pas revenir au milieu des siens à Roussillon, à Annonay ou ailleurs en ayant abandonné sa mission.

En 1276, pendant ce temps dans le Jarez...

Du coté de Châteauneuf, on répondait aux missives venues de Terre Sainte. Béatrix réglait les affaires courantes sans Guillaume.

Amédée, évêque de Valence et de Die aura le 15 avril 1276 les premiers démêlés sérieux avec Aymar de Poitiers. Amédée lui infligera une injure en retenant ses hommes dans les prisons de Valence. Il ne cédait pas sans batailles aux prétentions de ses ennemis. Il était juste.

Le 30 mai Amédée confirmera les libertés et les franchises accordées aux citoyens de Die. L'été passera, et le 8 septembre 1276 on verra Béatrix régler un litige avec l'abbaye de Saint-Pierre à Vienne. *« Guillaume abbé de St Pierre hors la porte de Vienne reconnaît avoir reçu de Béatrix de la tour, femme de Guillaume de Roussillon seigneur d'Annonay alors outre-mer (agentis on transmarinis partibus) la somme de 120 livres Viennois que celui-ci (guillaume) lui decait en vertu d'une transaction passée entre eux au sujet de la grange de charaysin au mandement d'Annonay »*.

Aymar, ayant fort à faire à l'archevêché avec les Lyonnais ne se montrait pas. Il en était réduit à se faire remettre les clés de la ville de Lyon. Il condamna et obligea les Lyonnais à payer 7000 livres Viennoises pour réparation des dommages qu'ils avaient créés avant sa nomination aux églises de la Magdeleine et de Fourvière, qu'ils avaient occupés durant les troubles précédents le concile.

Il exigea des Lyonnais qu'ils prient Dieu, pour l'âme du curé et des paroissiens d'Ecully qu'ils avaient brûlés dans leur église. Vous avez bien lu, mœurs étranges par tant de douceurs ... Les citoyens acceptèrent de suite les conditions d'Aymar, trop heureux de s'en tirer à si bon compte. Et le temps s'écoulera non sans quelques heurts pour Aymar. Il se trouvera en guerre ouverte avec les seigneurs de Villars. Mis en infériorité, il appelle une nouvelle fois les services des hommes en armes d'Amédée si bien formé à l'abbaye de Savigny.

Le 28 octobre 1276, de son château de Viterbe (en Italie), le pape Jean XXI élu depuis un mois et demi, accorde à Jean de Grilly (Grailly) un secours de 7000 livres tournois à prendre sur la dîme de Terre Sainte qu'on prélèvera dans la province de Vienne. Jean de Grilly (Grailly) est l'ancien sénéchal du royaume de Jérusalem dont Guillaume de Roussillon occupe le poste à Acre. Ce noble Genevois assure au pape avoir dépensé 11 500 livres tournois pour la défense des lieux Saints jusqu' à la fin de 1273 et 7000 livres pour la garde du concile de Lyon avec Aymar de Roussillon.

Le 16 janvier 1277, un rassemblement de prélats et de paroissiens armés aura lieu dans l'église de Saillans (Drôme). Amédée de Roussillon par sa position d'évêque entre inévitablement en guerre ouverte contre la famille de Poitiers concernant les possessions des villes de Valence, Die et Crest. Les actes entre les belligérants sont conséquents dans les Regestes Dauphinois (T 3).

Nous avions à faire à deux entêtés que rien n'arrêtera, si ce n'est leur mort. Amédée de Roussillon d'un côté, de l'autre Aymar de Poitiers marié en première noce à Isabelle de Beaujeu. Voici un 2ème écueil entre ces familles Roussillon et Beaujeu. Le conflit ira crescendo et finira à la cour du roi de France. Le pape devra menacer Amédée *d'excommunication* et de privation de sa dignité épiscopale, s'il continue d'emprisonner sans cause apparente les gens qui traversent son diocèse.

La famille de Savoie prendra le parti d'Amédée. Ce dernier, plus leste à manier l'épée que le goupillon, animera sans interruption les échos pendant 6 années. Il défendit avec becs et ongles les droits de l'Eglise et les intérêts du clan Roussillon, ce qu'aucun historien ne peut le contredire.

Les galères Siciliennes se sont invitées !

A l'aube du 7 mai 1277, le sire de Roussillon fut convié à se rendre d'urgence au couvent magistral de l'Ordre de Saint-Jean donnant sur la mer. Accompagné de Mile de Cayphas, ils grimpèrent sur le haut des remparts qui dominait le port. Là, ils aperçurent les 2

Grands Maîtres vociférant avec le patriarche de Jérusalem Thomas Agni de Lentini ancien évêque de Bethléem et légat de Terre Sainte.

Guillaume de Beaujeu était apparemment visé. Tout le monde écoutait les griefs d'Hugues de Revel qui ne manqua pas de souligner « *fidèles à nos vœux de ne combattre que l'infidèle on ne prendra pas parti entre chrétiens, quitte à voir tous nos biens confisqués* ». Balian d'Ibelin (*Bellum de Ybelin*) seigneur d'Arsur (*Arsouf*) *connestable* du Royaume de Jérusalem et Jacques Vidal son *mareschal* essayaient de ramener le calme.

En l'absence du roi de Chypre, ils assuraient le maintien de l'ordre sans le vouloir. Le patriarche dit soudain à l'assemblée : « *alors on l'enlève la chaîne* ? » C'était la coutume de barrer à la tombée du jour l'entrée des ports au moyen-âge afin d'éviter toutes mauvaises surprises. Guillaume de Roussillon pas très au fait, même en cumulant le poste de *seneschal*, n'avait pas saisi le sens de cette remarque. Il demanda tout bonnement *« pourquoi ? » - « Regarde derrière toi »* répondit Hugues de Revel Grand Maître des Hospitaliers.

Guillaume de Roussillon se retourna et vit apparaître 6 galères majestueuses au large de Saint-Jean-d'Acre battant pavillon aux armes du roi de Sicile Charles d'Anjou. Spectacle grandiose qui ne manquait pas de piquant. Paradoxalement la population les acclamait croyant voir en eux des renforts inopinés. Guillaume de Roussillon lâcha la phrase que personne n'osait prononcer «*qui leur a demandé de venir ?* » Le patriarche pointa le doigt sur Guillaume de Beaujeu.

On imagine les propos qui se sont échangés alors. Guillaume de Roussillon représentant le roi de France, avait de quoi être irrité. Se retournant vers Guillaume de Beaujeu perplexe : *« je comprends aujourd'hui les causes de tes pérégrinations, à revenir ici plus d'un an après le concile de Lyon afin de passer en Sicile. Voilà pourquoi tu as disparu pendant deux mois. Tu as ourdi ce coup d'état avec Charles d'Anjou ! »*.

L'accusation était lancée. Tous pensèrent la même chose, au même instant. Le Grand Maître du Temple comprenait qu'un tournant dans l'histoire de l'Ordre s'opérait, qu'il passait pour un traître. Il ne broncha pas et dit : « *enlevons la chaîne du port, parlementons, sinon c'est la guerre civile. Il y a 1300 hommes armés sur ces galères. Nous ne pouvons pas offrir un tel spectacle aux mamelucks, une lutte fratricide. Si aucune solution n'est trouvée d'ici demain, dans 15 jours nous serons tous exterminés ».*

Le Grand Maître Hospitalier en s'adressant à Guillaume de Beaujeu : *« malheur à la barque que mènent plusieurs capitaines, tu dis 1300 hommes sur ces galères, mais à qui la faute ? »*

Le chapelain l'avait prévenu...

Débat houleux, on était en pleine crise. Guillaume de Roussillon se souvenait des notes du chapelain parlant du roi de Chypre *« Hugues de Lusignan nous a laissé choir en mai 1276 à Sur (Tyr) voici un an ».*

En définitive, les évènements présents confirmaient son analyse et la raison de son départ. Les gens d'Acre avaient ce qu'ils méritaient.

« li roys (Hugues de Lusignan) avat qu'il partist de Sur establi messages por mander outre-mer por mostrer sa complainte as rois et as princes des terres (établi des messages pour demander de l'aide à l'Orient, aux Rois et aux Princes; sous-entendu en Occident au Roi de France, au Roi Edouard d'Angleterre et d'Aragon) ; entre les quels fu frere dimarche de l'ordre des preeschours qui ala de par lui au Pape (qui a déjà changé quatre fois en moins d'un an) et as Kardenaus ..... (Et sa démarche fut présentée par l'ordre des prêcheurs au Pape et aux Cardinaux)... et mostra sa complainte com cil qui bien lisot faire ...... (Et présenta une requête comme il savait bien faire)...... la fin de sa raison fu que li rois li prioit qu'ils meissent conseil en la ville d'Acre et au reaume de Jérusalem quar il s'en estoit partis por ce qu'il ni pouit tenir justise...... (Il priait les Rois de mettre un conseil dans la ville d'Acre et le Royaume de Jérusalem car lui il en était parti pour le fait qu'il ne pouvait pas y

tenir la justice)... por les outrages que les comunes et les fraerieset les religions li faisoient ... (À cause des outrages que les communautés, les frères et les diverses religions y faisaient) ».

Marie d'Antioche était-elle fautive de la dérive ?

Guillaume de Roussillon avait perdu la flamme pour sa mission qui brûlait encore en lui à Vienne le 30 juillet 1275. Le pape Grégoire X son ami, avait quitté ce monde. Plus personne ou presque le 7 mai 1277 n'avait souvenir de son rôle controversé malgré son ordonnance estampillée du sceau du roi de France. Seul Guillaume de Beaujeu savait, supportant malgré lui les conséquences du départ du roi de Chypre dans la ville d'Acre.

Marie d'Antioche, fille de Melisende de Lusignan, revendiquait plus que jamais le titre de reine du royaume de Jérusalem pourtant en lambeaux, depuis la mort de Conradin. Elle avait demandé l'arbitrage de Rome et avait plaidé sa cause à la Curie sans succès en juin 1272.

Guillaume de Roussillon se remémorait le compte-rendu établit par son Chapelain : « *damoiselle Marie qui tous jors sivoit le court (qui a toujours suivi le cours)... por ce qu'ele avoit touzjors mis débat au reaume de jerusalem et le demandoit come son propre heritage avoit ja moult bien sen ceste besoigne por les messages dou Temple (par les envoyés du Temple qui approuvaient son choix) qui (puis) au roi (charles d'Anjou) et a li estoient venus os haster le fait (et qu'elle était venue à Rome) qui longuement avoit este por parlez de faire don au dit roy Charles de la raison qu'ele avoit au dit reaume. Par le conseil desjuges et d'autres gens fist cyter les procurors dou roy de chypre* »...

Voyant que les choses n'avançaient plus comme elle les avait souhaitées, que les cardinaux n'abondaient pas dans son sens, elle adoptera une autre stratégie. Elle fit acter en sa présence à Rome tous les cardinaux et les prélats acquis à sa cause... « *kardenaus et prelaz qui la estaient...que tuit y pendissent lor seaux quar ele estoit povre damoiselle (62 ans) si ne pooit sivre ni (pauvre fille qui ne pouvait vivre et engager des procès) ne maintenir les plaiz et que ele demanderoit sa raison la ou la cuideroit plus tot avoir (qu'elle demandait de croire son point de vue) .... Et que ele se degetait (dégageait) dou tout de la cour de rome (de tout devant la cour de Rome) si com li procureor du roy* » ... (les messagers du roi de Chypre) « s'en estoient degete»......li procureor (messagers) dou roy de chypre firent grand festen et cuidèrent avoir tout gaigné ». Le roi de Chypre et ses messagers crurent que c'était gagné pour eux.

C'était mal connaître Charles d'Anjou et Guillaume de Roussillon ignorait toutes ces tractations de coulisse. Il ignora les suites données à cet acte traitant de la cession du royaume dans des conditions pour le moins burlesque (voir T2-C.Rollat). On peut le résumer en quelques lignes. La première étant que Marie d'Antioche faisant preuve d'une exceptionnelle longévité (92 ans) fut la seule à connaitre le sujet sur le bout des doigts.

Perfide dès son plus jeune âge elle le restera. Elle rattrapera le destin de la famille d'Anjou en 1289, en réclamant à Charles II dit le Boiteux roi de Naples et fils de Charles d'Anjou des paiements, alors que le royaume de Saint-Jean-d'Acre allait tomber (2 ans après). Elle exigeait tous les arriérés de débits que son père avait laissés. On peut s'étonner de cette démarche 11 ans après. En fait, dès qu'il fut en possession de la ville d'Acre en juillet 1277 Charles 1er d'Anjou, ayant compris où il allait mettre les pieds, ne paya jamais rien à Marie d'Antioche.

Le fils rusé ressortit son propre acte de donation et pour toute réponse laconique relut la phrase ...« *apres li rois charles fist tant vers damoisele marie et li donna tant en avoir en terre en rentes qu'ele s'en tint a paiée. En tel maniere vint le reaume de jerusalem et la main dou roy charle et fu lors de la main (et ne fut plus dès lors) dou roy de chypre* ». En bref, Charles d'Anjou se contenta du papier sans payer pour justifier sa légitimité sur le royaume de Jérusalem.

Le débarquement du 8 mai 1277

Ainsi tranquillisés, les conjurés agiront afin de reprendre en main le royaume de Jérusalem. A l'aube du 8 mai, six galères, chacune d'une longueur de cent vingt pieds (49m) environ vont s'immobiliser à un mille de la côte.

La forme des galères du 13ème siècle était devenue élégante, plus fines, plus effilées donc plus rapides. Elles étaient garnies de chaque côté de 24 bancs d'avirons auxquels étaient enchainés les forçats. 500 hommes en armes pouvaient embarquer sur ce type d'embarcations construites à Marseille. La particularité de ces bateaux était que les galériens pouvaient être armés si la nécessité du combat naval l'exigeait juste avant l'abordage et ce, dès leur départ du détroit de Messine.

Au large d'Acre, les ancres se relevèrent, et sur la ville, le guetteur de la tour principale donna du cor. Le cor avait progressivement remplacé les trompettes. Il était couramment usité dans une bourgade lorsque se présentait un danger, exemple le feu, car tout était en bois, d'où l'expression populaire *« à cor et à cris »*. Dans le cas présent, on acceptait ce débarquement inopiné.

Le bruit en avait couru la veille. L'effervescence était partout. Chacun avait choisi son camp. L'affrontement devenait inévitable, les armes allaient parler. Guillaume de Roussillon fit aligner 600 arbalétriers prêts à intervenir dans les créneaux ; les feux grégeois au-dessus des tours principales furent allumés. Dans l'autre camp, les templiers revêtirent la tenue de combat avec le surplis à croix rouge. Un spectacle affligeant où chacun cherchait à impressionner son rival.

Guillaume de Roussillon, très courroucé, demanda *« frere guillaume de biaulieu maistre du temple qui commande ces galères ? »-« ce dernier répondit « li conte (le comte) Rogers de Saint Severin (Ruggero da San Severino) bail de par le roy Charle roy de Cesile (Sicile) et de Jerusalem por l'octroy de damoysele marie qui li dona que ele a au reaume encontre Hugue de lesignan roi de chypre »*.

Guillaume, noble chevalier, gêné par la tournure de la situation, acceptera de voir et vérifier les titres du messager de Charles d'Anjou. Il fit remarquer au légat de Saint-Jean-d'Acre : *« le Temple joue, croit gagner, il perdra. Charles d'Anjou ne vient pas vous aider mais seulement chercher une couronne. Nous sommes dans un monde perdu où celui qui vole de l'or est en prison et celui qui vole un pays devient roi »*.

A la réquisition du connétable du royaume, la chaîne qui barrait l'estuaire du port est enlevée. La manœuvre était perceptible depuis les galères qui s'ébrouèrent aussitôt dans les flots. La population d'Acre massée sur les remparts, même divisée, n'était pas franchement hostile au fait d'ajouter des hommes de plus. Le roi de Chypre, trop sûr de sa légitimité, n'avait pas fait preuve de diplomatie. On lui en tenait rigueur. Chacun était résigné sur son sort et la marge de manœuvre de Guillaume de Roussillon était étroite.

Avant de poursuivre, une précision est nécessaire. La chronique du chapelain est laconique, exempte de commentaires que je rapporte grâce aux autres chroniques bien entendu (*) corroborant le même contexte. Si la narration des faits est authentique sur le fond, elle l'est moins sur la forme ce qui est logique. On pourra suivre l'attitude équivoque des templiers, la neutralité exemplaire des hospitaliers. Celle d'un Guillaume de Roussillon se retrouvant isolé, sans informations récentes. Il se doutera qu'on l'a trahi.

Charles d'Anjou a-t-il le soutien de son neveu Philippe III le Hardi ? Non, mais en réalité, le roi de France est dupé aussi. Les embarcations mouillent déjà dans le port. Les portes d'Acre sont ouvertes. Le pont-levis est à peine abaissé que la multitude débarque. Les représentants de la ville, le patriarche en tête, attendaient fermement l'émissaire du roi Charles, on dira l'intrus. La foule s'agglutinant sur les quais, la tension croissait. A la moindre étincelle tout peut s'embraser.
« *Et li diz cuens ot de venue (et le dit Comte est venu), le chastel (dans le château du connétable), la seignorie et le bailage (les seigneurs d'Acre et les juges) a poi de contredit (ne l'ont pas contredit) por lay de dou Temple et de lor amis* (par l'aide du Temple et de leurs amis Vénitiens on peut le préciser) »... Roger de Saint Severin, archidiacre, se présenta devant la résidence du connétable de Jérusalem et exigea qu'on lui donne les clés de la ville ! Il désirait qu'on lui livre les chevaliers favorables au roi de Chypre.

Le dialogue s'amorçait mal. Guillaume de Roussillon s'avança, lui demandant logiquement de montrer ses actes de cession de ce royaume afin de mieux comprendre de telles prétentions. En guise de réponse, Guillaume reçut un coup (de dague ou d'épée) qui le cloua au sol. Il fallait montrer un exemple, frapper les esprits. Moment d'effroi, de stupeur lorsque le chapelain s'avancera pour traîner sire Guillaume par les aisselles dont nul ne put dire alors, s'il était mort ...

(*) Abrégé chronologique de l'Histoire générale d'Italie – 1770 en 6 volumes p 294/295. Histoire de Provence 1723 Volume 1 de messire Jean-François de Gaufridi p 170/171

Le patriarche relevait le défi à son tour. Guillaume de Beaujeu, affolé par la tournure que prenaient les évènements, est obligé de s'interposer. Aucun mot ne fut échangé. Le chapelain étant réapparu, il nota quelques temps plus tard (plusieurs mois après) : « ***et morut sire Guillaume de Roussillon qui estoit chevetaine en Acre sur la gent dou roi de France et sire Mile de Cayphas demora en son leu*** *(celui qui le remplacera)* ». On entre dans une période de meurtres qui durant 5 mois vont agiter les clivages, où les intérêts de chacun divergeront.

Nous n'avons jamais pu à ce jour prouver que Guillaume soit mort sur le coup. Sur sa disparition physique c'est clair, il ne réapparaitra plus sur la scène publique. Il y avait de trop gros intérêts financiers à gérer et le chapelain se chargera de la cassette de Guillaume qui disparaitra à son tour. Soulignons que cet argent appartenait au pape et au roi de France et non pas à Charles d'Anjou.

4ème PARTIE

Le mystère va s'épaissir

Le comte Roger de Saint Severin couvert par les templiers ordonna d'arrêter les frères (ecclésiastiques) et « *les hommes liges dou reaume* » (religieux et vassaux favorables au roi de Chypre), les contraindre à rendre leurs armes quitte à les emmener à Naples. Personne ne bougeait. Les Hospitaliers opposés, décidés et stoïques, observaient prêts à bondir. Rien n'était réglé.

L'agression gratuite perpétrée sur Guillaume n'arrangeait pas la situation bien au contraire. Le même geste commis par Roger de Saint Severin dans le royaume de France aurait entraîné sa pendaison (mais il était archidiacre). Il était en outre-mer et bénéficiait de l'immunité du Temple. On réfléchit vite en de pareils moments. Il savait qu'il aurait des comptes à rendre en Sicile, que cette nouvelle perfidie imputable à Charles d'Anjou ternirait un peu plus son image. Il est vrai qu'à cette époque, la vie d'un homme comptait si peu. On n'encombrait pas les tribunaux pour réparer une offense ou un acte barbare. Il n'était pas exclu cependant que les templiers subissent eux-mêmes des représailles à Chypre ou à Tyr et cela Guillaume de Beaujeu en était bien conscient.

A vrai dire, cette attitude partiale ne les a pas servis, même si l'histoire a essayé de les blanchir. Les historiens n'ergotent pas sur ces années mouvementées à Rome entre 1276 et 1280. La religion chrétienne a eu une attitude peu orthodoxe. Elle a nié les faits, les tourna en sa faveur à partir du concile de Lyon. Le temps rattrape tout, même celui d'un prince renégat, frère de celui que l'on canonisera sous le nom de Saint-Louis.

Le sire de Joinville, grand chroniqueur, tenait tellement à cette canonisation qu'il occultera les faits encombrants. On dira à la décharge des Templiers, qu'ils optaient pour le moins mauvais cheval à très court terme, pour leurs intérêts entendons-nous bien. Peu de temps après ils ne furent plus crédibles.

C'est au mois d'octobre 1309 que le sénéchal de Champagne, le sire de Joinville termina son célèbre manuscrit sur Louis IX dont il offrit un exemplaire écrit, au roi Philippe le Bel. L'Histoire de Saint Louis fut imprimée pour la première fois à Poitiers en 1547.

C'était une fanfaronnade pas très glorieuse de la part du grand Maître du Temple que de paraître ainsi face aux chevaliers hospitaliers qu'il détestait. Guillaume de Beaujeu venait de commettre une double faute et l'Ordre perdait son crédit. La première, lors du concile de Lyon en 1274 où il accepte de siéger à côté du pape, sans dire un mot, sans dénoncer la lâcheté des princes, qui après avoir pillé les lieux saints abandonnaient les chrétiens. La seconde, de s'être vendu à Charles d'Anjou en trahissant Guillaume de Roussillon pour son aura personnel.

Guillaume de Beaujeu était conscient du manque de charisme de Philippe III le Hardi, du rôle néfaste que jouait son conseiller Philippe de la Brosse avec l'Espagne et par ce fait condamnait tout salut envers la Terre Sainte. En accordant son appui à ce trublion qu'était Charles d'Anjou, l'attitude du Temple était incomprise, même impardonnable et rejaillira un jour négativement sur tous les templiers présents en Occident au moment de leur arrestation.

Elle ne résoudra rien. Charles d'Anjou ne pourra plus jamais mettre un pied dans Acre sans crainte d'être assassiné à son tour. Certes, Guillaume de Beaujeu privilégie sa personne, veut étendre la suprématie des templiers sur le monde chrétien et ne sauvera rien (*en apparence*). On le lui a assez reproché à titre posthume. En soutenant le roi de Sicile, il s'est perdu. A-t-il imaginé la réaction du roi de France en apprenant ce camouflet ? Le sultan Baybars ne fut pas dupe. Il vit que la seule force résiduelle reposait désormais sur le Temple et le fils du sultan s'en moquera à son tour en 1291.

Si cette force était canalisée, Guillaume de Beaujeu était condamné, soit à mourir les armes à la main, soit à quitter la Terre Sainte. Ses habitants ne pouvaient pas vivre éternellement dans un ghetto, même doré. Le destin des templiers, chacun le connaît. Nous sommes à un tournant de l'histoire au 13ème siècle, là où une idée semée par Louis IX a germé sous Philippe III le Hardi : *« que représenteront les templiers d'Occident sans l'appui armé des templiers d'Orient dont l'élite était à Saint-Jean-d'Acre* ? ». La réponse sera apportée par son fils Philippe le Bel.

Ne craignez rien, même Guillaume de Roussillon disparu, l'histoire continuera. On perdra sa trace, son nom disparaîtra de la chronique, celui de son chapelain aussi. Je pense que ce dernier le souhaitait pour avoir la vie sauve. Il a donc survécu et nous avons aujourd'hui son témoignage.

Roger de Saint Severin se vit contraint, d'observer un moratoire afin d'éviter l'implosion qui grondait dans la ville et d'attendre les consignes. Le pape, mort le 20 mai 1277 comme l'Eglise de Rome l'annonça avait eu un tragique accident en visitant les travaux de restauration de la cathédrale de Viterbe. Les chroniqueurs de l'Eglise disent qu'il est mort dans sa chambre en lisant un ouvrage. Son domestique était venu pourtant le prévenir de bruits bizarres, dont il n'a pas voulu tenir compte. Quelques heures après, la construction s'écroulait sur lui. En fait cette version erronée sera corrigée en 2008 avec la publication du Tome II L'Affaire Roussillon. Le contrat de la Fauconnerie du Temple- Christian Rollat.

On remarquera la précision des détails, un peu comme si le chapelain couchait dans la chambre mitoyenne. Charles d'Anjou a ordonné au comte Roger de temporiser, les liaisons maritimes n'étant pas rapides. Les ordres militaires s'imposèrent entre les milices chrétiennes qui étaient de forces équivalentes. Elles pouvaient s'exterminer d'un instant à l'autre sans jamais avoir de vainqueur hormis Baybars à l'extérieur des murailles qui comptait les points de cette « guerre civile fratricide dans Acre ».

Le 1er juillet 1277, les tambours musulmans résonnèrent dans la plaine. Un émissaire apporta la nouvelle : *« le sultan Baybars est mort ».* Celui qui a détruit une par une les forteresses des croisés, celui qui a signé avec Hugues de Lusignan roi du royaume de Jérusalem une trêve, est mort. *« En cela année meisme Bendocdar Sodan de Babilloure et de toute la payenisme. Et au mois de juignet morut Bendocdar a Domas ».*

La cause de sa mort n'est pas bien connue. Selon les orientaux, on voulait empoisonner un de ses fils Malek Nasser Daoud avec une coupe de « *coumix* » de lait aigre ! Quelqu'un a interverti les coupes. Selon les chroniqueurs latins, il mourut à Damas des suites d'une blessure infligée dans sa dernière expédition contre les mongols. Son fils Malek Sayd *« le prince heureux »* lui succèdera. Baybars fut le véritable artisan du relèvement musulman par le sang. Guillaume de Beaujeu crut au miracle avec son successeur, que les chrétiens allaient s'en sortir. Ce fut pire malgré le calme apparent.

L'été 1277 se terminait. Coté musulman pas d'inquiétude particulière. Dès la mi-septembre, Roger de Saint Severin renouvelait avec insistance ses prétentions sur la ville. Il convoquera le patriarche Thomas de Lentini et le connétable de Saint-Jean-d'Acre au château. Le comte, au nom du roi Charles d'Anjou, les somma de lui rendre l'hommage qu'il convenait. Pour lui, le laxisme avait assez duré.

Les autorités répondirent tout bonnement qu'elles ne changeaient rien à leurs habitudes, tenant leur charge du pape et leur rang du roi de Chypre et jusqu'à preuve du contraire, elles n'en étaient pas relevés. On se sépara en pensant que l'irréparable allait se produire.

Roger de Saint Severin « *bail d'Acre par le roi Charles » avait entendu ces paroles, la messe était dite. « Et a XXVI (26) jors de setembre le jors de sainte Croiz morut frère Thomas qui estoit patriarche de Jérusalem et legat de tote Surie »... (De toute la Syrie) ..... Et morut XXVIII (28) jors de setembre Bellian (Balian) d'Ybelin syres d'Arsuf (Arsur) conestable dou reaume de Jerusalem* ».

Charles d'Anjou frère de Saint-Louis venait de commanditer le meurtre du militaire le plus important du royaume. Il avait maintenant 3 âmes sur la conscience. Tout a été minutieusement préparé. Voyons les notes du chapelain qui se terre. « *Et fu faiz vicaires de l'iglise d'Acre et dou por patriarche frère Bonacours de leur des preecors arsvesque de Sur » .... « Et fu postulez a patriarche Humbert Ayglier qui estoit arsevesque de Naples (que le Comte avait amené dans ses valises) le 29 jors de setembre* ».

Son élection comme patriarche fut cassée par le nouveau pape Nicolas III qui choisira Jean de Verceil, général des Frères Prêcheurs, qui tenant à la vie, refusera le poste d'Acre. Il ne s'agissait plus d'attendre. Que faire dans une situation pareille ? On se résignait à connaître officiellement la décision d'Hugues de Lusignan. Mais allait-il renoncer à sa couronne ?

« Plusors termes (plusieurs au terme de ces évènements partirent) pristrent et plusors messages (plusieurs messagers) manderent au roy de chypre dont il n'orent onques respons fors tous lors alongement (ils n'avaient aucune réponse à mesure que les jours passaient). A la par fin lors dist li bans tout destroussement qu'il li vuidassent la terre et laissassent lor fiez et lors herberges et tous lor biens (les mercenaires pillaient la ville) ou qu'il li feissent ce qu'il li devoient faire (ils demandent s'ils doivent prendre le Roi Charles comme Seigneur de Jérusalem) come a seignor en leu dou roy charles qui estoit roy de Jerusalem et par le droit hoyr y estoit entrez ; si com avoit este debattu et couchu (conclu) par les sages de la crestienté juges que damoiselle Marie par cui otroi et donation il avoit le reaume ... »

Ils demandaient au roi de chypre si c'était bien ce qui avait été conclu à Rome, on imagine déjà la réponse ... « *en estoit droit hoirs et que cil de chypre y estoit entrez autrement qu'il ne devoit (et si c'était juste d'entrer à chypre ainsi)... si com il fu retrait et monstré apertement davant le peuple* (s'il était rentré et montré autrement devant le peuple)... *d'Acre par Thomas juge en publique sermon en sa venue en Acre* (avec Thomas lors d'un sermon publique) ».

Le chapelain qui est revenu incognito poursuit... « *quant li home lige virent que ce estoit acertes et qu'il n'avoit point d'aloignement il prierent le conte (*Roger*) qu'il lor donnast respit tant que le message qu'il devoient mander en chypre* (donne un répit pour porter un message à Chypre et qu'ils soient revenus) *fussent revenus*....(quand les chevaliers constatèrent qu'il n'y avait aucune possibilité d'arrangement, ils prièrent le comte de leur donner un répit)....*et li cuens par la priere dou maitres dou temple lor otrea* (et la demande des gens à la sollicitation du Maître du temple leur fut accordée)... *Li message* (les messagers) *furent messire Johan de Troies, syre Guillaume de Villiers et syres Richard de Torsquini. Il alerent en chypre et firent lor messagerie bien et bel* (délivrèrent leur message au roi en personne) *au roi de chypre de por les homes liges (*devant ses vassaux*) si com il lor fu enchargié (comme ils en étaient chargés)..... et n'orent dou roy nul respons soufisant (*et n'eurent aucune réponse satisfaisante*)... Après lors venue firent li chevalier et li autre home lige homage (*ils sont tous revenus et ont rendu hommage *)... au Comte (Roger de Saint Severin) com a bail en leu dou roy charles (d'Anjou) roy de Jerusalem et de Cesarée après ce que li cuens ot jure les sairements qu'il covient jurer a seignor ou a bail selonc l'usage dou reaume de Jerusalem ...* (à leur retour les chevaliers et les vassaux ont prêté serment au comte et aux juges selon l'usage dans le royaume de Jérusalem) ».

Pour donner plus de consistance à ses méfaits le Comte Roger de Saint Severin fit annoncer que son adjoint le Sire Eude Poilechien était promu sénéchal. Le comte le présenta à la veuve de Balian d'Ybelin et la dame d'Arsuf accepta le remariage ! Eude Poilechien se retrouve à ce nouveau poste gratifié « *d'une veuve* » au début de l'année 1278.Richard de Nublans, un autre chevalier « *mercenaire* » qui amené de Sicile devient connétable, sire Jacques Vidal (un transfuge d'Acre maréchal), sir Richard le Raschas de Naples vicomte, etc... On ne perdait pas de temps en formalités, hormis qu'Eudes de Poilechien sera officiellement reconnu le 14 octobre 1282 sur les registres de Naples (*documents annexes PV Claverie p 482*). Ceci démontre que Philippe III le Hardi n'appréciait pas vraiment la traitrise de Charles d'Anjou son oncle, commise à Saint-Jean-d'Acre et dont Marie de Brabant subira les conséquences.

Mort ou vivant
où est passé Guillaume ?

N'en déplaise aux nostalgiques des grandes batailles, Guillaume de Roussillon n'a pas pu mourir en dehors des murailles de Saint-Jean-d'Acre « *en combattant vaillamment les infidèles* » dans les plaines comme on l'a fait croire dans les chaumières du Pilat jusqu'à la publication de cet ouvrage.

Si tel avait été le cas, les écrits existeraient (voir BNF), le chapelain l'aurait relevé et Guillaume aurait eu des funérailles dignes de son rang. Il a tout simplement été frappé traîtreusement par un chrétien, de surcroit un ecclésiastique venu de Sicile. Comme le terme usité habituellement *occis* n'est pas employé, il est resté à terre, « *agonisant dans de terribles souffrances*», aurait ajouté le tragédien Nicolas Chorier. Par contre, survivant, il a bénéficié d'une rémission grâce aux hospitaliers. Dans ce cas, il a pu survivre quelques mois caché par son chapelain. Cette hypothèse me satisfait. En compulsant les indices de la chronique, les délais de communication et les faits survenus avant l'ouverture de son testament, on peut envisager son décès sans jamais trouver son corps au plus tard le 30 novembre 1277.

Guillaume a eu plus de chance que son prédécesseur Olivier de Termes. Il a pu laisser une trace grâce à la chronique du chapelain. Un continuateur qui a suivi toutes les tribulations des 3 dernières années de sa vie. Curieusement le chapelain arrête sa chronique des derniers évènements à Acre le 25 novembre 1277.

Même avec quelques erreurs, ce document a une portée nationale. Est-ce une coïncidence, mais le jour d'arrêt de son récit correspond à la nomination du nouveau pape Nicolas III Giovanni Gaetano. C'est important, Charles d'Anjou craignait ce pape en mesure de protéger le chapelain que l'on savait encore en vie. Le ton de la sa chronique change dès octobre 1277. Il semble relater des faits recueillis par personnes interposées. On peut affirmer qu'il a quitté incognito le royaume de Jérusalem. N'oublions pas qu'il était le chroniqueur de Guillaume de Roussillon « *gent dou roy di France* ». Il est devenu un témoin gênant. Sa vie était aussi menacée que celle de son maître. Il a tenté de sauver Guillaume de Roussillon grièvement blessé et peut-être il avertira peu après sa famille, le roi de France, la curie c'est moins sure. A-t-il pu soustraire la dépouille ? la cacher pour la rapatrier sur Aigues-Mortes ou ailleurs ?

Mettre les restes des chevaliers dans une caissette en bois ou une chasse, avec une petite plaque était devenue une démarche courante. Guillaume avait d'autres caisses de bois à cacher et à rapatrier avec un contenu sonnant et trébuchant. Il disposait en effet d'une trésorerie importante à Saint-Jean-d'Acre. Où est-elle passée ?

En tout état de cause, les notes personnelles du chapelain compilées méticuleusement depuis 1262, ne durent pas se perdre, encore moins tomber entre les mains de Charles d'Anjou. Il réussit à les préserver en s'enfuyant à Chypre, seule terre de salut encore possible en octobre 1277. Il est sans doute en décembre à Limassol ou à Nicosie (difficile à dire) car à la nature des renseignements ajoutés à sa chronique, il se cache pour écrire, voyez plutôt : *« en cete meisme saison sourdi une discorde entre le prince d'antioche et conte de triple et le Temple por achaison de ce que les gens dou prince et il meismes qui juges estoit faisoient mult d'ennuis as homes dou Temple, et as freres meismes disoient laides paroles qu'il n'aveent pas aprises a oyr. Et les confrères de la maison menoient mal ; ezt proprement l'evesque de Triple qui estoit confrere dou Temple et il est ses choses estoient en la garde de la maison maumenoient si et lui et sa mahinée, qu'il li convint por paour de son cors guerpir sa mayson et se recuilli dedens la mayson dou Temple ».*

Cette traduction n'est pas très valorisante pour les templiers mais la chronique est ainsi. « *A la même époque, une discorde arriva entre le Prince d'Antioche et Tripoli contre les Templiers sur le fait que les gens du Prince et ses juges causaient beaucoup d'ennuis aux Templiers et leurs disaient même des choses pas très jolies que l'on n'avait pas l'habitude d'entendre. Les Frères de la maison du Temple menaient une vie pas très propre, l'évêque de Tripoli qui était aussi Templier et dont ces choses dépendaient, menait la même vie avec sa compagne. Il conviendrait pour son rang qu'il la chasse de sa maison et que lui aille dans la Commanderie* ». Le texte de débauche ci-dessus fut le type de dénonciation dont raffolera Guillaume de Nogaret après les arrestations en 1307. Des aveux qu'il affinera sous la torture dès 1308 après celle de l'Inquisition.

Saint-Jean-d'Acre
Les conséquences

En terre sainte, Philippe III le Hardi n'a jamais bénéficié de l'aura de son père Saint-Louis. Le surnom « le Hardi » n'a jamais eu d'explication. Guillaume de Roussillon qui n'était pas le premier sergent venu de sa lointaine campagne, l'ignorait aussi en quittant le royaume de France.

Il laissa le souvenir d'un seigneur de Roussillon missionné sans état d'âme envers son roi. Sa disparition brutale du fait de Charles d'Anjou aura des conséquences imprévues, toutes étouffées pour raison d'état. Les proches de Guillaume mis à part Aymar(t) s'en tiendront à la version officielle : « *mais ce n'était pas avec les faibles forces dont il disposait alors même qu'il avait le concours des chevaliers du Temple et de l'Hôpital que l'on pouvait rétablir les affaires des chrétiens. Le vaillant chevalier eut du moins la gloire de maintenir la situation et d'inspirer aux infidèles une terreur que justifiait sa bravoure.* ». Commentaire élogieux sorti de l'imagination de Nicolas Chorier qui ajouta même : « *Guillaume de Roussillon trouva-t-il une mort glorieuse dans l'une de ces rencontres de chaque jour entre chrétiens et infidèles qui forment les derniers épisodes de l'histoire des croisades....Le fait est probable mais rien ne l'établit. Ce qui parait certain c'est qu'il mourut en Terre Sainte vers la fin de l'année 1277 autant regretté des chrétiens ... qu'il avait été terrible et redoutable aux Infidèles* ».

Que faut-il en conclure en lisant ce commentaire d'un avocat de renom qui est passé vraiment à côté de la vérité des continuateurs qui ont écrit la chronique de Terre Sainte, et justement après les croisades ? Difficile à croire, lorsque des Claude le Laboureur ou Joseph Michaud l'ont transcrite correctement. Paul André Roger, Antoine Vachez, James Condamin et Théodore Ogier ont par contre carrément plagié la version de Chorier. Nous y reviendrons un jour.

A leur décharge, les écrits des continuateurs ont été tenus secrets, possédés et censurés par les pouvoirs successifs des rois de France, des ministres comme Richelieu et même de Napoléon Ier. L'affaire Roussillon a été minutieusement occultée. Les détails de son décès, le lieu où repose son corps, l'ouverture du testament, la légende de Béatrix à Sainte-Croix jusqu'à la convocation au prieuré de Taluyers des personnes pour la fondation de la Chartreuse.

L'ensemble s'imbrique parfaitement, vous pouvez refaire une relecture du récit.

En parcourant la littérature cathare, j'ai retrouvé incidemment l'histoire du chevalier croisé Olivier de Termes écrite par Gauthier Langlois, auteur contemporain. Etablissant un parallèle évident avec Guillaume de Roussillon, son auteur m'a donné la référence d'un ouvrage qui avait été publié en 2002 à La Sorbonne : « *Migrations et Diasporas Méditerranéennes* » sous la direction de Michel Balard et Alain Ducelier.

J'ai contacté et communiqué la finalité de mes recherches au professeur Michel Balard exerçant à l'université Paris I Panthéon Sorbonne. Il dirige le groupement de recherches des ouvrages Moyenâgeux au CNRS. Il a pallié à mes difficultés en m'orientant sur un autre chercheur spécialisé dans la logistique méditerranéenne, Pierre-Vincent Claverie de l'Université de Rennes II. Il avait en effet travaillé dans l'ouvrage précité et planché sur l'ordonnance commise à Guillaume de Roussillon en 1275 par le roi de France. Après de fructueux échanges, j'ai obtenu la clef permettant en jargon d'historien pour ouvrir d'autres portes...

L'identité du Chapelain, *le « continuator »* de Guillaume

« ***Un exemple de transfert de logistique lié à la défense de la Terre Sainte et le « passage en Orient de Guillaume de Roussillon*** », titre Pierre-Vincent Claverie sont des exemples uniques en France. Il ajoute cette remarque pertinente... « ***La mort de Saint-Louis devant Tunis en 1270 constitue pour beaucoup d'historiens la dernière étape d'un processus engagé en 1095 au moment du Concile de Clermont. Les apports récents de l'historiographie des Croisades pondèrent ce jugement hâtif*** ».

L'amorce de la solution se trouvait donc à travers les écrits et les remarques des « *continuators* ». Pour ce faire, on a juxtaposé un grand nombre de chroniques sur les croisades. De là, on a pu les inclure, les englober dans mes recherches. Vérifier ligne par ligne les dates et les mois grâce à la bibliographie dont je disposais n'était pas gagné. Après comparaison des différentes sources, il est évident que la chronique des faits relatés par **le chapelain semblait correcte.** L'examen de nombreuses pages complémentaires à la thèse de Pierre Vincent Claverie (voir bibliographie) se cantonnant surtout à « *la logistique en Orient et le transfert des croisés au Moyen Âge », m'a* permis de voir à quel moment précis s'effectue « *le lâchage* » des croisés en orient par l'occident quand Philippe III cessera de soutenir efficacement les possessions artificielles d'Outre-mer. Un parallèle peut être établi avec le comportement de De Gaulle avec l'Algérie.

C'est un fait, dans les deux cas, le peuple fut abusé. La situation politique réelle, le sens général de la démarche donnée à Guillaume de Roussillon furent censurés. Pierre-Vincent Claverie clôt ses commentaires par cette remarque pertinente: « *comme le signalent les dernières pages de « l'Estoires d'Eracles page 481 probablement* ***rédigées par son Chapelain,*** *Guillaume de Roussillon mourut (le chevalier Dauphinois) deux ans plus tard* (après son arrivée) ».

Alors partons sur la piste de « l'Estoires d'Eracles » en conservant le pseudonyme de chapelain qui sied en guise de ***continuator*** sans pouvoir lui donner un nom (c'est un religieux). Je pencherais volontiers pour un des deux suffragants de l'archevêque Aymar de Roussillon. Le premier, Jean évêque de Tyr ou alors le deuxième, connu par la première lettre de son nom, un K.

On peut ici conjecturer que tous les faits et gestes de Guillaume furent relatés au jour le jour à son frère Aymar. (Référence Monfalcon Tome V Histoire Monumentale de Lyon p 20 de la seconde partie).

L'estoire d'Eracles de Guillaume de Tyr

Il est impératif de donner un sens plus concret à ce mot. Au Moyen Âge, le « *continuator* » était en littérature un narrateur souvent ecclésiastique, qui crée ou poursuit le travail sur un autre texte antérieur au sien. Cette nouvelle composition, pouvait terminer les travaux d'une époque non contemporaine. Il suivait fidèlement les grands évènements touchant à la charge épiscopale. Le nom d'Eracles peut sembler barbare mais c'est ainsi. Les premières anciennes histoires en latin du 11ème siècle disent qu'Eracles

Empereur, fut un bon chrétien qui gouverna Rome, en faisant allusion aux auteurs antiques.

On connaît la première partie de la version de "l'Eracles" attribuée à Guillaume de Tyr, puis son arrangement effectué par Bernard autour de 1231. Ces textes connaîtront un grand succès et seront traduits du latin dès 1220 puis améliorés pendant les siècles à venir avec de nombreuses « *continuations en langue vulgaire* » ou franco-provençal en Occident. Si à l'époque des chansons de geste, la foule écoutait les récits rimés, les premiers chroniqueurs des croisades les écrivirent de même.

Guillaume de Tyr est né à Jérusalem vers 1128 et mourut le 29 septembre 1186, soit un an avant la prise de la ville par Saladin. Archevêque de Tyr, il fut le continuator de William de Pneu qui écrivit jusqu'en 1127. Guillaume de Tyr (Gugliemo di Tiro) reprendra la suite et s'occupera de la période de 1123 à 1186. Historien incontesté (à l'époque) des croisades et du concile de Latran, ses ouvrages eurent un succès considérable *« historia rerum in partibus transmarinis gestarum* » que les continuators recollèrent par la suite sous le titre de *« l'Estoire ou roman d'eracles empereur et la conquête de la terre d'outremer ».*

Victime de la jalousie d'Heraclius, il stoppera ses écrits. Le continuateur suivant (dont l'original a été perdu), fut celui d'Ernoul qui traita la période de 1184 à 1197. Il est aussi appelé « *manuscrit de Lyon* ». On trouvera le suivant de 1198 à 1207 englobant 9 années et embrassant la période de Villehardouin qui n'était pas lui chroniqueur, mais un militaire érudit, un chevalier qui sous sa plume privilégiait les biens terrestres aux biens célestes en Asie Mineure.

Il y aura une coupure dans les chroniques de 1207 à 1229, puis une continuation de 1229 à 1261 que l'on dénomme « *le manuscrit de Rothelin* » avec ajout anonyme de 1261 à 1277. Enfin on parle surtout de la dernière qui nous intéresse au premier chef, appelée « *troisième continuation* » écrite en Orient durant la période entre 1248 et 1277.

Il est vrai que ce récit des évènements qui se sont déroulés en Orient et en Occident durant cette dernière période fut laconique. On y relève des faits curieux et précis, intéressant la vie intime des papes ou des particuliers. La chute de Jérusalem l'explique. Au gré des erreurs, on l'appellerait aujourd'hui brèves de comptoirs, écrites pour la postérité épiscopale. Elles touchent en particulier Grégoire X, l'ami des Roussillon.

Par la durée des faits, cette continuation est l'œuvre de 2 sinon 3 mains. La nôtre dirons-nous, traite la période de 1270 à 1277 en Orient, et se termine à Rome, point final. Il faut comprendre que les sujets inculqués à nos aïeux provoquaient une insatiable curiosité au regard du choc engendré par le monothéisme des 2 cultures, chrétienne et musulmane. Aussi devinrent–ils plus populaires que les textes religieux eux-mêmes célébrant outrageusement les défaites des sarrasins...

A partir de 1278, les chroniques d'Orient n'étant plus adaptées à la demande, l'infortune des croisés n'intéressait plus. Les chroniqueurs de Rome devront supporter la contradiction que leur opposeront quotidiennement les historiens musulmans en Orient *« de l'autre côté »*. Leurs textes ne sont pas en reste de contradictions avec les occidentaux lorsque l'on aborde des faits d'armes. Même écrit dans une langue différente, l'ouvrage de Francesco Gabrieli est édifiant. Les mêmes faits ne sont pas relatés de la même manière. Ceci se retrouve également avec le chroniqueur Sanuto Marino.

La reprise du texte de Guillaume de Tyr par les continuateurs fut une réalisation remarquable à une époque où la langue latine était toujours considérée comme la seule langue savante. Le ou les continuateurs écrivaient eux en franco-provençal et leurs œuvres personnelles furent rattachées à la traduction de l'Estoire d'Eracles en 23 volumes. Le travail des scribes au Moyen Âge est attachant. C'est une chance de pouvoir bénéficier du labeur de tels traducteurs, tel Philippe de Nantueil ou Du Gange plus près de nous. Ce dernier proche de roi de France, reste énigmatique sans cause apparente.

Il a cherché pendant de très longues années à mettre un nom sur le dernier « continuator ». Il a dû se résigner et écrire : *« nous ne connaîtrons jamais son nom »*. On a longtemps pensé à Nicolas Falcon qui déroba en 1307 le travail du prince arménien Hayton jamais publié, intitulé *« l'histoire merveilleuse du grand khan »* mais les dates de sa chronique ne correspondent pas. Peu importe, la disparition de Guillaume de Roussillon figure dans le recueil des Historiens des Croisades soudé au livre de Guillaume de Tyr. Cette bible moyenâgeuse, publiée par les soins de l'académie des Inscriptions et Belles lettres, se trouve aujourd'hui en ligne sur Internet à la BNF dans *« Historiens Occidentaux tome second Paris imprimerie Impériale 1859 »*. Je signalerai pour les amateurs éclairés qu'on y trouve aussi le livre des *« Lignages d'Outre-mer des grandes familles Françaises établies en Orient à la suite des croisades ».* Qui sait, y trouverons-nous peut être Guillaume de Roussillon ?

Il reste, pour clore cette digression, à évoquer le lien existant entre notre Chapelain et le (futur) Pape en Orient. L'archidiacre Thébaldo Visconti accompagna le cardinal Ottoboni en Angleterre en 1270. Il rencontra le jeune Edouard, fils du roi d'Angleterre qui partait rejoindre louis IX à sa 2ème croisade. Ayant vécu tous les périples que l'on sait, ils arrivèrent ensemble en 1271 à Saint-Jean-d'Acre après la débâcle de la 8ème croisade. Le futur chapelain (de Guillaume) rencontra le futur pape, Thébaldo Visconti qui est devenu son chapelain.

A Rome, les cardinaux étaient toujours en conclave et aucune fumée blanche ne sortait. Absent, Thébaldo Visconti apprendra son élection avec stupéfaction. Il rejoignit Viterbe en février 1272. Couronné à Rome le 27 mai 1272, il prendra le nom de Grégoire X.

Fidèle à sa foi, et aux engagements donnés aux « poulains » outre-mer, il programma la tenue d'un concile en 1274, à Lyon de préférence, pour raison de sécurité.

Il quittera Viterbe en octobre 1273 en conviant le *continuator* de l'histoire des croisades, en fait le « *chapelain* » qu'il avait rencontré à Saint-Jean-d'Acre, de l'accompagner au concile. Ce dernier quittera Acre et rejoindra donc Lyon, alors peuplé de 20 000 habitants. Arrivé en novembre 1273, il assistera le pape comme un clerc, enregistrant toutes les entrevues durant les sessions. Il quittera Lyon avec Guillaume de Roussillon pour embarquer à Aigues-Mortes en septembre 1275.

En 1277, à la Cour du roi de France...

La situation n'est pas brillante. Le 29 avril, Philippe roi de France, n'arrivait toujours pas à sortir de son conflit avec la Castille. Maladroit, il se mettra à dos l'Aragon avec Pierre III d'Aragon, frère de sa première épouse Isabelle, mère du futur Philippe le Bel.

Philippe III le Hardi intimera à Pierre III de rapatrier à Paris les malheureux enfants (ses cousins) détenus abusivement à Valence (Espagne) afin qu'ils ne règnent pas ! Comme Pierre d'Aragon ne cédait pas, Philippe III réussira à s'aliéner l'Aragon, pourtant opposé à la Castille.

Est-il doublé par Pierre de la Brosse ? Est-il poussé par sa femme qui l'obligeait ainsi à détourner ses regards de la Terre Sainte ? Dans le même temps bien sûr, Charles d'Anjou avait le champ libre. On peut imaginer aujourd'hui que la diversion a bel et bien été entretenue au détriment de Philippe III le Hardi.

Charles d'Anjou rusé, comprend que son neveu, occupé sur d'autres champs de batailles le laisse agir à sa guise en méditerranée. Il attendra le feu vert pour envahir le royaume de Jérusalem, ce qui se produira. Il arma, comme on le sait, 6 grosses galères à Palerme avec l'accord de Beaujeu pour envahir Saint-Jean-d'Acre, réputée imprenable et défendue au nom du roi de France et du roi de Chypre par un Guillaume de Roussillon impartial. Le conflit Aragonais forcissant, le roi de France, toujours poussé par Marie de Brabant, il risquait d'en supporter les déboires, la papauté l'ayant abandonné.

A Saint-Jean-d'Acre, personne n'avertira Guillaume de Roussillon de son lâchage par le roi qui était son dernier salut. Début mai, Philippe III le Hardi prépare en secret des opérations d'interventions en Castille. Le pape a des indicateurs et s'en mêle. Jean XXI est d'origine Portugaise. Il écrira au légat de France Simon de Brie de prévenir le roi, que s'il persiste, il sera excommunié, car le concile de Lyon de 1274 a décrété la paix entre tous les chrétiens.

Deux remarques pertinentes sont à faire. Simon (de Brie) est celui qui rédigea l'Ordonnance donnée à Guillaume de Roussillon. C'est lui encore, qui ne soufflera pas un mot au roi sur les évènements dramatiques se déroulant à Acre, perpétrés par l'ecclésiastique Roger de Severin sur la personne de Guillaume de Roussillon, sans raison. De toute manière, Simon de Brie ou de Brion ne fut qu'un transfuge acquis à la cause de Charles d'Anjou. Ce dernier, retour d'ascenseur oblige, lui permettra de devenir pape en 1281, sous le nom de Martin IV.

Afin d'activer l'actualité envers Charles d'Anjou, le nouveau pape Jean XXI aura un accident comme par hasard. Il en mourra le 20 mai 1277. Son remplaçant, Nicolas III, apportera un répit imprévisible permettant à notre « *chapelain* » d'informer Rome des évènements, sans risque de représailles des sbires napolitains.

Le projet de croisade était à nouveau reporté aux calendes grecques, faute de concorde entre chrétiens d'Occident et faute de combattants.

Et si Filhol avait vu juste ?

Rendons à César ce qui lui revient. Etrange constatation, lorsque j'ai comparé le blason d'Annonay et celui de Guillaume de Roussillon. Voyons pourquoi. Sans entrer dans de longues dissertations, on émettre deux hypothèses. Soit le chapelain et le seigneur Falatier de Malleval qui accompagnait Guillaume, sont revenus incognito de Terre Sainte, les premiers jours de décembre 1277 ; soit, craignant eux-mêmes pour leur vie, beaucoup plus tard après un long séjour sur l'île de Chypre et autres raisons.

A l'extrême, Aymar de Roussillon archevêque de Lyon, fut informé de leur retour, par le légat du pape à Paris avant 1281. On se posera quelques questions sur le comportement d'Aymar vis-à-vis de son frère. Respectant la loi du silence, on se demanderait pour un peu, s'il avait eu vent de la disparition de son frère. Archevêque, il avait comme suffragant, l'évêque de Tyr ! Il devait au roi le respect certes, mais devait lui en vouloir de son laxisme envers Charles d'Anjou. Aymar a pu entretenir un esprit de vendetta. Tôt ou tard, la vérité en catimini est apparue, à travers l'information donnée à son autre frère Amédée là avant l'été 1280. Et puis, je ne l'avais pas écrit, mais Aymar aurait très bien pu démissionner et même se remarier avec sa belle-sœur Béatrix ... d'autres l'ont fait.

Antoine Vachez, en 1904, dans son ouvrage « La Chartreuse de Sainte-Croix-en-Jarez » claironne (p.30) sans l'avoir vérifié : « *trouva-t-il une mort glorieuse dans l'une de ces rencontres de chaque jour* (voir Chorier) *entre chrétiens et infidèles* ? ». Il s'interroge, connaissait-il la vérité. Et d'ajouter : « *ce qui paraît certain, c'est qu'il mourut en Terre sainte vers la fin de l'année 1277* ». On dira entre juin et novembre 1277 et ceci reste à prouver. Il complète abusivement : « *il est vrai qu'on lit dans l'histoire d'Annonay de l'Abbé Filhol (1880) que Guillaume serait mort au château d'Annonay le 21 décembre 1277 et qu'il aurait été inhumé dans l'église Notre-Dame en une chapelle dédiée à Saint Paul qu'il avait fondée et dotée....mais cette assertion est contredite non seulement par du Cange et par Nicolas Chorier, mais encore par le testament de Guillaume qui élit sa sépulture au cimetière de Notre-Dame. D'ailleurs l'auteur ne cite point ses sources qui ont paru d'origine fort suspecte* ». Antoine Vachez n'a rien compris ! Ces 2 auteurs seront contestés dès le 19ème siècle, à juste raison, pour l'absence de références et leurs écrits abusivement romancés.

Antoine Vachez, celui qui mélange toutes les Béatrix de Roussillon, n'apporte rien de tangible envers l'abbé Filhol. Il interprète et c'est tout. Mais quelles recherches a-t-il fait lui-même ? A contrario, Filhol reste crédible, moins suspect que ses contradicteurs qui n'ont fait que plagier Charles du Fresne connu sous le nom du Sieur du Cange. Linguiste philologue, il maîtrisait parfaitement le latin, avait accès aux sources, traduisait sans trahir les secrets d'état sous l'ancien régime.

Nicolas Chorier son contemporain, fut le précurseur du romancier Alexandre Dumas. Par excès d'imagination bouillonnante, il privilégia le sensationnel jusqu'à la débauche la plus effrénée et si cela ne suffisait pas, fut publié sous un prête-nom. Adepte de l'autosuffisance (mémoires publiées en 1868) il interprétait sans aucune gêne. La preuve avec Guillaume, qu'il fait mourir sur un ton emphatique, digne de la tirade du nez de Cyrano de Bergerac : « *sabrant les mameluks en Terre Sainte à qui il inspire la terreur en succombant sous la nuée* ». C'est une ineptie totale et sa plume habile aurait pu éviter cette ineptie pour Sainte-Croix ! Son seul mérite est d'avoir su inféoder un réseau de correspondants locaux communiquant la matière. Il s'est inspiré des Revues du Vivarais des années 1894, 1895, 1898, 1900 et 1901. L'assertion de l'abbé Filhol sur Guillaume est naturelle. Elle s'inscrit dans ses capacités de lecture, de traduction linguistique et de sa formation théologique.

Un rond-point immortalise aujourd'hui cette église d'Annonay disparue, mitoyen à la place de la Liberté. De là part une ruelle pentue conduisant à l'ancien château des Roussillon. Le tracé des fortifications avec les portes délimite l'ancien Annonay du 14ème siècle (voir photo p 161). Ci-après, un plan dessiné par M. François Chomel en 1995 que je remercie. Il corrobore la chronique du chapelain et ne s'oppose en rien à l'inhumation à Annonay dans l'église Notre Dame, où se trouvait le caveau dans une chapelle qui a pu changer de nom dix fois. L'église était au centre-ville au pied du vieux château. De nos jours, les vestiges ont perdu le nom de Roussillon. Il est temps de conclure ce chapitre qui me tenait à cœur, en disant que l'abbé Filhol était un historien sérieux que je compare un peu à l'abbé Vignon de Charly que j'ai bien connu en 1983 dès la sortie de son premier tome qui, âprement discuté, était non discutable. Il a fini non sans mal à en écrire cinq pour la postérité des paroisses de Charly et de Vernaison en Lyonnais.

Jean-François Filhol était de cette trempe. Homme modeste et érudit il décèdera le 13 décembre 1881 à Annonay. Sa foi le contraignit à garder le silence... Son ordination et sa position hiérarchique conseillaient la prévenance. Il ne dévoila jamais ce qu'il avait découvert avant 1880 dans l'église ancestrale. Il a vraisemblablement déchiffré la pierre tombale recouvrant la sépulture de Guillaume de Roussillon, seigneur d'Annonay; tombé dans une embuscade à Acre. Au mieux en la décollant et en faisant glisser la pierre, il a pu voir la **chasse**. L'abbé âgé, ne tint pas de montrer les preuves matérielles, sans risquer les foudres de l'Eglise de Vienne, et les gouailleries de ses jeunes confrères d'Annonay.

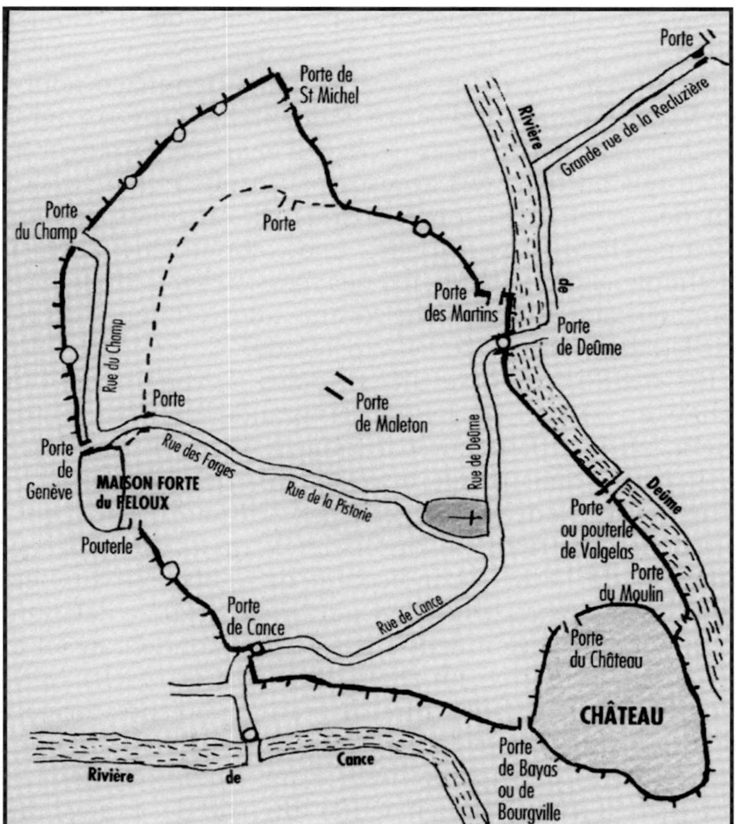

Plan du XIII siècle, la petite olive avec une croix disparaît en 1908 et avec elle, les reliques de Guillaume de Roussillon.

Peut-être aussi de se voir reprocher d'avoir mené des investigations sans l'autorisation de son évêque, comme il fallait le faire à cette époque. Il n'avait pas besoin d'écrits pour appuyer ses dires du même genre que celles du « *Chapelain* » visibles à la Bibliothèque Nationale de France avec le recueil des Historiens des Croisades édité en 1843, ou le Recueil des Historiens Occidentaux édité en 1859. On se doute bien que Filhol n'était pas fantaisiste, ni même l'abbé Bérenger Saunière, curé de Rennes le Château dans le Razès proche de Limoux. Seule similitude entre eux, le mystère et c'est tout. Il n'y a pas de tour Magdala à Annonay (voir photo en couleur).

Filhol traduisant les écrits en latin du 13ème siècle de l'église d'Annonay, il énonce une date précise sur la mort de Guillaume de Roussillon. Les causes de son décès, les responsables et la date de l'entreposage relèvent d'une autre histoire. Dommage pour l'érudit Antoine Vachez qui avant d'écrire et de publier en 1904 aurait dû se rendre à Annonay et constater de visu la chapelle. Béranger Saunière a bien été mis au banc des accusés par la hiérarchie ecclésiastique lorsqu'il découvrit incidemment, nous dit-on, dans son église en 1887, des parchemins roulés dans une colonne, des monceaux d'or ou tout simplement le commerce des messes. De toute façon la suite est rocambolesque. Elle s'affiche comme un cas unique en France qui a permis la mise en scène du Da Vinci Code.

En 1880, Filhol avait 4 tomes à vendre sur l'Histoire d'Annonay en 1880. La loi de la grande muette l'emporta. Il emmènera, un an après leur parution, le secret Roussillon dans la tombe. Il n'avait aucun intérêt à délivrer du sensationnel, sauf à laisser une preuve qui n'arrangeait pas Antoine Vachez, qui éditera l'histoire de la chartreuse de Sainte-Croix, un an après la séparation de l'Eglise et de l'Etat... L'indication de l'abbé est honnête et j'y adhère. Elle corrobore celle d'un autre adepte du Pilat non moins féru en la matière, récemment disparu, Raymond Grau un ami, qui en 2004 habitait Véranne, un petit village près de Maclas (42).

On pourrait presque dire, à 5 ans près, sous l'aspect d'une boutade : *« Et si Béranger Saunière était venu voir son homologue à Annonay ? »*. Cette parenthèse étant faite, on ne comprend toujours pas la cause de l'inaction du roi de France face aux évènements d'Acre en Juin (voir le Tome 2), puis en septembre 1277. L'excuse du conflit Aragonais a bon dos, et ne m'a jamais convaincu.

1276, le cas Pierre de la Brosse

Marie de Brabant, épouse de Philippe III le Hardi, avait 16 ans en 1276. Elle ne supportait plus l'intimité envahissante du favori de son mari Pierre de La Brosse. Lui aussi en ce qui le concernait, pensait qu'elle se mêlait de tout, et les affaires du royaume en pâtissait.

Louis, âgé de 12 ans, fils aîné d'Isabelle d'Aragon, (la première femme de Philippe III roi de France) va mourir d'empoisonnement. Pierre de La Brosse réussit à éveiller les soupçons sur la reine, disant qu'elle allait réserver le même sort aux deux autres héritiers de la couronne si on ne l'arrêtait pas. Avait-il tort ?

Le duc de Brabant, frère de Marie, demandera réparation immédiate face à cette accusation. Sachant le roi faible et borné, il en appelle au jugement de Dieu ! Déboussolé, le roi ne sait que faire. Selon le degré de l'injure, on relevait graduellement le défi au regard d'une échelle, qui allait de la main trempée dans l'huile bouillante jusqu'au tournoi armes à la main, et élimination du vaincu.

C'est alors qu'un témoignage fort suspect va tomber. Emanant de la coterie de la reine: « *on disait que Pierre de la Brosse trahissait Philippe le Hardi en livrant en plus les secrets de son maître au Roi de Castille, Robert II d'Artois, époux de Mathilde de Brabant* » rapportera ces faits en personne. Comme le ciel ne trouvait pas de client potentiel à s'opposer au duc de Brabant en duel et que la « *prophétesse* » de Nivelle doutait, le roi s'émut. Comme dit l'adage : « *si le sourd n'a pas entendu le tonnerre, il verra bien la pluie* ».

Et la suite ne se fera pas attendre. Un moine détenant des courriers confidentiels disait-il, se présenta un beau matin à Meulan (Melun). Il remit au roi en personne une boîte qui fut de suite ouverte. Elle contenait des lettres scellées du sceau de Pierre de la Brosse (vraisemblablement de bons apocryphes rédigés par ses détracteurs). Le roi seul les a lues, puis a refermé la boîte. Elles parlaient « *selon certains* » de fonds secrets payés par l'Espagne et d'autres, indiquant que Pierre de la Brosse avait sciemment empoisonné le fils héritier pour accuser la reine.

La coupe était pleine. Le conseiller tout puissant, « *le riche vilain* » Pierre de la Brosse, l'ancien barbier de Louis IX est arrêté.

Enfermé, innocent ou criminel, il pouvait se brosser... Les barons le condamnèrent à être pendu sans délai et le 30 juin 1278, le corps de Pierre de la Brosse flottait au gibet de Montfaucon sans qu'il n'ait pu se défendre et se faire picorer par les corbeaux !

La reine Marie, manipulée par Charles d'Anjou, exultait. Son frère et Robert d'Artois, assistèrent au supplice. Le comte Roger de Saint Severin ne méritait-il pas le même sort avec les meurtres commis à Acre notamment sur Guillaume de Roussillon ? Patience est mère de sûreté, les déboires arriveront, à chacun son tour.

Suite à l'incident, un changement surviendra à la Cour dans le choix des conseillers politiques. Philippe se décidera d'écouter les recommandations de son défunt père : s'entourer de légistes compétents et formés selon la raison du moment. C'est ainsi que nous retrouverons Aymar de Roussillon, ancien abbé de Cluny, frère de Guillaume et son ami, un certain Pierre Flote, conseiller du dauphin de Vienne dénommé encore damoiseau, à Taluyers en 1280.

L'aventure survenue à Pierre de La Brosse confirme le manque de charisme du roi de France. Un Philippe III qui laisse faire. Selon la chronique de Saint-Magloire : *« L'an mil deux cens septante et huit, s'accordèrent li baron tuit A Pierre La Brosse pendre ; Pendu fu sans raençon (raison) prendre ; Contre la volonté le (du) roy ; Fu il pendu si com je croy »*. On comprendra les soucis et les déboires de Guillaume de Roussillon pour entretenir des rapports sérieux avec un monarque immature.

Janvier 1278, Expédition du Testament

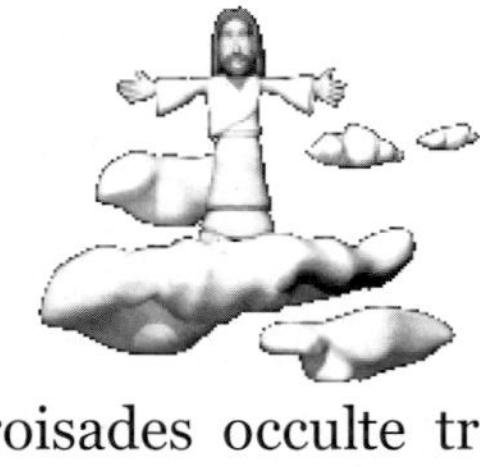

L'histoire des croisades occulte trop souvent le cas de ces milliers de femmes, qui par un coup de cimeterre malheureux en orient, se retrouvèrent subitement veuves et démunies. Dans le cas de Béatrix, l'assassin de son mari si je peux l'exprimer ainsi n'était pas un infidèle mais un archidiacre que jamais personne n'inquiétera de son vivant. Rome et Paris cachèrent le méfait. Guillaume resta impuni et ignoré à Ste-Croix et ailleurs.

En août 1275, Guillaume de Roussillon avait rédigé un testament très précis. Le 3 janvier 1278 à la requête de Béatrix, l'official de Vienne fera expédier en forme solennelle le testament et ses codicilles dans lequel Artaud est institué principal héritier. Antoine Vachez, selon les sources d'Emmanuel Nicod l'historien des Revues du Vivarais énumère consciencieusement ses 8 enfants à la manière des barons du Nord, c'est-à-dire sans respect de l'âge, les hommes en premier.

Il dicta les volontés à l'aîné, Artaud, le 5ème du nom de la lignée à charge de seconder sa mère (ce qu'il fit d'ailleurs) en vendant certains biens. Les obligations d'entrer dans les ordres seront stipulées à quatre d'entre eux. Béatrix née de la Tour, devait parer au plus pressé et son entourage sera momentanément présent.

Son frère Humbert était marié à Anne, la sœur aînée du dauphin Jean Ier du Viennois lui succédera en novembre 1281. Il épaulera administrativement sa sœur dans les actes de donation de Sainte-Croix-en-Jarez. Béatrix se retrouvait veuve à 35 ans à peine avec autant dire 7 enfants à charge qu'il fallait caser.

Antoine Vachez a présenté Aymar de Roussillon l'archevêque, son frère comme l'aidant financièrement ! Cette remarque s'appuie sur un acte daté du 22 janvier 1278, mentionnant une somme dérisoire de 30 livres viennoises à verser pendant 2 ans, en avance du revenu du château de Nervieu. Comment pouvait-elle survivre avec 30 livres par an, alors qu'il lui aurait fallu 3000 livres ! Trente livres était le prix d'un cheval et Béatrix avait 8 enfants, des châteaux, du personnel et des chevaux à entretenir. On dira que ce geste n'a rien d'un secours, c'est une aumône d'Aymar, qui alors à cette époque, frappait sa propre monnaie... Béatrix et son fils compteront sur le numéraire d'Amédée de Roussillon qui dans ce domaine, gardera le mutisme.

Amédée de Roussillon se trouva mêlé dès le 22 mars 1278, au titre d'évêque de Die et de Valence à un grave conflit. A l'origine, Humbert de la Tour et le duc de Bourgogne grand chambrier de France se disputaient la régence de la tutelle du dauphin Jean. Bien entendu, derrière ce problème, se cachait la possession du Dauphiné. Le prétexte concernait la suzeraineté des châteaux de Crest, Aouste et Divijeu (?). Le roi arbitra et délégua son pouvoir au sénéchal de

Frances Humbert de Beaujeu, une ancienne connaissance des Roussillon.

Amédée entrait dans un cycle infernal de procès, de prétentions, d'arrestations arbitraires, d'alliances, et de frondes sur ses domaines. Il devra assurer en plus le siège vacant de l'archevêque de Vienne Guy d'Auvergne décédé au mois de février 1278. Les 2 frères de Guillaume, Aymar et Amédée se retrouveront simultanément à la tête des 2 Eglises importantes au centre du royaume, Lyon et Vienne. Belle progression en 4 ans !

Désirant rester sur l'enquête initiale de mon ouvrage sur cette affaire Roussillon, on ne peut mentionner tous les actes relatifs à cette famille ou alliés tirés des Regestes Dauphinois du chanoine Ulysse Chevalier. Imaginez ce que représente un échantillon de 36733 manuscrits. C'est une œuvre monumentale présentée en 7 volumes. Une mine de textes moyenâgeux, alliant clarté et précision dans la traduction et les dates. Cette œuvre débutée en 1913 prendra logiquement du retard avec la guerre. Elle s'achèvera en 1923. Je disséquerais les plus pertinents, quitte à bouleverser la chronologie des évènements connus.

Le Tome III des Regestes Dauphinois fourmille de manuscrits concernant Amédée de Roussillon. Il était profondément affecté par le décès de son frère ce qui je crois, le rendit belliqueux envers les Anjou. On fait peu de cas de Béatrix, mais suffisamment pour voir qu'elle a dû résister au remariage imposé par sa propre famille, de la Tour (du Pin) et de Coligny. Dire qu'elle voulait se retirer au calme (*après avoir élevé ses enfants*) est une hypothèse saugrenue, à moins de l'avoir vécu. Aucune indication de date précise ne figure à son sujet. Il y a certainement une toute autre raison, qu'elle ne pourra jamais confier à personne. Les actes que j'ai parcouru, donnent le sentiment que Guillaume vit encore après 1280, mais où ?

Rien ne s'oppose à ce qu'il soit vivant, d'ailleurs pour envoyer des subsides. D'autres auteurs régionaux écrivant à ma place l'auraient certainement fait revenir... pas moi. Il disposait de moyens financiers comme d'un réseau d'expédition rappelez-vous à Saint-Jean d'Acre. Béatrix subira un choc « *financier* » entre 1278 et 1280, un tassement de ses revenus tout en palliant selon ses propres dires, aux nécessités de sa position difficile. Mais après, où a-t-elle vécu si elle ne décède pas ?

Elle se résigna au veuvage et ne se remaria jamais. Son fils aîné Artaud, non sans mal, prendra en mains les fiefs des Roussillon soutenu par ses oncles paternels Aymar et Amédée évêque de Valence et de Die, qui disposaient de 2 petites armées efficaces. Du côté de sa mère, Hugues son oncle, aîné des de la Tour, était sénéchal de Lyon. Le second, Humbert seigneur de la Tour du Pin, était militairement encore plus puissant. Futur dauphin, il ne reculera devant rien. Il pouvait mobiliser à souhait, sur la place de Vienne, environ six cent hommes selon les nécessités du moment et le contexte régional.

Discorde entre Humbert de la Tour et Amédée de Roussillon

Le dilemme pour Béatrix et son fils Artaud se résumait au fait que l'entente ne régnait pas entre leurs familles. Entre Amédée et Humbert, la colère grondait. Ses deux entités avaient des puissances militaires de sensible valeur. Fallait-il se battre pour la possession de petits châteaux composant des suzerainetés Viennoises et Valentinoises ? Réagir aux querelles attisées par le roi de France, les comtes de Savoie, les comtes de Poitiers, sous la tutelle de Charles d'Anjou, alors âgé de 51 ans, était risqué.

Amédée assurant l'intérim de l'Eglise de Vienne ne voulait laisser perdre aucun pouce de territoire pour le prochain archevêque. Son pouvoir ne pouvait pas être amputé. Il le restituera intact, au pire, il grignotera celui des dauphins, défendus bientôt ardemment par Humbert de la Tour. C'est, sur ce point-là, que résidait la pomme de discorde.

Le 15 mars 1279, les deux parties réaliseront enfin que la stérilité de leurs luttes. Ils décideront de se retrouver entre Anjou et Roussillon, terre des cousins, autre branche des Roussillon, s'en remettant à leurs parents et alliés pour terminer la guerre entre eux. On se retrouvait en famille face à l'incontournable Aymar archevêque de Lyon, Guigues de Roussillon seigneur de Serrières et Bertrand de Lavieu chanoine de Lyon (frère présumé de celui qui avait donné Annonay à Guillaume). Artaud vivant mal ce conflit familial est absent comme il le sera encore à Taluyers.

Si aucun accord ne fut trouvé, une trêve de 3 mois fut acceptée. Les seigneurs très versatiles ne s'embarrassaient guère de préliminaires. La prison et le raffinement dans les tortures existaient dans le Rhône comme à Nîmes ou Aigues-Mortes. Le parcours d'Humbert de la Tour ne fut pas moins tumultueux que celui d'Amédée.

Humbert de la Tour, frère de Béatrix finira par épouser sa cousine. Il avait connu auparavant d'autres aventures et pas mal bourlingué. Ses quatre frères et sœurs lui céderont entièrement l'héritage afin d'être à la hauteur d'Anne d'Albon du Viennois qui devait absolument convoler avec un époux digne de son nom.

Ils se sont mariés en 1273. Anne décèdera en 1298, Humbert en 1307, en même temps que sa sœur Béatrix (selon les chartreux sans aucune preuve là encore (voir impérativement le Tome 2).

Humbert avait débuté sa carrière ecclésiastique comme chanoine au chapitre de Notre-Dame de Paris. Il deviendra peu après chantre à l'Eglise de Lyon. En décembre 1266, on le retrouve doyen du Chapitre de Clermont (Ferrand). En 1270, il viendra à Vienne et occupera le même titre pendant 3 ans. Mais le célibat n'était sa vocation ; En 1273, il renoue le contact avec sa cousine Anne qui sut trouver les arguments pour lui ôter la mitre... Le fait est authentique.

Béatrix écrit à la Chartreuse de Valvert

En mars 1280, Béatrix de Roussillon, veuve de Guillaume seigneur d'Annonay, va dicter (*nous dit la légende*) ses volontés (*) ; au prieur Jean de Louvoyes de la chartreuse de Paris établie dans l'ancienne forteresse de Valvert. Elle indiquait qu'elle avait eu un songe miraculeux et répétitif : *« qu'une certaine nuit de sommeil une magnifique croix d'argent nous apparut ayant autour d'elle de belles et brillantes étoiles »*....Une autre nuit, alors qu'elle demandait à la mère de Jésus-Christ *« une consolation à sa grande douleur, elle eut la même vision. »...« et les étoiles se dirigèrent vers l'endroit où devait être fondé notre monastère »...*

(*) Aucune preuve manuscrite de ce courrier n'a été apportée.

De là, elle se leva, fit préparer son cheval et celui de l'écuyer et suivit les étoiles... Arrivée sur le lieu qu'elle affirmera ne pas connaître, le propriétaire l'attendait (Lavieu) : « *il avait eu le même songe et qu'elle viendrait ce matin même* »... Et le récit devient une chanson de gestes. : « *Il accepta de vendre son domaine aux deux hommes prudents et sages* (notaire et maçon), *car précise-t-elle, le susdit possesseur nous (*lui*) devait anciennement hommage »... « C'était un vendredi, alors nous primes là notre réfection et c'est alors qu'arriva cette fois–ci toujours par hasard un maître tailleur de pierres au service du comte de Savoie !... Il se présenta à elle en pensant qu'elle voulait fonder une maison de l'ordre des Chartreux ! Ce langage me (*Béatrix*) détermina à faire le prix avec lui... Quoique nous n'eussions que peu d'argent; nous avions (*j'avais*) des enfants et autres charges, mais pourtant avec l'aide de Dieu le produit de nos revenus a suffi à faire face. »*

Hormis le coté chimérique fréquent à cette époque, les faits se contredisent un peu. Béatrix donne l'assurance et la volonté de pouvoir financer la construction d'une chartreuse (et d'une résidence secondaire) proche de chez elle et de son château avec l'aide de Dieu !

Elle écrit le latin, sur plusieurs parchemins, première surprise : d'où proviennent les fonds ? Elle ne le souffle mot. Elle dicte, ce n'est certainement pas elle qui écrit en latin. A la limite, la lettre aurait pu être rédigée en franco-provençal ou tout du moins dans le même style que le testament connu et publié de Guillaume. L'authenticité de ce document d'époque et de son contenu est remis en cause. Le texte existe dit-on, dans les annales de la chartreuse de Paris. Qu'on le publie alors, en analysant si le latin est bien celui pratiqué à l'époque.

Jean de Louvoyes est inconnu des anciens chroniqueurs, ajoute Antoine Vachez. J'ajouterais, pour avoir parcouru de long en large les ascendants et collatéraux de Béatrix de Roussillon, qu'il n'y a aucune trace de Louvoyes, ni en Bresse, ni en Coligny, ni en Bourgogne, ni en Dauphiné, ni en Savoie. Nous émettrons une réserve pour cette dernière branche. Par contre, on aurait pu y trouver les noms de Jean d'Apponay ou Roger de Vauvert.

De toute manière, la lettre de Béatrix est l'œuvre d'un copiste cartusien antérieur à Jean de Louvoyes lui-même. Il ne chercha pas la postérité et effectua bien d'autres transcriptions comme celle de réclamer le 23 octobre 1274 à Edouard roi d'Angleterre, de continuer à faire don au prieur et aux frères chartreux, comme son père, du don annuel de 50 marks d'argent qu'il ne payait plus.

Antoine Vachez va plus loin dans son explication. Jean de Louvoyes a été révélé dit-il, par le chartreux Dom Maillet qui écrivait au 18ème siècle: «*Son travail encore inédit a été conservé pour la plus grande partie jusqu'à nos jours* (en 1904) *dans les archives de la grande Chartreuse. Le premier volume* (je suppose celui intéressant Sainte-Croix) *se trouve certainement à la bibliothèque cantonale de Fribourg en Suisse* » près d'Yverdon où se trouvait le château de Natalis Rondot à Chamblon, celui qui a essayé d'identifier les peintures murales de Sainte-Croix...

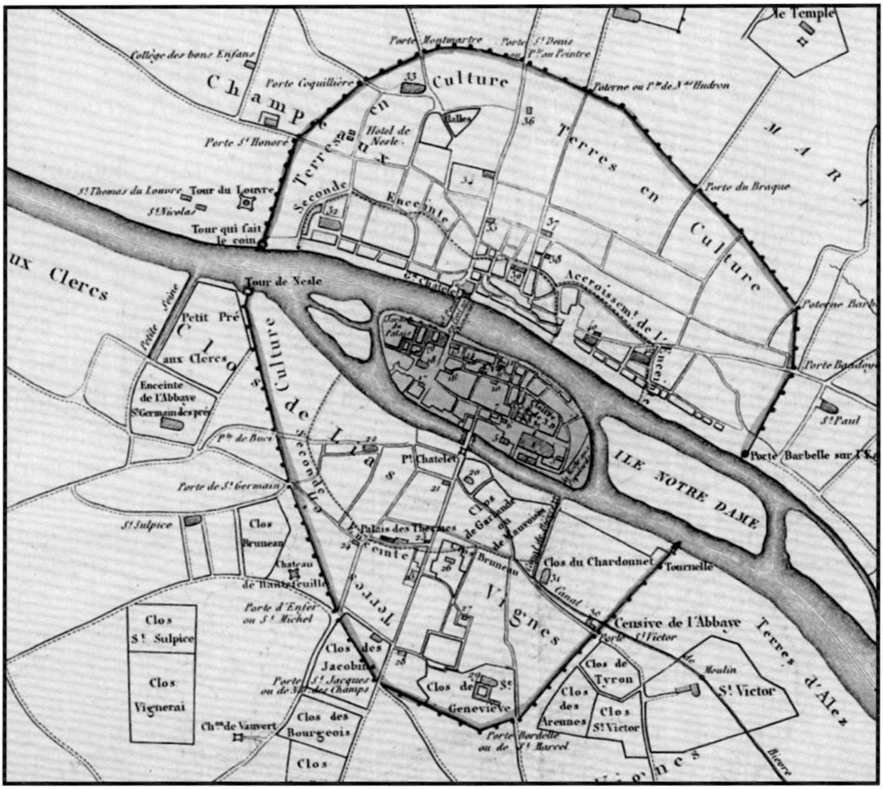

Le petit rectangle juste au-dessus, côté gauche, ruines du Château de Valvert en 1250 entouré de clos de vignes.

Prenons acte, et espérons que ce document y soit encore. L'expulsion manu militari des chartreux le 29 avril 1903 de leur monastère a-t-elle brouillé les cartes ? Difficile à admettre et si le document a pris des ailes c'est pour une toute autre raison. Avis aux amateurs, la découverte de ce parchemin serait capitale dans notre enquête. Il aurait pu prendre le chemin de Tarragone en Espagne comme la célèbre formule de l'élixir de longue vie, qui elle aussi a vu le jour à Valvert (Vauvert) en 1605. Décidément, Valvert est un lieu superstitieux. Le plan précédent indique clairement l'emplacement initial du château avant l'arrivée des chartreux.

Il est vrai que l'ombre du diable flottait sur ce château délabré jusqu'à leur venue. Moins naïfs que les ouailles parisiennes, ils occuperont les ruines « *sans aucune crainte et entrèrent le jour de St Colombin, le premier abbé, le 21 novembre 1258* ». On nous dit que pendant trois jours et trois nuits « *continuellement en prières faisant procession par ledit hôstel et priant notre seigneur que par l'intercession de la benoiste Mère luy plust d'icelui lieu chasser tous les mauvais esprits* ». En guise de diable, c'étaient les brigands parisiens qui avaient squatté les lieux comme on dirait de nos jours.

La présence des innombrables souterrains que les chartreux eux-mêmes réhabilitèrent avait suscité la peur et le mystère grâce aux feux allumés par les voleurs et faux monnayeurs à travers les ruines. Peu importe les textes, Béatrix favorisera l'implantation (voir pièces justificatives) de la chartreuse de Sainte-Croix-en-Jarez (t) grâce à Valvert dit la légende. Si la crédibilité du songe est à récuser, celle de l'existence du texte est plus ou moins probante en 2013. A cela trois raisons :

- la première, il fallait semble-t-il à Béatrix un abri sûr dans cette chartreuse, un lieu de retraite pour prier seule en toute quiétude.
- La seconde, pouvoir nommer le premier prieur, à savoir le profès de Paris, Ponce de la Sablière. Cela semble anodin, mais en fait, il fallait un « *surveillant de travaux* » qui maîtrise les coûts. Le vœu lui sera accordé en mars 1281.Pourquoi a-t-elle écrit à Valvert et pas ailleurs ? A cela plusieurs raisons. Le prieur est son parent et cette chartreuse a été fondée grâce au concours de son oncle, Bernard de la Tour.
- La troisième raison n'est pas anodine. Une congrégation de cinq religieux de Valence attira l'attention de Louis IX (le futur Saint-Louis) au retour de la 7ème croisade en 1254. Il les convia à monter à Paris en 1257 afin d'y fonder un couvent dans l'ancienne forteresse royale de Vauvert en ruine, construite sous Robert dit le Pieux.

En 1280, l'évêque de Valence est Amédée de Roussillon. Si Béatrix voulait fonder une chartreuse dans le Pilat, il ne pouvait qu'approuver. Le frère de Béatrix, Humbert de la Tour ancien chanoine de Paris avait conservé des attaches, notamment auprès du légat Simon de Brie et futur Pape…

Ce dernier connaissait Béatrix par son mari disparu. Il est temps de préciser ce commentaire : *« Si la traduction du manuscrit faite par un chartreux atteste la date de 1280, rien n'établira que ce texte a été écrit à ce siècle »*.

Il s'agirait d'un faux tout simplement enjolivé au 17ème siècle, ceci, afin d'éviter que des néophytes du Pilat prennent l'idée de faire des recherches. Peines perdues, de nos jours, l'histoire de la création de la Chartreuse continue d'alimenter la chronique et oblige les guides à moduler leurs visites.

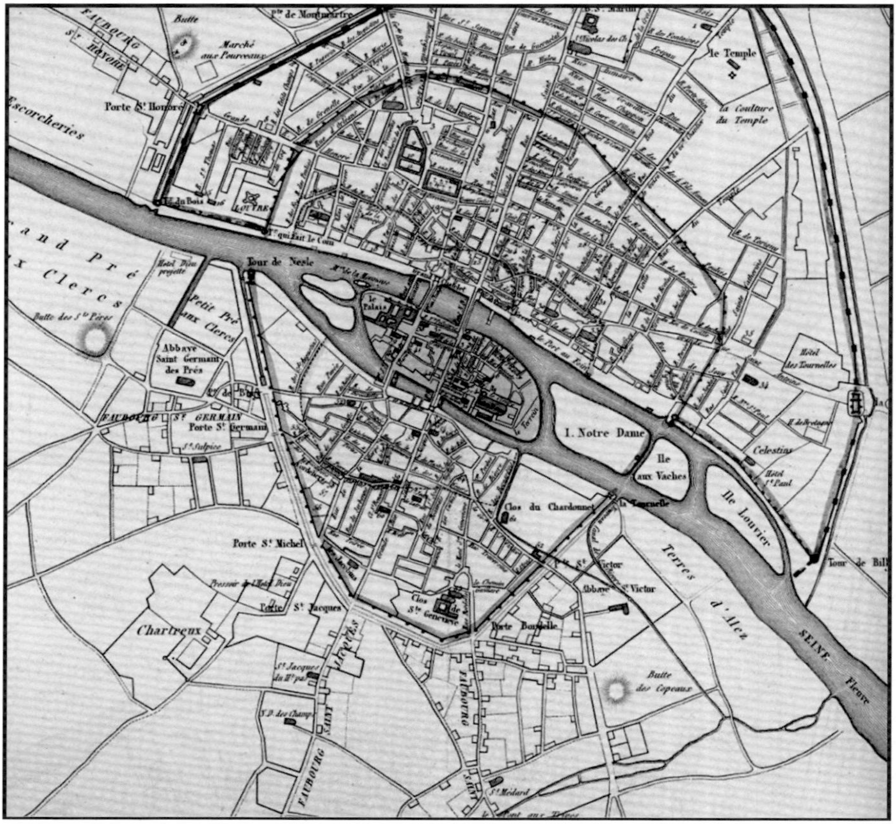

Au 16ème siècle, le domaine des Chartreux jouxtait le parc du futur palais d'Orléans avec le petit Luxembourg. Voir la partie inférieure à gauche la légende très lisible.

Traité fait à Roussillon par Artaud seigneur d'Annonay

Le 28 mai 1280, un traité d'alliance se tiendra dans le château de Roussillon (l'ancien) avant le jour de l'ascension, entre Artaud seigneur du lieu et ses oncles Aymar et Amédée. Ils s'allieront à Roger de Clérieu renonçant en sa faveur à toutes les donations consenties par feu Silvion de Clérieu, père de Roger, tant à eux-mêmes, qu'à feu Guillaume père d'Artaud.

Le château de la Roche de Glun passa au bénéfice de Silvion de Clérieu. Silvion était celui qui avait été condamné et emprisonné par ordre de Louis IX du fait qu'il arraisonnait, depuis son château, les convois destinés aux croisades descendant le Rhône.

Ce château avait été assiégé et confié temporairement à Guillaume de Roussillon à la demande du dauphin Guigues. Les armes Delphinales surmontaient alors son donjon. Ce service rendu par Guillaume de Roussillon a-t-il facilité la donation du vieux château d'Annonay ?

Soriano en Italie 8 juin 1280

Et notre Amédée continuait de faire feu de tout bois à tous ceux qui lui cherchaient querelle. On le retrouvera le 8 juin 1280 dans un acte chargé de reproches que lui adresse personnellement le pape Nicolas III depuis Soriano.

Celui-ci parfaitement instruit du sort de Guillaume de Roussillon n'appréciait pas outre mesure Charles d'Anjou. Les termes de son courrier furent pesés. C'est par lui que transiteront les informations venues d'orient sur Guillaume de Roussillon. On n'en dira plus autant sur son successeur, Simon de Brie, futur Martin IV et suppôt de Charles d'Anjou.

Que reprochait en fait Nicolas III à Amédée ? D'avoir trop bien rempli la mission demandée par son parent Thomas de Savoie : *«arrêter au moment de la remonte sur le Rhône, le marquis de Montferrat »*. Aussitôt dit aussitôt fait. Amédée, courant avril, jettera tout le monde en prison. Nicolas III sera très en colère en juin. Amédée en rajoutait un peu trop. Le pape recommandera donc à tous les archevêques de le surveiller. Amédée exerçait toujours par intérim la fonction d'archevêque de Vienne. Nicolas III exigea de faire sortir ses prisonniers des cachots de Valence où ils croupissaient depuis 2 mois. Il fut menacé d'excommunication et, pire, de lui retirer sa dignité épiscopale !

Tout le monde s'en mêlant, ça va s'arranger pour Amédée qui recevra même des remerciements de Guillaume de Montferrat le 10 juillet, pour sa prompte libération ! Du côté du pape, ce coup de sang lui sera fatal ; Il mourra d'une crise d'apoplexie le mois suivant.

Fronde contre les Roussillon

Le 30 Juin 1280, Humbert de Beaujeu, seigneur de Montpensier, connétable de France, profitera de la faiblesse momentanée du clan Roussillon pour donner des conseils à sa famille et intervenir dans le conflit Valentinois. On retrouvait donc ces deux familles antagonistes, dans un acte d'alliance offensive et défensive, passé entre Louis de Beaujeu seigneur de Monferrand et Adémar de Poitiers, à Paris, contre Aymar archevêque de Lyon et Amédée évêque de Die et de Valence.

Il est à noter que, dans le même temps, courant septembre 1280, Humbert de la Tour frère de Béatrix passe des accords pour échanger des mouvances avec Louis, sire de Beaujeu. Et en définitif, comme c'était souvent le cas, tout finira par un mariage...

Blason de Louis de Beaujeu neveu de Guillaume de Beaujeu. On noter l'absence du lambel sur le blason du grand Maître du Temple. **(Voir le 4ème de couverture)**

Signature de la fondation de la Chartreuse de Sainte-Croix-en-Jarez au prieuré de Taluyers sans Béatrix

Le 24 février 1281 (n.st) le contenu de la légende se concrétise. L'irrationnel cède le pas au pragmatisme. Les légistes et les mécènes vont se réunir dans le prieuré de Taluyers afin de parapher un acte : *« Béatrix de la Tour dame de Roussillon et d'Annonay veuve de Guillaume de Roussillon donne à l'ordre des Chartreux la maison qu'elle a construite (1) dans la paroisse de Pavezin (Paveisin) s'en réservant la jouissance plus le terrain contigu (2) pour y établir un couvent de l'ordre en l'honneur de la Sainte Croix ».*

La Grande-Chartreuse au 18ème siècle près de Grenoble dans le massif du même nom.

« Elle fait don en outre de ce qu'elle possède dans cette paroisse, d'un domaine à Trèves et dans le mandement de Roussillon, à Sury-le-Comtal et la moitié d'un domaine à

Vercieu...etc. Fait dans le cloître de Talluyes (3) en la fête de St Mathias : présents (pour son mari défunt) Amédée de Roussillon (4) évêque de Valence et de Die, Etienne abbé de Savigny (dont dépend le prieuré de Taluyers), H. élu de l'abbaye de St Chef (Aymon selon Vachez), d'Hismion prieur de la Chartreuse du Val St Jean en Esclavonie (5), d'Etienne de Meyzériat (6), Pierre Flotta damoiseau (7) »

En mars de la même année : *« à la demande d'Amédée évêque de Valence et de Béatrix dame de Roussillon, Ponce Sableri est établi prieur de la chartreuse de Ste-Croix (en Jarez) pour 5 ans. »* Sans autre indication de sa date d'arrivée, le texte est intéressant sur plusieurs points et mérite quelques éclaircissements.

(1) Elle reconnaît posséder en ce lieu une habitation. De là à penser que ce fief appartenait également à Artaud de Lavieu stipulé sur l'acte V p267 joint au livre de Vachez. Ceci confirmerait l'appartenance du château d'Annonay aux Lavieu (*cousin des Roussillon*) légué en 1270 aux Roussillon. Ceci expliquerait également la méconnaissance de ce lieu de Pavesin (*devenu Sainte-Croix*) par la châtelaine Béatrix lors de la disparition de Guillaume.
(2) La construction de la chartreuse s'érigera en mitoyenneté de l'habitation de Béatrix, qui conserve son usufruit. Les travaux débutent à cette date. On doit compter au moins 3 ans pour la rendre habitable, à savoir, logis, chapelle, cloître et réfectoire.
(3) L'implantation du prieuré de Taluyers était adaptée pour rédiger un tel acte et compter en toute quiétude les écus. La distance à parcourir était faisable en une journée. La tutelle alors exercée par les abbayes de Savigny et Cluny sur le prieuré explique le choix.
(4) Pour les Roussillon, Amédée sera le véritable mécène, l'un des hommes « *prudents* » cité dans la légende de Béatrix.
(5) À partir du 13ème siècle, la vénérable université de la Sorbonne devint un pôle d'attraction culturel et religieux. Les jeunes clercs dominicains et franciscains de Hongrie, d'Esclavonie, de Bosnie et de Croatie ne restèrent pas indifférents à notre culture.
Les chartreux, nouvellement installés à Valvert (Paris) ne sont pas en reste d'érudition et imitèrent leurs aînés. On ne doit donc pas être surpris de la présence d'un observateur (*un témoin rémunéré*) chartreux lors d'une donation de cette importance.
(6) Conseiller envoyé par le prieur Boson par la Grande Chartreuse.

(7) Pierre Flote le damoiseau, jeune noble du Dauphiné. Devenu chevalier, légiste et conseiller juridique, il secondait Humbert de la Tour et viendra épauler Béatrix, sœur d'Humbert. Garant du financement de la chartreuse et apportant son dû, il est le deuxième homme « *prudent* » selon la légende de Béatrix.

Par contre, si vous faites le rapprochement avec le premier légiste de Philippe le Bel plus tard, **Pierre Flote, c'est lui.** C'est effectivement la même personne. L'acte de Taluyers revêt un intérêt tout particulier, bornant les débuts de cette carrière extraordinaire (*2ème personnage du royaume*). Elle se recoupera un jour avec le futur dauphin du Viennois, Humbert de la Tour et avec Artaud de Roussillon son neveu. Je ferai de lui une brève biographie.

La vie s'organise en Orient sans Guillaume

Nous devons revoir le passé en évoquant des dates qui intègrent nécessairement le calendrier pascal en vigueur en Orient. Si le champ est désormais libre pour Charles d'Anjou, les conséquences politiques sur le terrain furent toutes autres. Rien ne se déroulait comme prévu après que ses émissaires venus des 2 Sicile aient traversé la péninsule balkanique pour se rendre à Lyon et négocier secrètement l'achat de la Couronne de Jérusalem.

Il y avait eu l'élection du pape Grégoire X en 1273, favorable à une 9ème croisade. Ce pape avait apparemment sauvé la face. Il avait réussi de bric et de broc l'union des Eglises Catholiques Romaine et Orthodoxe. L'événement avait été proclamé solennellement, du moins comme tel, au concile de Lyon en 1274. Les émissaires de Michael Paléologue avaient promis timidement de se soumettre à Rome sans plus.

La trêve passée entre le souverain Byzantin et Charles d'Anjou en 1275 ne tenait plus que par un fil. Guillaume de Beaujeu, fraîchement élu Maître du Temple avait dès son retour à Saint-Jean-d'Acre opté à sa manière pour un parti. Guillaume de Roussillon, fidèle au roi de France et au pape était arrivé avec ses propres idées et son ordonnance explicite, mission qui le désignait comme future victime comme on le verra... Le souverain pontife décédé en 1276 inhibera le processus engagé d'organiser une nouvelle croisade. On peut même se poser des questions sur sa brutale disparition. Charles d'Anjou, fidèle à lui-même, se réjouit et ranimera ses funestes projets. Entrer en possession du royaume de Jérusalem n'était pour lui qu'un tremplin idéologique pour se rapprocher de son but, Constantinople et de là, renverser Michel Paléologue.

Il enverra en Syrie en 1277, comme nous l'avons écrit, le comte Roger de San Severino, dont les ancêtres Normands avaient asservis la Sicile. Il plantera sa bannière sur le château de Saint-Jean-d'Acre grâce à la traîtrise des templiers qui poursuivaient l'objectif de se maintenir outremer contre vents et marées.

Guillaume de Roussillon et son chapelain disparaîtront de la scène politique et des chroniques d'Acre. Nous en étions restés là. Le nouveau titre honorifique de roi du royaume de Jérusalem laissait à Charles d'Anjou un goût amer.

La principauté d'Achaïe en Péloponnèse

Pour diverses raisons liées aux précédentes croisades, les Villehardouin présents en Grèce Péloponnèse descendaient du célèbre chroniqueur du même nom connu au début du 13ème siècle. Son neveu, Geoffroy de Villehardouin avait taillé cette principauté à grands coups d'épée dans l'empire latin de Constantinople. Ils furent les rares nobles à garder héréditairement la gestion de la Morée.

Guillaume de Villehardouin, prince d'Achaïe décédera le 1er mai 1277. Sa fille aînée Isabelle, âgée de 14 ans héritera. Guillaume de Villehardouin qui avait été auparavant sans cesse menacé par l'empereur Michel Paléologue, en appellera à Charles d'Anjou pour les secourir, qui ne fera pas prier.

Il s'engagea à mettre une armée au service de Guillaume et reçut en compensation de Baudouin II, outre des cessions de territoires dans l'Empire, la suzeraineté de la principauté d'Achaïe, jusque-là possédée par les empereurs latins de Constantinople.

On n'oubliera pas de stipuler que Philippe d'Anjou, âgé de 15 ans, deuxième fils de Charles d'Anjou, épouserait Isabelle la fille aînée de Villehardouin et qu'il succédera au décès de Guillaume sur la principauté. Charles d'Anjou ne laissait rien perdre.

Durant la souveraineté de Guillaume de Villehardouin, une tranquillité relative régna en ce lieu. Michel Paléologue, occupé à lutter chez lui contre le despote d'Epire et se prévenir des prétentions de Charles d'Anjou, renonçait temporairement à la Morée.

Philippe d'Anjou ne devait en fait jamais entrer en possession de son État. Il mourut au commencement de l'année 1278 et sa veuve Isabelle qui résidait à Naples auprès de son beau-père restera seule héritière (douaire) légitime de la principauté d'Achaïe. On la remaria sans son accord à un jeune prince issu de la famille de l'empereur Baudouin jadis comte de Flandre, Florent de Hainaut, fils de Bouchard d'Avesnes et d'Alix de Hollande.

Pour l'heure, Charles d'Anjou doit faire administrer le pays par un bailli sûr et fidèle. Vous avez deviné maintenant son nom bien sûr ? Roger de San Severino recevra l'ordre de quitter Acre incognito fin janvier 1278, afin de prendre possession de la principauté d'Achaïe au nom de la belle-fille de Charles d'Anjou, Isabelle de Villehardouin.

Ce fait explique l'impunité dont bénéficia le bailli Roger de San Severino après ses 3 meurtres commis pourtant à Saint-Jean-d'Acre. Son statut d'ecclésiastique lui assurait l'immunité. C'était l'homme le plus puissant, représentant le roi du royaume de Jérusalem en l'absence du monarque qui brillait par absence à Acre.

La déconvenue des Templiers...

On peut imaginer la déconvenue de Guillaume de Beaujeu en 1278 à voir le départ inopiné du bayle. Ceci ne faisait pas partie des plans initiaux. Si le Maitre du Temple était puissant sur le papier, il devait assumer son attitude impartiale prise antérieurement. Mieux, le voici discrédité en Orient par le nouveau pape Nicolas III qui remettra en cause les nominations passées à Acre par Charles d'Anjou et relevant du pouvoir de Rome.

Guillaume de Beaujeu désabusé, doutant de sa bonne étoile, changera de stratégie. Mais le mal était fait. Si l'Histoire en 1307 lors des arrestations des miliciens du Temple n'a pas retenu l'épisode passé, les reproches ou la notion de «crimes » contre l'humanité pour l'impartialité du Temple à Acre en 1277 a filtré dans les griefs impartis à Jacques de Molay. Les templiers étaient des chevaliers croyants absolus, prêts à donner leur vie, des chercheurs de Dieu et d'héroïsmes. Ces marginaux avec leur milice réussiront à imposer une discipline de fer. Elle leur permettra d'assouvir des ambitions plus ou moins ratées. Tel était le cas ici.

A leur décharge et à l'image du Grand Maître, il fallait une fameuse dose de caractère pour côtoyer la mort quotidiennement, parfois perdre le sens des valeurs et ne jamais reculer. Penser que prisonnier des infidèles, on n'échappait pas souvent à la décapitation. On devait poursuivre le combat même en état d'infériorité afin de ne pas être accusé de péché mortel et finir en enfer ! C'était la pensée unique du Templier combattant.

En fait, les Templiers, même avec un ost aussi puissant soit-il en orient, n'avaient plus beaucoup d'alliés hormis les Vénitiens pour commercer et conserver la suprématie de leur flotte. La brouille était ancrée avec les Hospitaliers et les Teutoniques. Le mal était irréversible depuis longtemps. En 1278, la ville de Saint-Jean-d'Acre sera dirigée par une collégiale où chacun exportera et sauvera désormais ce qu'il pourra.

Cette période cruciale, favorisera l'exode des « *trésors* » qu'exporteront autant les galères du Temple que celles des Hospitaliers, sur Chypre, Rome, la Sicile et le royaume de France.

En l'absence de croisade, les templiers entamaient paradoxalement une époque où ils seront à l'apogée de leurs richesses. Ils achèteront à outrance pour faire de bonnes affaires, arrondir leur domaine dans une France « ruinée » par d'autres guerres. En accapareurs intelligents, avisés et obstinés, ils thésauriseront les métaux précieux. Mais les nuages s'amoncelaient sur eux, jalousie aidant, les critiques devinrent acerbes. Une certaine convergence idéologique entre l'Ordre et l'hérésie hantait les esprits mal intentionnés.

1278 en Syrie
les successeurs de Baybars

En août 1277, soit 2 mois ½ après la disparition officieuse de Guillaume de Roussillon, le sultan Baybars décèdera d'une blessure lors d'un combat contre les Tartares, diront les Musulmans. Son fils Berke en 1278 trop jeune et manquant d'expérience militaire, ne pouvait gouverner. Les croisés se réjouiront trop vite de cette aubaine.

En 1280, il sera déposé par Al Mousur Kalahun qui suivra la ligne de son prédécesseur. Il deviendra le plus redoutable fléau des colonies chrétiennes. Mais Kelaoun (Kalahun) va être bon joueur ; se laissant gagner par des relations privilégiées, qu'il entretiendra avec le Temple, notamment avec Guillaume de Beaujeu.

Le sultan ne pourra éviter la pression des émirs qui lui demanderont de mettre un terme à la présence franque en Syrie. Il leur rappela qu'il existait un traité valable 10 ans ne pouvant pas être remis en cause sans risque. Et en définitif, l'expulsion des chrétiens d'Orient, n'était tout compte fait pas la meilleure solution pour le développement du commerce musulman.

Les Vénitiens et les Templiers, instruits de cette dégradation, réitèreront des propositions commerciales avantageuses pour développer le trafic maritime, afin de montrer leurs bonnes volontés. Pour ce faire, ils accueilleront des marchands Damascènes et des musulmans d'autres contrées. Les parties en présence s'épiaient. Ça sentait le soufre et cette situation pouvait s'éterniser sans l'apparition d'un nouveau foyer de révolte. Les Templiers comprenaient qu'ils s'étaient fait jouer, que les renforts étaient terminés.

La ville de Tripoli (Liban) risquant de tomber aux mains du sultan, ils pousseront le dessein de vouloir se l'approprier. A la mort de Bohémond VI comte de Tripoli, son jeune fils Bohémond VII était mineur. La régence attisa des luttes de 1277 à 1282 entre Vénitiens et Templiers d'un côté, Génois et Pisans de l'autre. Une fois encore, l'Ordre adoptera une position incongrue pour des religieux.

Le nouveau sultan ne supportant plus cet immobilisme estima que la situation avait assez trainé. Une forteresse le gênait assurément, Margat. Elle appartenait aux Hospitaliers. Ils étaient les derniers à se retrouver seuls, refusant de composer, face à l'Islam. En 1282, le sultan las d'attendre, enverra ses escadrons provoquer et tâter le fort. Véritable verrou sur la côte, la forteresse bloquait toute pénétration sur le comté de Tripoli par la voie terrestre.

Les Hospitaliers réagirent immédiatement, firent mine de reculer devant ces provocations pour mieux les décimer. Le sultan perdit 5000 hommes. Il mettra trois ans à ruminer sa vengeance et réapparaîtra en 1285 au pied du roc de la forteresse avec cette fois-ci 40 000 hommes.

Il débuta un siège traditionnel dans toute sa splendeur, avec des pertes énormes. Rien ne bougeait. Les Hospitaliers, et leur Grand Maître Aragonais, restaient inébranlables. Le sultan Kalahun voulait gagner du temps. Les hospitaliers trouvaient étrange cet acharnement qui ne leur causait plus aucun dommage.

Mais pourquoi direz-vous ? Au bout de 20 jours de siège, sans assaut, deux hérauts sarrasins se présentèrent, précédé d'un vieil émir à pied sans arme, mais en robe de satin. Il se nommait Mosfet et demanda à parler au bayle de Caspe, le grand prieur d'Aragon. Ils parlementèrent longtemps. On lui demanda d'aller au fait: *« il faut vous rendre aujourd'hui, je viens de terminer les travaux du siège ».* On se demanda s'il avait bien sa tête. Il continua : *« si vous refusez, demain vous êtes tous morts »*

Le commandeur des Hospitaliers, qui avait peine à se contenir, voulut en finir. N'ayant pas bronché devant les menaces, l'émir invita le commandeur et le prieur à le suivre pour comprendre. Ils sortirent et furent immédiatement entourés d'une horde de sarrasins.

Arrivés au pied du roc nu, l'angoisse allait les envahir. La forteresse de Margat ne tenait plus que par une forêt d'étançons solidement entrecroisés avec un plafonnage de poutrelles de bois pénétrant sous le centre du château.

Une architecture incroyable se montrait à eux. Ils avaient toutes les nuits, par d'immenses corvées silencieuses, vidé les matériaux abattus pendant la journée. *« Maintenant que vous avez vu, voici, sous les bâches, des tonneaux pleins de naphte. Si, à l'ultimatum, vous ne vous rendez pas, ils seront percés. La nappe huileuse se déversera dans la grotte et l'on y mettra le feu. Margat s'enfoncera de vingt pieds en se disloquant. »*.

Les hospitaliers, en hommes sages, se rendirent. Il n'y eut, une fois n'est pas coutume, aucune victime. Après cinq jours de marche, ils allèrent grossir la population de Saint-Jean-d'Acre. Ils avaient perdu la dernière ville qui leur restait en Terre Syrienne. Pour être complet dans ce récit, les musulmans venaient de réussir la technique de sape sur les forteresses et les attaques souterraines inventées par les mongols en Inde.

La chute de Margat fut éprouvante pour les deux ordres religieux qui se voyaient confinés désormais dans le dernier bastion qu'offrait Acre. Ils arrachèrent de nouvelles concessions, le prolongement de la trêve au sultan. Celui-ci bien entendu l'accorda, ne sachant pas comment évoluerait la situation en Sicile et en Aragon.

Il craignait un revirement de tendance, l'union de tous les chrétiens enfin retrouvée grâce au pape Nicolas III.

Sans faire de guerre ouverte aux colonies restantes, le sultan optait pour la mort lente, une destruction inéluctable à moindre perte. Il restait en ligne de mire le port de Lattaquié qui tombera facilement en 1287.

Le comté de Tripoli, le must de la Syrie, succombera en 1289 puis peu après, la cerise sur le gâteau, Saint-Jean-d'Acre. Rien ne pressait, aucun renfort ne viendrait plus d'Occident à moins d'un miracle. Le moindre prétexte donné par les croisés eux-mêmes permettait au sultan de rompre unilatéralement la trêve.

L'Aragon, un enjeu de politique majeur

Un autre évènement aux conséquences imprévisibles touchera à nouveau les Templiers. Guillaume de Beaujeu, mal informé du fait le sous-estimera. Le 26 juillet 1278 à Valence en Espagne, meurt Jacques Ier (*Jaume*) dit le Conquérant.

Ses deux fils vont se partager le royaume. Pierre reçoit l'Aragon, le comté de Barcelone et Valence, le cadet Jacques (*Jaume*) reçoit les Baléares dont Majorque, la seigneurie de Montpellier, le Roussillon et la Cerdagne. Ce partage ne pouvant pas convenir à l'aîné, ils ne tarderont pas à se déchirer.

Fidèle à son époque, Pierre ne voulait pas entériner une succession qui le spoliait de son droit d'aînesse. Dès le mois de Janvier 1279, il pénètrera dans le Roussillon jusqu'à Perpignan. Là, il convoquera par la force son frère Jacques de Majorque, qu'il considérait *« comme une verrue »*, pourtant soutenu par les Templiers.

Il le contraint, l'humilie à lui rendre hommage le 20 janvier et à reconnaître sa suzeraineté ; c'était un camouflet supplémentaire pour Guillaume de Beaujeu. Lorsqu'il apprendra la rédaction de cet acte rédigé non pas au Temple comme le voulait la coutume, mais au couvent des Dominicains, il comprendra ses faiblesses.

Les Ordres mendiants entretenaient une certaine crainte. Ils inspiraient la terreur chez les Hérétiques et parfois aux Templiers, suspectés d'en abriter certains. Cette région, avec ses 8 commanderies ou maisons subordonnées était sous la tutelle du Mas Deu, la commanderie principale du Roussillon. Elle entretenait il est vrai, des relations amicales avec les seigneurs Cathares, depuis l'époque des Albigeois, mais jamais avec les Inquisiteurs envoyés par le pape.

On rappellera que la première épouse de Philippe III le Hardi, décédée en 1271, se prénommait Isabelle d'Aragon, fille de Jacques Ier le Conquérant, mère du futur Philippe le Bel, neveu de Pierre et de Jacques d'Aragon. De ce fait, les templiers n'éprouveront aucune appréhension. Ils se fiaient à leur prestige militaire encore intact.

Pierre III d'Aragon s'était marié à Constance de Sicile en 1262. C'était la fille de Manfred de Hohenstaufen que Charles d'Anjou fit assassiner en 1268. Vingt ans après, on se retrouvait en pays de connaissance.

En somme, Charles d'Anjou était au centre des débats entourés de faux « *amis* » : Pierre III d'Aragon, Michel Paléologue. Je n'ose pas dire les Roussillon car Amédée ne tardera pas à décéder à son tour le 16 septembre 1281. Il en restait un bien entendu qui n'avait pas encore dit son dernier mot, Aymar. On entendra parler de lui bientôt, chargé à son tour de l'intérim de l'archevêché de Vienne, ville pieuse mais toujours sans prélat.

Le Plutarque Français et Charles d'Anjou

Sceau de Guillaume de Beaujeu en 1286 alors Grand Maître du temple.

Charles d'Anjou bien connu du Plutarque français prenant de l'âge (pour l'époque) va jouer sa dernière carte en favorisant outrageusement l'élection du nouveau pape à Rome le 22 février 1281. Il réussira encore avec l'appui de Philippe III le Hardi à faire élire un français que nous avons trop côtoyé, Simon de Brie (Brion), ancien Légat du pape en France, un manipulateur.

Corvéable à merci, acquis à la cause de Charles d'Anjou, il multipliera les bévues. Originaire de Donnemarie (Dannemarie), fils de Jean de Brion, il prit le titre de Martin IV. C'est lui qui joua le double jeu que l'on sait en 1275. Déjà légat en France, il favorisera la donation de la Sicile à Charles d'Anjou et signera auparavant l'ordonnance de Guillaume de Roussillon. Il l'enverra ainsi en Terre Sainte sans éveiller le moindre soupçon sur ses propres agissements.

On peut d'ailleurs penser qu'il y a eu un quiproquo entre les deux Guillaume à Acre. Il est probable que Guillaume de Roussillon a été approché par Guillaume de Beaujeu pour jouer la carte de Charles d'Anjou.

Ce dernier refusant, on lui enverra Roger de San Séverin qui l'éliminera carrément ~~l'éliminer~~. Est-ce une bavure ? Tout est possible avec les acteurs en présence et le filtrage des communications. Je n'ai trouvé aucune trace sérieuse à ce sujet et pour cause...

A Constantinople, en 1281, l'empereur Michel Paléologue est malade. Ses jours étant comptés, il est conscient qu'Anjou veut le renverser. Alors, il usera de la même tactique que son adversaire, trouvera des alliances afin de soulever la Sicile contre lui et ainsi sauver son empire. Il réussira.

Il n'y avait rien de plus simple, il laissera le pouvoir à son fils Andronic, un garçon avide de confrontations tribales qui s'empressera de restaurer l'indépendance de l'Eglise Orthodoxe. Il dénoncera toutes les tentatives de rapprochement faites lors du concile qui s'était tenu, rappelons-nous, à Lyon ~~tenu~~ en 1274.

Il ira jusqu'à arrêter les prêtres orthodoxes qui avaient servi d'émissaires entre son père et le pape Grégoire X. L'appât marchera. La réaction du nouveau pape Martin IV aiguillonné par Charles d'Anjou ne se fit pas attendre. Le pape renverra de son côté tous les émissaires de Michel Paléologue encore vivant, sans même leur rendre hommage. Mieux, il prononcera une sentence d'excommunication qui ne fera qu'aigrir les esprits Byzantins. Charles d'Anjou, toujours aussi belliqueux, mais qui n'avait plus l'intention de secourir Acre, passera un traité avec la cité de Venise sous la bénédiction de l'Ordre du Temple, en vue d'attaquer les Grecs.

Il rêvait d'assiéger depuis des années les bastions byzantins. En mars 1281, il subit son premier revers. Au siège de Bérat, d'assiégeant, c'est lui qui se retrouve ceinturé grâce à l'arrivée des renforts du neveu de Michel Paléologue. 8000 hommes, dont 400 chevaliers francs chrétiens, vont ainsi se faire égorger.

Le pape Martin IV perdra sa crédibilité aux yeux du monde, en voulant excommunier tous les adversaires de Charles d'Anjou ! Ce fut un lapsus révélateur du mélange entretenu par les papes entre leur pouvoir spirituel et leur pouvoir temporel.

Le décès d'Amédée de Roussillon

Pouvions-nous continuer ce récit sans rendre hommage à Amédée à l'aube de sa mort ? Le 5 septembre, Amédée était en villégiature à Die où il s'occupait de ses deux diocèses. Il approuvait ce jour-là par son autorité, des ventes dans sa grande Chambre. Le 7 septembre, veille de la fête de la Sainte-Vierge, il est à Valence. C'est là qu'il se trouva pris de violentes fièvres qui ne le lâcheront plus.

On le rapatriera à Die à sa demande. On alla quérir maître Hugues de Serrières official de la Cour de Vienne afin d'administrer la vacance du siège de Valence et maître Jean de Serpaize pour le Chapitre de Vienne. Amédée était au plus mal. Il a tenu jusqu'au bout ses affaires en règle et décèdera à Die le 16 septembre 1281.

Aymar finira ses jours avec des maux équivalents. A cette époque, on avait le choix entre les duels, les épidémies courantes ou une infection bénigne de nos jours, était jadis mortelle, comme l'appendicite.

Tour d'horizon dans le monde en 1282

On peut sans problème imaginer la situation de Philippe III le Hardi. Un roi qui accumulait les déboires par son impéritie génétique. Son fils Philippe âgé de 14 ans, le suivait déjà comme son ombre, pour apprendre à éviter les erreurs de son père. Il se rendait compte des dégâts occasionnés par le grand-oncle Charles d'Anjou. Philippe III le Hardi ne s'en sortait pas.

Ses ennuis perduraient avec le roi de Castille, Alphonse X, qui en plus se gaussait de lui. Edouard d'Angleterre se dévoua disait-il pour l'aider, se piquant de jalousie. Pierre III d'Aragon le toisait, le traitait d'égal à égal et le nouveau venu sur l'échiquier occidental, Rodolphe de Habsbourg de l'empire Germanique relevait crânement la tête sur l'échiquier européen. L'alliance avec Venise fut maintenue. Charles d'Anjou se prépara donc à lancer une nouvelle attaque de grande envergure contre l'empire Byzantin par la mer. Nous étions en 1282 et l'expédition prévue courant avril 1283, le temps de masser sa flotte à Messine.

Ce fut la goutte de trop. Les émissaires Siciliens préviendront Michel Paléologue de ses visées, car l'épouse de Pierre III d'Aragon était Sicilienne. Le roi de France à contre-courant, ira proposer son aide au pape dans sa guerre personnelle et inutile, engagée en Romagne. Le royaume de Philippe III le Hardi était conforme à son image. Mal en point politiquement parlant, il avait du mal à trouver des alliés. Physiquement ce n'était guère mieux. Il en sera réduit à se faire soigner par les eaux à Aix-en-Provence. Les mauvaises nouvelles en provenance de la vallée du Rhône s'accumulaient également.

14 février 1282
La ville de Vienne est en crise

Dans la région de Vienne, après le décès du dauphin Jean Ier en octobre 1281, ce fut sa sœur aînée Anne qui prit légitimement possession du Dauphiné. Après diverses contestations du duc de Bourgogne sur son titre et la régence, Humbert, baron de la Tour du Pin son époux, arrivera à conserver le titre de Dauphin grâce à l'appui non moins intéressé du roi devenu Philippe le Bel par l'entremise de Pierre Flote.

La mort d'Amédée de Roussillon, (*évêque de Valence et de Die*) qui assurait encore le gouvernement de l'Eglise de Vienne sans archevêque, fit craindre aux Viennois que le « *roi* » voulait mettre la main sur la ville qui était en terre d'Empire. Le bruit couru qu'Humbert Ier (frère de Béatrix de Roussillon) seigneur de la Tour du Pin, chef de la troisième lignée delphinale songeait, ainsi poussé par son épouse, à rétablir le royaume de Vienne. Pour faire taire cette rumeur entretenue par le duc de Bourgogne concurrent d'Humbert, une coalition se formera immédiatement.

Le pire risquait d'arriver. L'archevêque Aymar, primat de Lyon (*beau-frère de Béatrix de Roussillon*), le doyen Geoffroy de Clermont, l'archidiacre Humbert de Virieu et les chanoines de Vienne se promettront mutuellement secours et conseils pour la défense de leurs droits.

Ils autoriseront l'archevêque de Lyon à séjourner dans le château de la Bastide (*Bâtie*) excepté le donjon, jusqu'à la nomination d'un nouvel archevêque à Vienne, sous la volonté du souverain pontife. La rumeur était fausse, Charles d'Anjou ne rôdait peut-être pas sur Vienne, mais certainement sur les villes de Gap et d'Embrun reprises au dauphin du Viennois.

16 février 1282
La ville de Romans est en crise

La disparition d'Amédée se faisait sentir. Ce n'était plus Charles, mais Philippe d'Anjou son fils aîné, prince de Salerne, qui, instrumenté par les familles de Poitiers pointait son nez sur la Drome. Il se voyait bien prendre Romans sous sa coupe, afin de corriger les abus du chapitre de la ville après le décès d'Amédée.

Les bourgeois de Romans, excités contre l'abbé de Saint Bernard leur seigneur, étaient en effervescence. Ils voulaient se venger eux, d'Amédée, qui n'avait jamais cédé aux projets du duc de Bourgogne. C'est ainsi qu'ils ouvrirent les portes de la ville aux émissaires du prince de Salerne. Mal leur en pris, le résumé suivant démontrera la haine exprimée contre les Anjou, l'état d'esprit barbare, des ecclésiastiques, celui des Roussillon qui ne les appréciaient pas du tout. Charles 1er était le responsable présumé du décès de Guillaume le père d'Artaud. Les gens de Romans ayant confié leur destin à ce manipulateur, paieront à sa place.

« *Le lendemain du carnirpivium vetus ; les chanoines et clercs de Romans dont Didier de Sassenage. Geoffroi de Chatte, Eustache*

Bonet avec leurs alliés, l'archevêque de Lyon (Aymar), Artaud de Roussillon (fils de Guillaume) arrivent devant la ville de Romans avec des armes, des échelles, pensant la surprendre et mettre à mort les partisans (les bourgeois de la ville) du prince de Salerne. Didier de Sassenage fit jurer à plusieurs de n'épargner personne, hommes, femmes et enfants ». Ils ne purent entrer mais les habitants implorèrent Charles, prince de Salerne d'établir un rapport (acte du 17 mars 1982).

Entre temps, le pape nomma l'archevêque de Vienne pour diminuer à Aymar la charge et la force qui lui revenait par intérim. Ceci ne changea rien, un très long procès débutait entre deux parties, Eglise et chanoines d'un côté, bourgeois de Romans et la famille d'Anjou de l'autre.

Les conflits de ce type étaient courants à l'époque. De partout comme à Lyon depuis 5 ans, les griefs réapparaissaient entre les archevêques, les chapitres, les bourgeois et les seigneurs. « *Si des chanoines ou des clercs ont été spoliés et les maisons détruites ce ne sont pas les bourgeois mais les seigneurs, en réponse l'archevêque Guy d'Auvergne était venu de nuit, pour incendier la ville, mettre à mort les habitants et avec des clés contrefaites dépouiller les maisons ; une autre nuit Amédée évêque de Valence et de Die se présenta demanda les clefs de la ville aux bourgeois, ne les voyant pas arriver assez vite, il fit enfoncer les portes et choisis 40 d'entre eux en otages pour aller démolir les maisons de ceux qui avaient trahi la ville ; les bourgeois se vengèrent. Ils tuèrent une femme, un diacre. L'évêque et les chanoines firent réunir les habitants et obligèrent 60 d'entre eux à apporter dans l'église toutes les armes, lances, casques de fer, balistes, arcs. Plusieurs furent mis à la torture comme d'autres fuyaient.*

Mais Amédée ne voyant pas ceux qu'il voulait prendre fit dévaster leurs maisons et priver leurs femmes et enfants de nourritures. On brûla l'hôpital où 25 pauvres femmes étaient en couches, elles restèrent 15 jours sans lit ; les vignes et les arbres furent coupés ; l'image de la vierge fut volée, 20 hommes périrent par le glaive »...

La liste de tous ces méfaits, plus ou moins sanglants est impressionnante. Amédée, Aymar et Artaud n'étaient pas des enfants de chœur. Les dépositions de tous les témoins débutèrent le 11 avril. Elles dureront ainsi 9 jours jusqu'au 20 avril 1282. On peut être choqué par tant de barbarie exercée par des ecclésiastiques, dont les pauvres gens des factions rivales faisaient les frais. On aurait pu citer les habitants de Romans molestés, les travailleurs (des champs) tués hors de la ville ou internés à Roussillon par Artaud qui y habitait. Rien ne semblait arrêter cette dégradation des mœurs coutumière aux seigneurs. Un évènement sérieux arrivera toutefois à modifier le déroulement des procédures engagées.

De Brignoles le 29 juillet 1282, Charles, fils aîné du roi de Jérusalem, de Sicile et de Monte Sant'angelo désirait mettre un terme aux discordes entre le Chapitre de Romans et la communauté de cette ville. Il était disposé à changer les motifs d'arbitrages du fait qu'il devait « *se transférer* » (partir), dit-il au loin. Il ne cite pas le nom d'Anjou ; il se garde d'évoquer la véritable raison de son départ. L'heure était grave. On remarquera qu'Aymar de Roussillon a été subtilement écarté du conflit depuis avril 1282, puis ***missionné*** au loin sur ordre du roi de France Philippe III le Hardi afin de mettre un terme à ce conflit.

Connaissant personnellement Aymar, il lui avait confié une mission secrète ***dans le Languedoc,*** plus précisément sur Carcassonne et le Razès vers Limoux. Il devait freiner les abus des inquisiteurs dominicains face à l'hérésie toujours vivace, selon la version officielle. Nous allons découvrir les faits. Aymar n'était pas Guillaume et le petit Philippe (*le Bel*) âgé de 14 ans qui accompagnait les décisions de son père, avait déjà des idées bien arrêtées...

30 mars 1282
Les Vêpres Siciliennes

En janvier 1281, Pierre III d'Aragon se fâchera avec Philippe III le Hardi lors d'une ultime négociation à Toulouse. Leurs relations entre eux vont être rompues. Pierre III armera incognito une flotte de 180 vaisseaux répartie entre les ports de Collioure et de Valence. Sous le faux prétexte d'aller punir l'émir de Tunis qui ne payait plus le tribut dû à l'Aragon, il eut l'idée d'aller mouiller au large des côtes Tunisiennes.

En Sicile, la mort du dernier des Hohenstaufen qui était son beau-père, décapité sur ordre de Charles d'Anjou hantait son esprit. Il désirait revenir au berceau dont il avait été spolié. La gestion désastreuse de la Sicile par les français était en plus odieuse. Ils menaient une vie licencieuse qui poussera les Siciliens à conspirer. Les chefs du complot seront guidés par un certain Jean de Procida de la faction Gibeline. A l'approche de la Pâque, quelques puissances étrangères se dirigeront sur Palerme...

Le 30 mars 1282, à 16h, lorsque les cloches annonceront les vêpres, des cris soudainement retentissent : « *Mora, Mora. Se la mala signoria, che sempre accorra ; Li popoli soggetti, non avesse Mosso Palermo a gridare : Mora, mora* ». Ces vers de Dante Alighieri sont assez explicites « *si ces mauvais Seigneurs qui toujours affligent le peuple soumis, n'avaient poussé Palerme à crier A mort, à mort* ».

Les Siciliens se révoltaient contre leurs bourreaux, contre l'administration Angevine, contre les soldats français qui fouillaient leurs femmes, fort indiscrètement sous prétexte qu'elles cachaient des armes !

Le massacre de la plupart des français présents sur l'île, commençait et entraînera toute la Sicile jusqu'à Messine. Tous ceux qui se trouvaient dans la ville et dans les églises seront égorgés, les femmes enceintes éventrées (*fait controversé*). « La chasse à l'homme », un peu comme sous la Terreur en France durera jusqu'au 18 avril. C'est long, le bilan sera lourd, 8000 morts, un chiffre qui devenait fatidique pour Charles d'Anjou. Conseiller le plus écouté en France, il croyait encore bénéficier de ressources, pouvoir compter sur Simon de Brie, pape asservi qui publiera une bulle ordonnant aux révoltés de se rendre !

Les siciliens en appelleront à Pierre III d'Aragon qui croisait par hasard au même moment au large de leurs côtes, attendant leur signal. Il laissera faire la sale besogne aux Siciliens et promit d'aborder plus tard sur l'île à Collo, partie occidentale de l'île. En attendant, il ira se reposer du côté de la Syrie et ne reviendra qu'au mois de Septembre. Son amiral finira le travail à Messine au large de Trapani, où il anéantira la flotte de Charles d'Anjou. Il ne poussera pas l'avantage à mettre pied sur terre, sur un territoire qui temporairement avait 2 rois.

Le pape Martin IV (Simon de Brie), furieux de cet acte excommuniera Pierre III d'Aragon qui se gaussait bien de celui-ci et de Charles d'Anjou. Martin IV entamait un conflit d'arrière-garde. Il déclara solennellement, en représailles, que le roi d'Aragon était déchu de sa couronne, qu'il l'offrait à un membre de la famille royale française et dans un premier temps au jeune Philippe (le Bel).

Ce geste d'allégeance ne pouvait qu'attiser la rancune de celui-ci envers Rome qui se donnait un rôle contestable. Voyant que son résolution était dénuée d'effet, Martin IV prêcha alors en la personne de son légat le cardinal Cholet, une croisade contre l'Aragon. Il promettait de donner le royaume non plus à Philippe, mais à Charles de Valois, fils de Philippe III le Hardi qui encore une fois subissait... Cette décision marquera le pouvoir royal, ouvrira une brèche indécelable, qui deviendra irréversible depuis, pour l'Eglise.

Philippe III le Hardi toujours harcelé par sa jeune épouse Marie de Brabant était tombé dans le piège. Charles d'Anjou surpris de la soudaineté des évènements devra réviser ses plans envers l'Est. Il avait compris qu'il ne serait jamais l'empereur de Constantinople.

Le voilà confiné à Naples, sa flotte de transport partie en fumée sous l'action des galères de Pierre III d'Aragon ; mieux, il se retrouvait dans l'impossibilité de se rendre à Acre sans crainte d'être enlevé.

Charles d'Anjou réalisait que le vent a tourné : « *sire Dieu puisqu'il te plait de me faire la fortune contraire, je te prie que la descente se fasse à petits pas* ! » Comment comprendre ce genre d'homme sans repentir, après avoir tué, torturé, qu'il puisse croire encore que Dieu l'exaucera et soulagera ainsi sa conscience ? L'histoire est un éternel recommencement. De la bouche de Charles d'Anjou, ce genre de propos n'avait rien de surprenant. Nous ne vivons pas au même siècle, nous n'avons plus le même cadre de référence pour juger les actes d'un tel ou d'un tel...

Outremer, on suivait de loin ces nouvelles inquiétantes qui éloignaient toute possibilité de croisade ou de reconquête des lieux Saints avec un pape pour le moins « *pas très catholique* ». Guillaume de Beaujeu verra, pour la première fois de son histoire, les biens du Temple confisqués à Chypre par Hugues III de Lusignan qui n'oubliait pas son attitude en 1277 avec son parent Roussillon.

Les Templiers étaient inquiets, redoutant les conséquences de ces excommunications, de cette croisade dénaturée en Aragon, de la crise qu'elle entrainait pour l'Ordre. Suivre le pape, c'était reconnaître la suzeraineté du roi de France sur eux et Guillaume de Beaujeu ayant une autre conception d'avenir n'en voulait pas.

Pierre III d'Aragon demandera à la curie de déposer ce « *pape suspect d'hérésie* ». Il est vrai que prêcher une croisade contre les chrétiens n'avait aucun sens. Les chevaliers templiers (je précise bien) en avaient assez des basses besognes. Accepter, c'était reconnaître le droit au pape de faire et de défaire les rois. Philippe III le Hardi n'était plus maître de ses décisions.

Sans cesse en butte à la jalousie de sa mère Marguerite de Provence et celle de son épouse Marie de Brabant qui soutenait inconditionnellement son oncle Charles d'Anjou, il était dépassé. Et maintenant c'était son jeune fils qui, perspicace, exprimait si nécessaire tout haut son désaccord.

Avril 1282
Aymar dans le Languedoc

En 1770, Poullin de Lumina écrivait en ces termes parlant du frère de Guillaume de Roussillon : *« Il parait que ce prélat fut en grande considération à la cour de Philippe III le Hardi, roi de France. Le Languedoc ayant été réuni à la couronne par la mort du Comte (Alphonse) de Poitiers et de Toulouse son oncle en (21 août 1271) ce Prince envoya Aymar et Jean Comte de Forez (avril 1282) dans cette province pour travailler à la réformation de la Justice où il s'étoit glissé différents abus pendant les guerres des Albigeois et on prétend qu'il s'acquitta de cet emploi avec toute l'intelligence d'un homme versé et profond dans la connaissance des loix (lois). De retour à Lyon, Aymar (*malade, il était encore jeune pourtant, a tout juste 40 ans*) craignant qu'après sa mort le clergé ne prétendit d'un côté rentrer dans l'exercice de la justice (il cumule la fonction d'archevêque et légiste) dont il avoit été exclu par la constitution de Grégoire X et de l'autre que les citoyens ne prissent occasion de la vacance du siège pour secouer le joug de l'église et se jeter tout à fait dans les bras de la France ».*

Sous-entendu, qu'Aymar de Roussillon avait très bien compris qu'à travers les griefs drômois, le roi de France en le missionnant, l'éloignait sciemment des Lyonnais, de ses sujets et de la gestion de la ville, pour se l'accaparer en douceur le moment voulu.

Loin d'être sot, Aymar modifiera les textes prévus en cas de décès de l'archevêque de Lyon, afin d'éviter toute tentative d'insurrection Lyonnaise au bénéfice du roi de France.

L'évêque d'Autun (Jacques de la Roche) assurait la vacance jusqu'à l'élection et la venue effective du nouvel archevêque. Cette disposition lui permettait d'exercer cette charge en toute sûreté. Aymar rédigea l'acte en décembre 1282 et partit aussitôt en mission (à Carcassonne). Il est notoire qu'Aymar était une personnalité nationale. Souvent désigné comme arbitre dans les conflits entre seigneurs, il était loin d'être impartial. En revanche, il ne lésinait pas sur les codes d'honneur et les paroles données.

Ancien abbé de l'école de Cluny, il maîtrisait parfaitement le droit, le latin et usait si besoin de l'épée pour faire signer les parchemins. Il conforta à ce titre, le poste tenu par Pierre Flote auprès d'Humbert de la Tour. Aymar soutenait sans aucune hésitation Anne son épouse, Dauphine légitime face aux prétentions de Robert II duc de Bourgogne. Le roi de France à cours d'hommes de confiance et connaissant le tribut déjà payé par les Roussillon appela Aymar. Il dut se résigner à obéir.

Le texte cité en référence « *Histoire de l'Eglise de Lyon* » de Poullin de Lumina est partial. On doit le lire avec réserve. Il occulte les côtés dérangeants, masque, dans le cas d'Aymar, les raisons de sa mission qui durera plus d'un an. Aymar ne reviendra à Lyon qu'en septembre 1283, affaibli. Il avait demandé à être relevé de sa charge d'archevêque début mai et qu'on le remplace vite en septembre.

Il décèdera en Octobre 1283, victime de miasmes insalubres contractés en été, ayant accompli la dernière volonté de son prince. Il est jeune pour mourir. A-t-il eu le remord d'avoir sacrifié la vie de son frère Guillaume à ses intérêts personnels ? Comme Amédée, Aymar de Roussillon se révéla un guerrier habile et ardent plus qu'un ecclésiastique. Autre particularité, il ne se réconcilia jamais avec les sires de Beaujeu.

La succession fut laborieuse pour l'épiscopat. Il fallait trouver un homme peu ordinaire. Le roi de France et l'abbaye de Cluny ayant déjà leur candidat, Raoul de la Tourette, ils casseront le choix du Chapitre St-Jean. Raoul II de la Tourette avait l'avantage d'être également légiste. Il sera confirmé par le pape le 4 des Ides de Juin 1283 et sa nomination deviendra effective le 22 juillet 1283.

L'évêque d'Autun, comme prévu du vivant d'Aymar, resta en place et assura l'intérim. Raoul sera lui contraint d'assister Jean de

Forez et de partir dans le Languedoc. Je présume qu'il s'agissait de Jean Ier qui épousera en 1296 Alix, fille d'Humbert de la Tour, nièce de Béatrix de Roussillon. Jean Ier était le fils de Guy VI et de Jeanne de Montfort, le gendre d'Humbert de la Tour. Ce qui expliquerait les facilités d'hébergement des archevêques de Lyon et de Jean de Forez à Arques près de Rennes-le-Château, durant leur mission pour le roi de France.

A Lyon, les citadins menaçaient de reprendre les armes. Raoul devra revenir en décembre 1284. Il prit à ce moment-là, possession de sa charge « *par lui-même* » le lundi après Noël et l'évêque d'Autun se démit de l'administration provisoire entre ses mains « *afin que les citoyens (de Lyon) restent tranquilles pour quelques temps (encore)* ». Il n'avait pas terminé l'acte de prestation du serment de fidélité au roi de France, qu'il repartira (janvier) début 1285, toujours accompagné de Jean Ier de Forez, «*pour mettre la dernière main à la réformation de la justice de cette province* ». Il faut comprendre que ce rôle « *d'enquêteur royal* » était prioritaire. Il y avait grand besoin de réconcilier les mécontents parmi les seigneurs et les paysans qui avaient eu à souffrir de la répression de l'Inquisition.

Afin d'éviter tout problème à Lyon durant sa « *commission* », terme amusant de tromperie, Raoul de la Tourette instituera à sa place *Godemar (Gaudemar) de Jarez (t) damoiseau, frère du Seigneur de Saint-Chamond dans la Loire, « notre » vicaire (le petit-fils de Guillaume de Roussillon) dans la ville (de Lyon) et les faubourgs pour gouverner pendant son absence* ». On rencontre à chaque fois les mêmes familles.

Mission donnée aux Archevêques lyonnais

Après avoir signé un traité déplorable en 1279 qui octroyait au roi Edouard d'Angleterre la plupart des côtes Françaises et de la Guyenne sans débourser un seul denier, Philippe III le Hardi crut bon d'emboîter tranquillement les pas de Charles d'Anjou. Il allait en fait se perdre en servant les intérêts de celui-ci en Italie, à Naples et en Aragon.

Ce qui déplut à la reine mère et à son jeune fils Philippe (le Bel), futur héritier de la couronne qui trouvèrent enfin le prétexte de montrer que Charles d'Anjou avait franchi le Rubicon. Il avait lassé l'Orient, l'Occident et récupéré abusivement l'héritage de Saint-Louis en Provence. En 1283, Philippe (le bel) âgé de 15 ans que l'on devait marier ne supportait plus sa belle–mère, Marie de Brabant, intrigante au possible, partisane du fils de Charles d'Anjou (ils avaient le même âge), le prince de Salerne. Elle conspirait contre lui.

Philippe, suite au décès de sa mère Isabelle d'Aragon, s'était par contre lié d'une réelle amitié, depuis l'âge de 8 ans, avec son oncle maternel Pierre III d'Aragon. Elle est encore intacte en 1282, au début de ce conflit, que ses yeux d'adolescent jugeront non avenu.

Les Templiers, en la personne de Guillaume de Beaujeu s'interrogeaient : « ce jouvenceau est trop intelligent ». Philippe exprimera une vive opposition à son autre oncle, Jacques d'Aragon qui laissait à son goût, ostensiblement la gestion de son royaume au Temple.

Comme jadis dans le conflit de 1277 à Acre, les templiers tergiversaient, ayant beaucoup de mal à rester neutres. Officiellement il fallait maintenant choisir un parti, celui du roi de France ou celui du roi de Majorque. Ni l'un ni l'autre ne correspondaient encore à leur dessein.

Ils deviendront de plus en plus inquiets pour eux-mêmes. En Aragon le roi, c'est Pierre III et Guillaume de Beaujeu comprend qu'une lutte souterraine s'engage. Dans cette hypothèse, ils pouvaient perdre la suprématie des mers, mais également leur crédibilité au sein des commanderies occitanes.

Ces dernières ne comprenaient pas plus la nécessité de cette croisade qui disons-le encore une fois, n'en était pas une. Ces héros templiers que Philippe (*le Bel*) avait admiré tout gamin, commençaient à avoir de sérieux doutes sur la sagesse de la papauté. Preuve que les fautes ne datent pas d'hier.

Philippe III le Hardi n'était pas un génie, ni un grand stratège comprenait enfin que le pape et Charles d'Anjou travaillaient pour leur propre compte. En renversant le roi d'Aragon et en désignant un de ses fils, le pape maintenait la suprématie du pouvoir temporel sur le royaume de France. En écrasant l'Aragon, Charles d'Anjou espérait reprendre la Sicile.

En combattant pour le compte du pape Martin IV, Philippe III le Hardi donnait l'impression aux yeux du monde de se soumettre, de perdre la face. A contrario en ne répondant pas à cet appel, il rendait l'espoir aux Gibelins soutenus par Pierre III d'Aragon contre les Guelfes en Italie. Une situation inconfortable où le pape voulait agir vite contre l'Aragon. Le conflit ne devait en aucun cas s'internationaliser. Le roi de France voulait connaître l'avis de Jacques de Majorque le plus menacé par son frère. Philippe souhaitait implicitement faire reconnaître la suzeraineté de la France sur l'Ile de Majorque et la cité de Montpellier.

Un problème résidait. L'Ordre du Temple convoitait les mêmes territoires. Il ne perdait pas l'espoir de bâtir un jour, au moment opportun, un grand état méridional. Tourné vers l'Aragon, dominant financièrement l'Occident, il avait même la structure pour inclure la Provence, le Languedoc, le Roussillon et l'Aquitaine.

Les choses se présentant ainsi, le roi de France joua la carte de l'archevêque de Lyon, Aymar de Roussillon, qui n'était pas un tendre. Accompagné de son parent, Jean de Forez, alliés sûrs du roi de France, ils sont allés parcourir dès avril 1282, les contrées de Toulouse, Albi et Carcassonne. On en comprend le pourquoi.

Leur mission était double. Enquêter, afin de stopper les abus commis par les frères prêcheurs, depuis la mort de Louis IX (Saint-Louis), notamment à Toulouse par les Dominicains sous la direction de Jean Galand. Le roi en 1282 devait lâcher du lest envers ses sujets, c'est à dire accorder, selon les résultats (de l'archevêque de Lyon), des *« grâces spéciales aux Toulousains »*, leur restituer leurs biens injustement confisqués. La raison moins officielle tenait au regain de « *consolaments* » (conversions) cathares, réaffirmés en Aquitaine et en Languedoc. Il fallait éviter tous prétextes pouvant remettre en cause la récente annexion de cette région à la couronne.

En 1283, à Carcassonne, Aymar aura sensiblement la même tâche. Les méthodes employées par les Inquisiteurs ne cessaient de poser des problèmes aux notables lors des interrogatoires. A Albi, l'évêque Bernard de Castanet, commettra encore des abus.

Aymar de Roussillon participera à la mission principale de s'aboucher, au printemps 1283 avec les émissaires de Jacques d'Aragon. Ils doivent préparer un traité d'alliances avec le roi de France en prévision d'une guerre imminente contre Pierre III d'Aragon.

Usant de sa position de suzerain sur Montpellier, Philippe III le Hardi va soumettre Jacques (Jayme) son vassal à une alliance. L'original de ce traité rédigé secrètement sera découvert à Perpignan en avril 1285 par Pierre III revenu précipitamment de son nouveau royaume de Sicile.

Il apprendra ainsi que les troupes françaises envahiraient son royaume. Après la fête de Pâques, il entra par trahison dans la ville de Perpignan, s'empara du château royal où logeait son frère Jacques (Jayme) qui lui échappera de justesse. Pierre III forcera l'entrée de la maison du Temple où il s'octroiera les bijoux de la couronne et trouvera la preuve de la complicité de son frère avec le roi de France.

L'original du traité de Carcassonne sera entériné le 16 avril 1283. Aucun souverain n'avait jamais osé pénétrer de force dans une maison du Temple, autre signe prémonitoire de l'affaiblissement de leur pouvoir militaire, cette fois-ci en occident.

Aymar de Roussillon tombera gravement malade quelques mois plus tard, en octobre 1283. Il ne put par ce fait, assister à l'épilogue de cette guerre fratricide en Aragon. En comptant Amédée, à 11 mois près, on assistera aux décès de 4 protagonistes, les 3 premiers intimement impliqués dans la mort de leur frère Guillaume : Charles d'Anjou 7 janvier, Martin IV (Simon de Brie) 18 mars, Philippe III le Hardi 5 octobre. Pierre III d'Aragon, qui lui n'a rien à voir avec l'Affaire Roussillon et mourra plus tard d'épuisement le 11 novembre 1285.

Août 1283, un roi dans le Razès ?

La grande Histoire du Languedoc en 16 volumes de Dom Claude de Vic et de Dom Joseph Vaissette indique que le roi préparant sa guerre fit un voyage tenu secret dans le Languedoc. Qu'il était accompagné de son jeune fils Philippe (le Bel). Le 7 août 1283, il est en la cité de Carcassonne attendant la venue de Jacques (Jayme) de Majorque seigneur de Montpellier.

Ayant quelques jours d'avance, Philippe le Hardi entreprendra une tournée de « *courtoisie* » dans le Razès, entre le 8 et 12 août, à Limoux au château d'Alzeau, à Campagne-sur-Aude résidence des templiers, puis à Caderonne auprès de Pierre III de Voisins, le seigneur de Rennes, frère de Guillaume seigneur de Limoux, de Hugues sénéchal de Provence, de Jean sénéchal d'Albigeois, de Gilles seigneur d'Arques. La seigneurie de Rennes tant petite soit-elle, revêtait avec la famille de Voisins, une sorte de marche pour le roi de France dans sa conquête de l'Aragon.

Philippe III le Hardi et son fils rendront visite à Raymond d'Aniort à Brenac. C'est la branche des Aniort de Niort de Sault cousins par alliance de Philippe III le Hardi par sa première épouse Isabelle d'Aragon. Cette dernière visite était d'ordre familial. Il était souhaitable que le jeune Philippe (le bel) futur Philippe IV, connaisse un jour sa famille occitane.

Le 16 août, les deux souverains se retrouveront comme prévu à Carcassonne afin de prendre connaissance du projet de traité rédigé en 2 exemplaires par leurs émissaires. Ils formaliseront leur alliance contre Pierre III d'Aragon. Ce dernier avait été sollicité auparavant par son frère le 20 juillet. Jacques (dom Jayme) avait refusé son soutien prétextant que l'Eglise s'en mêlerait. Elle n'avait pas besoin de cela, avec un légat comme le cardinal Cholet. Le 17 août (16 calendes de septembre), le traité d'alliance sera signé. Il restait en suspens la vassalité de Montpellier.

Le 18 août, mercredi après l'Assomption, Philippe III le Hardi et Jacques (Jayme) seront à Palairac sur les terres de la famille de Fenouillet. C'est à partir de ce lieu que la suzeraineté du roi de France sur Montpellier sera actée. On ne parlait pas encore d'annexion. Le 23 août, les deux rois entrent dans Toulouse.

Le 9 octobre 1283, ils seront de retour à Montpellier. Philippe III le Hardi quittera le Languedoc pour Paris, Nîmes et le Velay. Au même moment Lyon enterrait son archevêque, Aymar de Roussillon. Raoul de la Tourette, son successeur reprendra le flambeau et reviendra pour en finaliser les écritures.

Humbert Ier le Dauphin contesté

Lorsque Jean Ier succède au dauphin Guigues VII, il a 6 ans. Il est donc sous la tutelle de sa mère Béatrix de Savoie. Il devra tout de même rendre hommage le 17 mars 1269 à Charles Ier d'Anjou, comte de Provence et roi de Sicile pour ses territoires dans les Basses Alpes. En 1280, le dauphin se mariera à Bonne de Savoie, fille d'Amédée V comte de Savoie. Le 24 septembre 1282, victime d'une chute de cheval à Bonneville, il décèdera des séquelles en octobre sans avoir eu d'héritier.

Anne sa sœur aînée ~~Anne~~, fille de Guy VII se mit naturellement en possession du Dauphiné après la mort de ce prince. Elle était mariée depuis le 1er septembre 1273 au baron Humbert de La Tour du Pin, le beau-frère de Guillaume de Roussillon par sa femme Béatrix. Le duc de Bourgogne Robert II adepte de la loi salique, disputera la régence à cette princesse. Cette prétention occasionnera diverses batailles assez sanglantes, et même le siège des châteaux par Humbert de la Tour, qui n'admettait pas de voir son épouse dépossédée.

Anne, dauphine du Viennois résista de son côté à toutes les entreprises permettant ainsi à son époux de prendre un jour la charge de dauphin. Humbert attestera sa véritable prétention sur acte le 6 novembre 1282. Humbert Ier avait contre lui le puissant duc de Bourgogne, le comte de Savoie, le sire de Beaujeu et la maison d'Anjou en Provence. Il n'avait pas peur.

En janvier 1283, Humbert prendra en plus sous sa protection la maison des chartreux près de Grenoble. Il interdit à qui que ce soit de les molester et punira sévèrement celui qui leur causerait des injustices. Le vol des bois et autres délits comme le braconnage, étaient courant, surtout en hiver.

La règle en vigueur était simple. Au premier larcin, on jetait l'individu en prison, où le jugement et la sanction tombait : on lui coupait une oreille que l'on clouait en effigie sur sa porte. Au deuxième larcin imaginez la sentence... Nous ferions la même chose de nos jours, on manquerait de portes !

On ne s'étendra pas sur l'histoire médiévale de Vienne qui nous éloignerait de notre sujet (voir mes 3 autres ouvrages depuis). Par contre, nous attirerons l'attention sur un homme, *« le conseiller attitré de la famille du dauphin, des Roussillon qui deviendra celui de Philippe le Bel : le légiste Pierre Flote. »*

Quelques dates situeront sa biographie. Le 8 juin 1283, il entérinera la suzeraineté de l'archevêque de Vienne Guillaume de Livron et de son Eglise sur le dauphin,

Le 14 juillet 1283, Humbert promet une de ses filles, dès qu'elle sera nubile, en mariage à l'un des fils d'Aymar de Poitiers. L'acte établi à Romans scellera le destin de ces familles, qui après s'être détestées, déchirées durant deux générations feront cause commune, contre le duc de Bourgogne et le comte de Savoie. Ils profitaient de l'absence du roi de France occupé en Aragon. On ressent un certain désarroi dans le royaume, les difficultés à suivre les alliances et les mésalliances. Même Charles d'Anjou, à bout et dans la décrépitude, ne comprenait plus où se trouvait son salut.

Si le nombre de personnes présentes sur un acte était impressionnant, le nom du légiste Pierre Flote restait fidèlement attaché aux intérêts d'Humbert de la Tour, dauphin de Vienne en toute circonstance. On a déjà rencontré ce jeune damoiseau d'une vingtaine d'années au prieuré de Taluyers lorsqu'il accompagna la démarche (en l'absence de Béatrix) de fonder une chartreuse dans le Pilat.

Le 6 août 1283, le voici à Vienne. « *Humbert de la Tour Comte de Vienne va promettre d'indemniser journellement Aimar de Poitiers Comte de Valentinois, pour le secourir en cas de guerre contre le Duc de Bourgogne et le Comte de Savoie. Il faut noter que ces adversaires sont les propres cousins de son épouse Anne. Humbert donne pour caution les Seigneurs Arnaud Flotte Seigneur de la Roche des Arnaud, Roger de Clérieu Seigneur de la Roche de Glun et Alleman de Condrieu Chevalier (Légiste).* »

Pierre Flote légiste, un illustre inconnu

On fixera le mois d'août 1283 pour apprécier la rédaction de ses actes passés à Vienne, dans sa reconnaissance de légiste attitré d'Humbert Ier. « *Le 12 août 1283, convoqué au son de la cloche par le dauphin pour régler un différend entre le chapitre, l'archevêque et lui-même, Humbert promettra de venir en aide dans toutes les guerres, à la réquisition de l'archevêque ou du doyen du chapitre. Selon les nécessités, il fournira 100 hommes d'armes à cheval, 300 arbalétriers, 700 clients armés de lances (la piétaille). Si le chapitre en demande davantage, ils seront à ses dépens. Suivi des signatures de Pierre Flote, Alamand de Condrieu, Guigues de Roussillon seigneur de Serrières, etc.* »...

Cet acte est à comparer, dans l'échelle de valeur, aux renforts attribués 8 ans auparavant à son beau-frère Guillaume de Roussillon pour aller secourir la Terre Sainte ! Preuve que l'on se moquait de lui et que les historiens comme Chorier en font autant au 17ème en appuyant le rêve de Béatrix et la légende de Sainte-Croix. En tout état de cause, tous les actes importants qui concerneront le Dauphiné passeront entre les mains de Pierre Flote. Avait-il déjà rencontré Aymar de Roussillon, alors missionné par le roi de France lors de son passage à Montpellier, au moment où se préparait le traité d'alliance de Carcassonne ? La réponse serait intéressante, ne serait-ce que pour connaitre le destin précis de Guillaume de Roussillon après novembre 1277.

Pierre Flote avait fait ses études de droit à Montpellier. Il n'est donc pas impossible qu'il ait assisté occasionnellement le suzerain de Montpellier, Jacques d'Aragon. De toute façon, les Flote, les de la Tour et les Roussillon se connaissaient parfaitement bien. Je conclurais en disant aussi, qu'Amédée évêque de Die et de Valence, côtoyait déjà la famille de ce seigneur, son père Arnaud Flote. Les seigneurs de Flote sont originaires du Diois: Raymond Flote (Flota) seigneur, suzerain des châteaux de Boulc et de la Charce (près de Châtillon en Diois). Par le jeu des alliances, son fils Arnaud Flote (Flota) deviendra seigneur du château de La-Roche-des-Arnaud qui existe encore près de Gap et se visite.

On présume que Pierre Flote deviendra le juriste exclusif du dauphin Humbert de la Tour. Il sera partout où il faut avec Artaud de Roussillon qui l'assistera. Humbert ira le 6 décembre 1285 se porter caution avec son neveu Artaud pour la somme de 1800 livres Viennois que devait Louis de Savoie à Louis sire de Beaujeu...

Pendant ce temps Guillaume de Beaujeu se morfondait à Saint-Jean-d'Acre en réalisant que les Français, les Anglais, en fait tout le monde l'avait oublié. Le 8 décembre 1285 Pierre Flote élaborera l'acte capital pour le dauphin et son épouse. Il s'agissait d'un échange de territoires entre époux qui permettait de faire une donation à Robert le duc de Bourgogne afin de mettre fin à ces guérillas qui engloutissaient inutilement leurs fortunes. Le 8 décembre 1283 avait été marqué par la mort d'Aymar de Roussillon. L'évêque d'Autun qui assurait l'intérim avait promis par écrit que si une guerre éclatait entre Robert duc de Bourgogne et le dauphin de Vienne seigneur de la Tour, deux chanoines résidants gouverneraient la ville de Lyon. Nous en étions là.

Par une coïncidence fortuite, le 8 décembre 1283 fut marqué par l'entrée d'un certain Thibaud de Vassalieu au Chapitre de Lyon qui deviendra un personnage clé dans la suite de notre récit et lors de l'annexion de cette ville à la couronne de France. Un personnage ambivalent que l'on aura souvent du mal à cerner.

1284,
Brèves méditerranéennes

C'est à Paris le 21 février qu'une assemblée réunit par Philippe III le Hardi dut désigner virtuellement le remplaçant de Pierre III d'Aragon toujours en place mais déchu par le pape. A Rome, le pape poussait à la croisade et son choix sera contesté. Pas très malin, son préposé sur le papier n'était plus Philippe (le Bel) mais son frère Charles (de Valois). On vendait la peau de l'ours avant de l'avoir tué, le royaume restait à conquérir par les armes.

A Orvietto le 5 mai 1284, Martin IV informera les archevêques de Vienne, Tarentaise, Embrun, et l'évêque d'Autun qui administrait temporairement Lyon, qu'il avait excommunié Pierre roi d'Aragon pour s'être révolté contre Charles d'Anjou roi de Sicile. Le pape outrepassait ses prérogatives et une fois encore irritera le jeune Philippe (le Bel) âgé de 16 ans.

Naples le 5 juin 1284, l'amiral de Loria pénètre dans la célèbre baie et provoque le prince de Salerne pour le faire sortir de son palais. Il le vaincra très facilement et le capturera. Agressif comme son père, devenu prince par la suite, Charles *« le Boiteux »* d'Anjou fut mis hors de combat. Nous l'avions connu à Romans, belliqueux, au moment où son père lui confia la gestion du comté de Provence, territoire récupéré à sa mère Béatrice de Provence (la belle-sœur à Louis IX). Charles de Salerne, comte de Provence fut jeté en prison et condamné à mort.

Pierre III d'Aragon avait de la mémoire. Il voulait publiquement lui couper la tête, comme son père Charles d'Anjou l'avait fait au jeune Conradin de Hohenstaufen. La reine Constance demanda à ce qu'il soit épargné (*). Charles d'Anjou confiné dans la pointe de la Sicile en Pouilles du Nord était furieux contre ce fils qui croupissait dans un cachot à Barcelone où il y restera 4 ans.

(*) La reine Constance d'Aragon appelée également Constance II de Sicile ou Constance de Souabe de Hohenstaufen était la fille de Manfred de Hohenstaufen prince de Tarente, puis roi de Sicile et de Béatrice de Savoie. Elle épousera à l'âge de 14 ans en 1262 à Montpellier, Pierre fils du roi d'Aragon Jacques 1er le Conquérant, qui deviendrai roi en 1276 sous le nom de Pierre III d'Aragon. Cette précision illustre assez les liens de parenté entre les belligérants.

Charles d'Anjou pour se venger, trouvera utile d'infliger des tortures aux Napolitains. L'amiral de Loria qui le vomissait, une fois n'est pas coutume, décidera de lui rendre la monnaie de sa pièce. Il coupera les mains et crèvera les yeux des « *mercenaires* » français prisonniers en Aragon. Les mœurs barbares n'ont jamais cessé en Italie depuis l'époque romaine.

Fin décembre 1284 à Paris, le cardinal Cholet, légat du pape, s'autoproclamera chef de la croisade (dénaturée). Il promit des indulgences à ceux qui prendraient la croix pour aller combattre en Aragon des chrétiens, un abus de fonction manifeste.

A ce stade d'incompréhension, imaginons la surprise du sultan. Lui qui s'attendait à voir débarquer des croisés en Orient, qui partaient ailleurs avec la bénédiction de l'Eglise. On ne s'étonnera pas de la suite. Guillaume de Beaujeu composera avec le sultan pour sauver des vies. Certains le lui reprocheront. Il n'était plus en très bons termes avec les barons d'Acre depuis 1277. Avait-il l'idée de pactiser avec les musulmans, de laisser le roi de France user seul de son « *host* » en Aragon ? Le calcul était loin d'être stupide pour un Ordre qui un jour peut-être espérait régenter la France...

Le 5 janvier 1285, Philippe III le Hardi est mis en face de son destin avec le décès brutal de son oncle Charles d'Anjou. Il pouvait reculer, abandonner cette croisade inutile que son jeune fils désapprouvait. Pouvait-il passer pour un lâche ? Il poursuivra.

Avril 1285, arrivée du roi de France et de sa suite à Toulouse, à Carcassonne, où on laissera les princesses à l'abri de la vue *« du sang »*. Le 1er mai, le roi entre dans Narbonne où il sera rejoint par l'armée de Jacques (Jayme) de Majorque et d'Aragon.

Qu'elles étaient les forces en présence ? Les chiffres divergent selon les chroniqueurs et le coté des belligérants. Un peu comme aujourd'hui lors des manifestations. Trois cent mille hommes, deux cent mille ? Un chiffre plus précis donne vingt mille cavaliers, 80 000 fantassins ? En fait, il fallait que l'intendance suive à travers les Pyrénées. L'armée royale butera sur un obstacle imprévu. La petite ville d'Elne, ancien berceau « *des Roussillon* » restée fidèle à Pierre III d'Aragon résistait !

On y massacrera femmes, enfants, vieillards, la troupe bien sûr, jusqu'à les brûler dans l'église comme à Oradour-sur-Glane. Les victimes étaient chrétiennes, leurs bourreaux étaient chrétiens, asservis au bon vouloir du roi de France. Celui-ci arrivera 3 jours après, pour contempler tranquillement les braises encore chaudes.

A Barcelone le 4 septembre, l'amiral Aragonais Roger de Loria toujours en verve après avoir détruit la flotte sicilienne de Charles d'Anjou, brûlera la flotte française basée à Rosas, celle qui avait quitté Aigues-Mortes quelques mois auparavant. Cent vingt galères et gros vaisseaux de guerre iront encore toucher le fond...

Il est vrai que ces faits imputés directement ou indirectement à Charles d'Anjou laisseraient croire à un parti pris dans ce récit. Certainement pas ; se sentant protégé par la loi du Sang royal, il s'octroyait tous les droits et tuait impunément quiconque. On ajoutera que le pape Martin IV ne l'a pas aidé. Lui qui avait tant œuvré pour la canonisation de Louis IX en Saint-Louis, à la requête du sire de Joinville toujours vivant en 1285, cachait sa vraie nature.

Le 7 Septembre 1285, les troupes françaises à bout de souffle, arriveront à faire tomber la ville de Gérone (*Girone*) au prix de lourdes pertes, laissant un champ de ruines. On tergiversait pour la suite des opérations, Barcelone était encore loin et intacte. L'été catalan et ses mouches s'abattirent sur l'armée française. Les soldats harcelés par les fièvres et la faim, sans véritable intendance, baisseront les bras. La guérilla aragonaise fauchera les retardataires comme jadis, la légende de Roland le neveu de Charlemagne. On donna le signal de la retraite. Philippe III ne laissait qu'une garnison à Girone qui se fit massacrer 2 semaines après. Les survivants graviront à grande peine les Pyrénées. A Perpignan, le roi ne tenant plus à cheval devra poursuivre en litière.

Le 5 octobre 1285, Philippe III le Hardi exténué, rongé par la fièvre, expire à Narbonne. Il subira alors le même traitement que son père au camp de Tunis, l'embaumement. Ce mot est un euphémisme car les pratiques étaient devenues grossières au 13ème siècle.

Les « *recettes* » égyptiennes des Pharaons perdues ne furent retrouvées qu'au 19ème siècle et encore grâce au progrès de l'anatomie et de la chimie. Son corps, mis entre les mains d'un (*chirurgien*) charcutier fut assaisonné au sel et aux épices à Narbonne. Philippe III le Hardi finira bouilli et sans entrailles dans le vin de l'Aude. Une particularité est à signaler. Ce fut le premier monarque dont on moulera le visage au plâtre dès son décès, afin d'immortaliser ses traits.

En janvier 1286, à l'issue de cette croisade qui fut une véritable pantomime, l'Aragon avait la suprématie en méditerranée avec les Ordres militaires. Charles de Valois rentra à Paris sans sa couronne et son frère Philippe devenait sans gloire Philippe IV.

Pierre III d'Aragon mourra de fatigue, peu après l'arrivée du corps de Philippe III à Saint-Denis. Philippe le Bel entreprendra de suite le ménage dans son entourage, montrant de l'autorité malgré ses 17 ans. Dans le royaume, rien n'était réglé. Dans l'Aragon, à Rome, Naples, en Sicile et à Saint-Jean-d'Acre, les problèmes restaient entiers ; un Capétien avait essayé de conquérir des terres extérieures au royaume de France et c'était raté. Dans l'immédiat, la Sicile restait un enjeu politique longtemps disputé entre les descendants de Charles d'Anjou et le roi d'Aragon.

Pour l'heure, l'amiral de Loria, resté invincible, continua sur sa lancée en semant l'épouvante sur les côtes languedociennes. Il lança un premier raid sur Agde où une partie des habitants passeront au fil de l'épée, certainement en représailles des évènements d'Elne.

Aigues-Mortes, ville qui a vu partir quelques mois auparavant la flotte de Philippe III le Hardi se méprendra à la vue des pavillons. Si ses habitants virent avec joie poindre à l'horizon un nombre considérable de voiles, ce n'étaient plus les bannières du roi de France et de Majorque aux mâts des misaines, mais celle de l'amiral de Lauria (*Loria*) qui, après avoir coulé la flotte française à Rosa, venait ravager le port. Il emmena, dit l'histoire, tout ce qui était possible pour naviguer, jusqu'aux navires de charge en cours de construction.

On ne mesure pas lors d'un désastre tous les impacts collatéraux que celui-ci génère dans l'économie locale. A Aigues-Mortes, la construction navale venait à peine d'éclore qu'elle était anéantie. La désaffection concomitante des armateurs génois pour ce port s'opéra. Aigues-Mortes ne deviendra jamais le grand port du royaume de France dont rêva Saint-Louis, mais une escale. Philippe III le Hardi avait investi des sommes colossales dans cette guerre inutile. Elle eut pour incidence de ralentir le financement des remparts en cours sous la direction du maître d'œuvre Eudes de Montreuil.

Le Languedoc subira un autre contre coup. Les commerçants Italiens de Toscane, de Lombardie, de Gênes, de Venise et de Rome basés à Nîmes et Montpellier ne pouvant plus s'approvisionner correctement au port d'Aigues-Mortes où pourtant Nîmes avait axé l'exportation de ses étoffes de laines, s'expatrièrent. Philippe IV réalisa de suite qu'il ne fallait pas perdre la maîtrise des mers face aux républiques italiennes, d'autant que le roi d'Angleterre (encore son allié), forcissait sa flotte sur l'océan dans un but précis...

Philippe IV, dès juin 1286, cherchera à faire diversion. Il chargea Edouard d'Angleterre, seigneur d'Irlande et duc d'Aquitaine, d'intervenir pour obtenir la libération de leur petit cousin le prince de Salerne. Chassé le naturel, il revenait au galop, on oubliait vite...

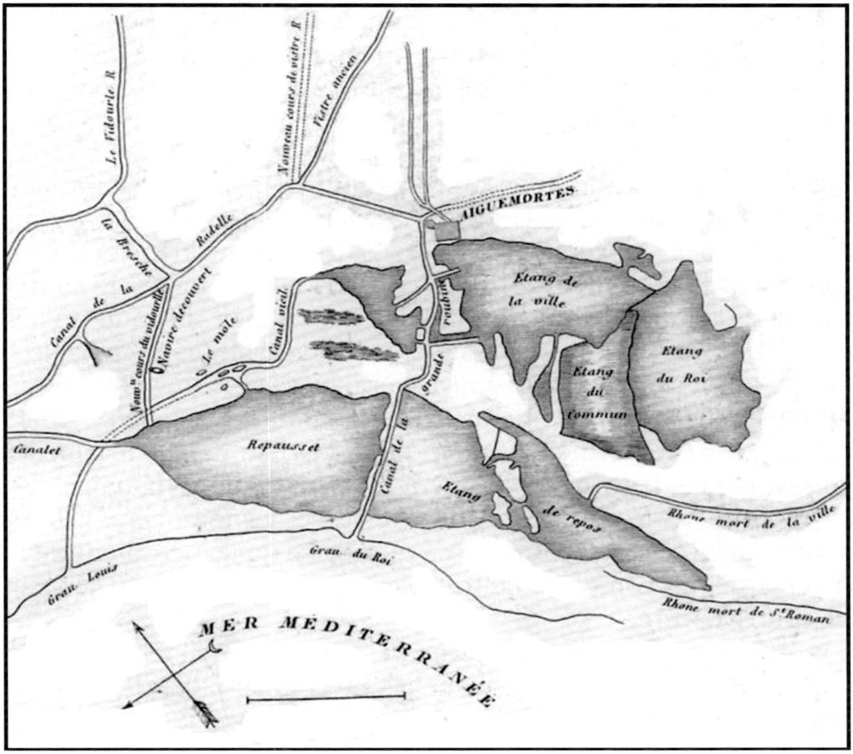

Golfe du Lion à l'embouchure du Grau Louis, jadis seul accès à la mer. Le Grau du Roi n'existait pas.

1285, année charnière à Saint-Jean-d'Acre

Comment un territoire gros comme un timbre-poste pouvait-il encore mobiliser l'attention de tant de monde ? Henri II de Lusignan, fils de Hugues III succèdera comme roi de Chypre le 20 mai 1285 à son frère Jean I de Lusignan. Il est vrai que depuis les évènements des vêpres Siciliennes, l'Occident avait les yeux rivés sur l'Italie.

Henri, lui, avait les yeux fixés sur Saint-Jean-d'Acre. Certains historiens émettent l'hypothèse d'un empoisonnement de Jean nouveau prétendant par son frère Henri de Lusignan ?

Ce dernier lui avait contesté, comme à son père, les droits sur le trône de Jérusalem, on dirait les miettes d'Acre. La population ne pourra pas se satisfaire longtemps de cette vacance mortelle pour eux. Henri de Lusignan a compris le message des barons d'Acre qui ne supportent plus l'administration Angevine.

Henri de Lusignan bénéficie de la neutralité de Pierre III d'Aragon et ainsi arme à son tour une flotte de galères pour attaquer Acre, défendue par Hugues Pellerin, le sénéchal de Charles d'Anjou. La ville, sous le joug des mercenaires angevins, tombe très rapidement le 29 juillet 1285. Henri de Lusignan, malgré le contexte de peur et de morosité, est couronné le 15 août par une foule en liesse.

Il rentre comme prévu à Chypre en laissant comme bayle son oncle, Philippe d'Ibelin. Il gouvernera (gérera la misère) Acre en s'appuyant sur un conglomérat d'ordres militaires religieux, sans les Teutoniques. Ces derniers avaient quitté l'Orient depuis le concile de Lyon en 1274 et laissé un contingent dérisoire. Sait-on jamais...

Rappelez-vous les heurts entre eux et les templiers. Les seuls qui ont eu le courage de dire aux Français ce qu'ils pensaient de leur roi versatile, du comportement de certains chevaliers infectés par le vice contre nature.

On croyait rêver, on revenait 8 ans en arrière, sauf que le rapport de force est totalement inversé et ***Guillaume de Roussillon volatilisé***. En janvier 1286, les Musulmans comprennent que le moment était venu de frapper un grand coup. Ayant du mal à cerner la personnalité de Philipe IV le Bel, ils deviendront agressifs. Philippe IV le Bel ne parlant pas de croisade, c'était le moment d'agir.

Le jeune Philippe IV, vif et intelligent, portait des jugements très rapides sur les hommes face aux évènements. Les ecclésiastiques à Paris ne diront pas le contraire. Ils s'en apercevront dès les obsèques de Philippe III le Hardi.

Philippe IV avait vu dans l'Ordre du Temple, durant sa tournée dans le Languedoc et les Corbières, une organisation autonome dans son royaume qui lui semblait difficile à contourner.

Un contre-pouvoir latent, plus riche que lui, qu'il était préférable d'intégrer plutôt que de combattre. Pour réussir son dessein, il devait s'affranchir de deux pôles. Le pape et les Templiers combattants en Terre Sainte, qui même en donnant le sentiment d'être divisés, s'entendaient très bien pour dépouiller les autres.

Philippe attendait de voir la suite (*la curée*) des évènements présents. Sans renfort, la situation se dégradait et le problème templier allait se résoudre tôt ou tard. Il voulut clore le chapitre de la« *croisade* » engagée malencontreusement en Aragon. Il favorisera l'entrée au couvent de sa jeune belle-mère, l'intrigante Marie de Brabant où elle finira les 36 dernières années de sa vie.

En 1286, la lente agonie du royaume de Jérusalem se poursuit. Guillaume de Beaujeu représente la seule force légitime aux yeux du sultan. Plus question de parler de secours venant de l'Occident. La France maladroite à cause de Charles d'Anjou n'a plus le temps d'armer des galères.

Pour sauver la face, Guillaume de Beaujeu concevra d'entretenir des relations soutenues et « *amicales* » avec le Caire. Les templiers, les vrais, les durs de jadis, se retrouveront dans ce poème écrit par un de leur troubadour.

Il colportait les nouvelles des chrétiens d'Orient à l'Occident quelques années auparavant : « *Ira et Dolor » dit son poème (colère et douleur) ; « réduit à me réfugier dans les murs d'Acre, la colère et la douleur se sont assises dans mon cœur, à tel point que j'ose à peine rester en vie. Car on nous rabaisse la Croix que nous avons prise en l'honneur de Celui qui fut mis en croix. Ni la croix ni la loi ne valent rien pour nous, ni ne nous protègent contre les Turcs félons que Dieu maudit ! Mais il semble à ce qu'il paraît que Dieu veuille les maintenir à notre perte ; le pape fait grandes largesse de pardons aux français et provençaux qui l'aideront contre les « allemands », il nous fait preuve de grande convoitise car notre croix ne vaut pas une croix tournoise et qui veut laisser la Croisade pour la guerre de Lombardie. Nos légats je vous le dis pour vérité vendent dieu et son pardon pour de l'argent* ».

Il est clair que le moral des templiers était dans les chausses. La morosité s'installe. Le doute est perceptible et s'affiche publiquement en 1285 avec les excommunications papales inopportunes. Une faille se crée entre l'Eglise de Rome et les princes engagés contre des chrétiens dans les croisades. On constate les effets, les templiers ne comprendront plus les dérives de la foi, cet appel à la croisade pour une cause étrangère à l'Evangile.

Lorsque le troubadour templier cite le mot « *allemands* », il fait une allusion bien sûr à la maison des Hohenstaufen, derniers vrais descendants du Saint Empire romain Germanique (rive gauche du Rhône qui servait de frontière) qui s'entendaient si bien avec les Teutoniques. A la mort de Conrad IV dont le père n'avait jamais pu être sacré empereur à cause des luttes perpétuelles contre la papauté, son fils mineur Conradin de Hohenstaufen gouvernera sous la régence de son oncle Manfred, frère adultérin de son père. Nous l'avons évoqué.

La papauté refusant cette situation voulait s'approprier la suzeraineté de la Sicile, le pouvoir temporel. On a vu les résultats avec Charles d'Anjou, qui reçut de son temps ce pays, un cadeau empoisonné de son frère Louis IX. Voulait-il en fait éloigner de France son trublion de frère ?

6 août 1286, l'empreinte des Roussillon

Comme « *le dauphin Humbert comte de Vienne et d'Albon et Artaud seigneur de Roussillon et d'Annonay étaient venus en aide au nouvel archevêque (de Vienne) Guillaume et au Chapitre de Vienne spécialement pour le recouvrement de leur château de Pipet (Pupeto) dont ils avaient été longtemps spoliés par la violence de Guillaume de Clermont* »... En remerciement... « *le prélat et son clergé leur promettent de les défendre de tout leur pouvoir, eux, leurs gens et vassaux, de les recevoir dans leurs villes, châteaux cités, fiefs et arrières fiefs, de leur venir en aide dans leur guerre, beaucoup quitteront la ville* »...etc.

Le texte est clair. Il prouve la relève des Roussillon, assurée par le fils qui entretiendra de bons contacts avec le dauphin de Vienne, son oncle. D'ailleurs, son autre oncle, Albert de Roussillon, membre du chapitre de Vienne, aura le privilège à titre personnel, dès le 28 septembre, d'accéder au chœur supérieur de la cathédrale Saint-Maurice (Vienne) alors qu'il n'était pas même sous diacre !

Janvier 1287, Humbert de la Tour acquiert enfin le titre.

En décembre 1285 Pierre Flote, chargé d'établir un projet d'échanges et de cessions de territoires entre le dauphin et le duc de Bourgogne, reviendra quelquefois à Vienne. Ses affaires avaient évolué. Philippe IV était devenu roi de France. L'accommodement entre Humbert et le duc de Bourgogne prenait une tournure favorable.

L'archevêque de Vienne attestera du bon déroulement des échanges de territoires, l'un après l'autre. Il restait à gérer avec souplesse les petites subtilités introduites sans cesse par la dauphine Anne dont notamment l'usufruit sur chaque terres paternelles, en les échangeant contre celles de son époux côté de la Tour (du Pin).

Cette transaction sera validée à Vienne le 13 janvier 1287, dans la maison dite de Saint-Gervais par les 2 parties. L'acte pouvait être amélioré si besoin était par Pierre Flote. Le Dauphiné revenait désormais sans aucune contestation possible à Anne et Humbert de la Tour (du Pin).

Pierre Flote ayant trouvé quelques intelligences à la Cour demanda au roi Philippe IV d'arbitrer l'accord sur les bases qu'il avait lui-même établi. Ce qui fut fait le 25 janvier 1287, sa requête acceptée sans problèmes. En toute logique, le duc de Bourgogne, grand Chambrier de France (organisateur des réceptions, rencontres ou cérémonies), tenait à conserver sa charge honorifique.

Philippe le Bel engagea les parties à conclure rapidement. Humbert demeurait seul possesseur du Dauphiné au moyen des cessions concomitantes qu'il fera à Robert des terres de Coligny et du Revermont jadis à ses ancêtres. A la mi-février, un accord arbitral mettra fin à ce conflit qui perdurait depuis 5 ans. Pierre Flote a réussi ici son premier acte délicat grâce à l'appui efficace, disons-le, du roi de France qui reconnaissant sa diplomatie sans en avoir l'air s'est immiscé dans les affaires du Dauphiné, terre d'Empire.

Pour rester dans cet ordre d'idée, Philippe le Bel signera une trêve avec le roi Alphonse d'Aragon à Oléron, le 25 juillet 1287, grâce à la médiation d'Edouard roi d'Angleterre. Trêve à l'issue de laquelle sera libéré là aussi Charles II d'Anjou.

Il règlera en peu de temps des affaires que son père n'avait pu réaliser. On reconnaîtra à ce jeune roi des talents diplomatiques.

Le comté de Tripoli et le sultan du Caire

Lorsque Bohémond VII de Tripoli, prince titulaire d'Antioche, mitoyen au royaume de Jérusalem décède en 1287, sa mère désigna un régent, Bertrand du Gibelet aussitôt contesté. Le trouble s'introduira au sein de la population qui reprochait notamment aux templiers de s'immiscer dans leurs affaires, désirant pourquoi pas prendre la ville par la force. La sœur de Bohémond VII, Lucie d'Auxerre arrivera à Tripoli en acceptant de gérer le comté avec un podestat sous la responsabilité de la république de Gènes.

Sa mère s'opposera à cette solution et Lucie sera donc à ce titre déposée en 1288. Le Comté de Tripoli deviendra « *une colonie chrétienne autonome éphémère* » où les Vénitiens et les Pisans mécontents de ne plus pouvoir y commercer, iront quémander un soutien armé au sultan Kalahun qui n'en croyait pas ses oreilles, trop content d'intervenir.

Guillaume de Beaujeu de son côté, entretenait assidument des relations circonstancielles avec le Caire. Il était prévenu par ses contacts « espions » que le sultan briserait la trêve et attaquerait incessamment Tripoli. Le *« corbeau »* était précis. Il lui donnera le calendrier du départ et la teneur des préparatifs. Aucun doute à avoir avec le sultan, ses intentions belliqueuses étaient claires.

Le Grand Maître colportera l'information aux dignitaires Génois de Tripoli qui informeront de suite les Mongols, afin qu'ils viennent à leur secours. Guillaume de Beaujeu, ayant perdu tout crédit depuis le coup d'état contre les Lusignan, ne sera pas cru.

A qui la faute ? Il récoltait ce qu'il avait semé. Les habitants pensaient au fait qu'il voulait leur faire quitter la ville afin de s'installer à leur place. Les mongols indécis face à la rumeur, récuseront cette demande d'aide inhabituelle venant de Tripoli, tout en invoquant que le rapport de force leur serait trop défavorable. Tripoli attendra de voir...

Lorsque Kalahun apparut devant les remparts, la réalité s'imposera, c'était la fin du monde ! Beaucoup quitteront la ville par la mer. Après 35 jours de siège, les Musulmans pénétrèrent dans la place, le fer et la flamme à la main. Il n'y eu aucune proposition de reddition. Le sang coula durant deux jours ; 7000 chrétiens furent massacrés, les femmes et les enfants traînés en esclavage. La ville fut brûlée, rasée pierre par pierre. Nous étions les 26 et 27 avril 1289. Quelques fugitifs purent s'embarquer et vinrent raconter leurs malheurs à Acre afin qu'elle pressente les calamités à venir.

L'attitude de Guillaume de Beaujeu durant ces quelques années, conduit encore de nombreux historiens à se poser des questions sur l'Ordre du Temple. Elle ne cesse d'étonner et d'alimenter les échanges relevant d'un certain obscurantisme. Jacques de Molay soumis « *à la question* » (torture) sera le premier à en subir les conséquences après leur arrestation en 1307. Il eut bien du mal à saisir ce que l'on voulait lui faire dire et à entendre...

18 mai 1291
Chute de Saint-Jean-d'Acre

Face au déluge qui venait de s'abattre sur Tripoli, il va sans dire que le moral des habitants d'Acre eut à pâtir. Au sein de la Milice du Temple, le Grand Maître fidèle à sa politique confirmait qu'il représentait la seule autorité reconnue par le sultan. N'ayant pas d'autre compétiteur, Guillaume de Beaujeu devait jouer serré et arracher une trêve dont le sultan avivera le contenu dans sa durée en se moquant des occidentaux : deux ans, deux mois, deux semaines, deux jours et deux heures, cas unique dans les annales de la guerre.

A l'exemple de Tripoli, le sultan redoutera les gestes de désespoir des chrétiens perdus qui deviennent des lions en furie. Il va laisser le temps au temps, afin de pousser à l'exode. La ville se vidant peu à peu, il mettra à profit ce répit pour mobiliser un maximum d'hommes dans toutes les provinces rangées sous sa bannière. L'hallali des croisés était proche. Guillaume de Beaujeu, les barons d'Acre et les commerçants réclamèrent en vain des secours auprès de Rome. Le pape Nicolas IV, ancien Franciscain, ne mesurait pas ou refusait de voir le danger latent.

Il a de la rancœur envers le temple. Il enverra ce qu'il trouva ; C'est-à-dire, les aventuriers et les brigands qui peuplaient l'Italie. Une importante flotte de galères vénitiennes les chargea, consentants ou non, les débarqua à Acre au milieu de l'été 1290. Ils pillèrent tout sur leur passage. Les marchands damascènes (*musulmans de Damas*) furent les premiers assaillis à l'extérieur de la ville d'Acre. Dévalisés et laissés pour morts par ces nouveaux arrivants fanatisés, le sultan du Caire tenait là, le prétexte pour intervenir. Le Temple parviendra à temporiser et à rétablir l'ordre.

Mais la situation s'envenimera. Vers la fin août, suite à un banquet (*comme on dit bien arrosé*), les croisés et les mercenaires se mirent à traquer dans les rues d'Acre, toute personne portant la barbe. De nombreux arabes, chrétiens et musulmans furent égorgés. En apprenant ces exactions, Kaluhun, fou de rage, enverra une ambassade pour demander des explications.

Il exigera que les assassins lui soient livrés. Guillaume de Beaujeu proposa aux barons d'Acre de vider les prisons et livrer les condamnés. Les notables refuseront en disant que la trêve les protégeait. Heureusement pour Acre, la mort du sultan surviendra en novembre 1290. Elle apporta un peu de répit. Après quelques mois de luttes pour la succession, le fils du sultan Kalahun, l'émir Al Ashraf khalil reprendra le flambeau. Il avait juré à son père mourant d'en finir avec ce croupion en orient. Le serment sera tenu.

On ne s'éternisera pas sur le siège de la ville, les ouvrages abondent sur le sujet. J'y apporterais quelques détails. Les musulmans commencèrent à affluer par grappes le 4 avril ; selon les chroniqueurs avec une armée estimée entre 120 000 et 200 000 hommes. On devinera l'atmosphère chez les croisés et les habitants qui comptaient encore 45 000 personnes.

Les chrétiens opposaient au sultan, 700 chevaliers, 1300 sergents à pieds ou montés, 14 000 fantassins formés au dernier moment. Le rapport de force est évident. L'attaque débutera le 5 avril 1291. Pour la première fois depuis des décennies, Guillaume de Beaujeu (*Bellojoco*) et Jean de Villiers le grand Maître des Hospitaliers luttaient côte à côte. En Occident, personne ne plaignait plus Saint-Jean-d'Acre. Les croisés avaient donné une vision irréversible. Des hommes qui se battaient entre eux depuis près de cinquante ans pour sauvegarder leurs acquis et petites personnes.

Le 15 avril, Guillaume de Beaujeu tentera une sortie désespérée avec 300 chevaliers pour détruire ces maudites machines de guerre, des tours en bois immenses qui ébranlaient journellement les murailles. Le sultan avait tout prévu. Il avait pris beaucoup de peine à choisir les emplacements, quatre exactement. L'approche en sourdine des chevaliers était pratiquement gagnée, que les chevaux s'entremêlèrent les pattes dans les toiles de tentes posées à même le sol, comme les alvéoles d'une ruche. Les croisés découverts, battirent en retraite, entraînant derrière eux, disent les chroniqueurs, 2000 poursuivants.

Le 4 mai, Henri II roi de Chypre et de Jérusalem, toujours souverain d'Acre, apportera à ce siège un soutien circonstanciel. Il accostera avec 200 chevaliers, 500 fantassins et beaucoup de vivres. Jugeant la situation catastrophique, il sollicitera une entrevue auprès du sultan. Ce dernier occupé à faire travailler nuit et jour des milliers de prisonniers au creusement des galeries sous les remparts, répondra qu'il n'attendait de sa part qu'une chose : les clés de la ville !

Les murs se fissureront sous l'action coordonnée des sapeurs ennemis. Il n'aura bientôt plus besoin de clés. Vexé, Henri II repartira incognito à Chypre dans la nuit du 9 mai avec ses galères en se faisant traiter de lâche.

Le 16 mai un pan de muraille de la Tour neuve s'effondre. Les chevaliers s'y ruèrent en masse afin de colmater la brèche. Guillaume de Beaujeu réalisera qu'il était temps d'évacuer la population. Il ordonnera d'embarquer dans les bateaux, femmes, enfants, vieillards, riches commerçants déguisés en femme et tout ce qui fait rêver...

Dans l'affolement général, Guillaume de Beaujeu tentera une dernière négociation : donner une certaine somme au regard des civils à sauver. Les Templiers eux, ne se rendront pas. Le sultan l'humiliera en exigeant une amende pour chaque habitant d'un denier de Venise ! Alors que Guillaume de Beaujeu est occupé à vulgariser les propos grossiers du sultan, dire que ce marché était inacceptable, que soudain de toutes parts se répandra une multitude sarrasine. On criera à la trahison. Les murailles cèdent. Les historiens écriront sur le sujet le même message : « *Guillaume est mort en héros en combattant le 16 mai 1291* ». Il reçut un carreau (*flèche d'un arbalétrier*) qui le pénétra sous l'aisselle.

La Chrétienté a retenu sa phrase avant de mourir :« *Seigneur je ne peux plus car je suis mort voyez le coup* ». Cet acte de bravoure n'effaça pas les 18 années qui l'avaient précédé. On taira la suite, les scènes horribles qu'accompagnent le lot habituel de 10 000 fugitifs ou de malheureux submergés qui réussirent, en s'enfermant dans les tours à tenir jusqu'au 28 mai 1291. Le maréchal du Temple Pierre de Sevry fit approcher tout ce qu'il put trouver de navires à voiles et à rames. Par les tours de la commanderie et les souterrains (*voir ci-dessous le souterrain restauré de nos jours*), la presque totalité des non combattants embarquèrent. Loin de peser sur les motivations de chaque parti dans ce conflit perdu d'avance, on ne peut s'empêcher de faire un lien entre la fin de Guillaume de Roussillon en 1277 et celle de Guillaume de Beaujeu en 1291. Ils disparurent l'un et l'autre, c'est presque une coïncidence, au même endroit, à 300 mètres près.

Tout homme a ses faiblesses. Guillaume de Beaujeu a eu le temps avant l'assaut final, de réaliser où son orgueil l'avait conduit. A sa décharge, il avait eu un choix cornélien à trancher.

Vue partielle d'un souterrain de la vieille ville la voûte du Temple, boyau médiéval célèbre.

L'Ordre du Temple a manqué de neutralité contrairement aux Hospitaliers. Aucun Templier avant le concile de Lyon de 1274, n'aurait osé s'impliquer dans une guerre sans l'aval d'un dignitaire royal. Guillaume de Beaujeu en cautionnant « *la disparition* » implicite de Guillaume de Roussillon a montré, l'exemple à ne pas suivre, croyant avoir abusé l'Occident sans conséquence.

Il s'est fourvoyé en défendant les intérêts des poulains (chrétiens autochtones nés en Orient) à travers ceux du Temple. En juin 1291, la situation étant catastrophique, l'occident s'en lava les mains. Les Templiers ont favorisé les désirs d'un prince odieux et sanguinaire, Charles d'Anjou de tout temps intrigant. En 1308, en Provence, son fils Charles II de Naples, prince de Salerne en guise de remerciement exécutera les Templiers sans autre forme de procès.

Guillaume de Beaujeu a attendu de voir les 200 000 hommes du sultan au pied des murailles pour se dépouiller de sa superbe. Cruelle désillusion pour un homme (intelligent) qui mourut en croyant être demeuré le seul rempart légitime en Terre Sainte.

Il défraya la rumeur par sa conception de la politique en Terre Sainte, lui-même parfois controversé au sein de l'Ordre. A entendre Jacques de Molay, alors jeune chevalier qui l'accompagnait : « *je sais bien qu'à ce sujet du temps du grand maître Bellajoco moi et d'autres jeunes chevaliers nous murmurions contre ce grand maître parce que nous voulions combattre faire la guerre accomplir des faits d'armes parce que durant la trêve ...ledit grand maître rendait hommage au Soudan (*sultan*) dans le but d'obtenir de lui d'obtenir de lui de meilleures conditions, finalement (*après réflexions*) nous avons approuvé la conduite de notre grand maître parce que l'Ordre* (non pas les chrétiens) *occupait alors (*vers 1277*) et avait sous sa garde plusieurs villes et forteresses sur les frontières du Soudan qui auraient été perdues si elles n'avaient reçu des ravitaillements envoyés par le roi d'Angleterre* (Edouard)».

Guillaume de Beaujeu a vécu une grande partie de sa vie en Orient. Il maîtrisait parfaitement la culture arabe. Ce que l'on concevait là-bas comme de la négociation était interprété en Occident pour de la compromission. Ce fut un stratège, un diplomate avant l'heure, c'est indéniable. Il sous-estima l'usure du pouvoir, l'aura du Temple et la rancœur qu'il laissa en Occident.

5ème PARTIE

Philippe IV le Bel et le Temple

La chute de Saint-Jean-d'Acre reste assimilée à la disparition du dernier grand Maître qui inspira la crainte et le respect des musulmans. Philippe le Bel n'ignorait pas les frictions au sein de l'ordre et se doutait qu'une dérive de la règle était plausible en France. Dès la perte de la Terre Sainte en 1291, beaucoup de commanderies devinrent exclusivement des banques aux fonds plus au moins occultes.

Ils avaient amassé des fortunes dont les sultans ne purent jamais enrayer la fuite. Dans certaines provinces, exemples de l'Aragon ou la Guyenne, l'argent du Temple aurait pu être réactivé avec les forces vives des templiers occidentaux. Même diminués, ils restaient une armée combative, spontanée, dangereuse pour le roi.

Si Philippe le Bel méprisait les banquiers, il admirait ces chevaliers, ces moines combattants qui portant le blanc manteau avaient quitté la vie de ténèbres afin de retrouver dans l'ordre du Temple le blanc immaculé. Au point que de nombreux seigneurs laïques désireront finir leur vie en habit blanc et la croix rouge.

En engageant un combat sournois dont le but était de saper le prestige de l'Ordre, il restera tourmenté par la pensée de mettre les ordres militaires sous l'unique maîtrise de l'un de ses fils et non la sienne. Philippe le Bel n'aurait certainement rien tenté contre Guillaume de Beaujeu si ce dernier n'était pas mort au combat. Il avait compris que si l'élite musclée de l'Ordre était tombée en Orient, sa richesse continuerait à s'amasser dans les commanderies d'Europe, sur les places importantes et les ports de départs de La Rochelle, de Marseille et leurs succursales.

Philippe le Bel sera contraint d'appliquer pendant plusieurs années un calme trompeur, à tel point que faute de faille, les templiers ne pensèrent pas un seul instant devoir organiser un jour au sein du royaume leur défense juridique.

Réapparition de Pierre Flote aux affaires à Paris

A partir de 1287, tout en restant l'homme de confiance du dauphin Humbert 1er et d'Artaud de Roussillon, seigneur d'Annonay pour les affaires du Dauphiné, Pierre Flote est retourné enseigner la loi romaine à Montpellier. Ce fut un avocat subtil, un légaliste comme son successeur Guillaume de Nogaret, du même cru, qui suivra son maitre pas à pas. Pierre Flote, conseillé de Jacques II de Majorque et seigneur de Montpellier, d'Humbert le dauphin du Viennois, se surpassera pour le roi Philippe IV dans l'usage du droit.

En 1292 les accrochages et les conflits se multiplièrent entre marins anglais et français tant et si bien que le fossé s'élargira entre les 2 royaumes. Sur terre, ils se disaient en paix et sur mer, les équipages s'étripaient sans retenue jusqu'à la mort.

Le roi de France ordonna aux marins bretons et normands de cesser leur piraterie sur les bateaux anglais desservant Bordeaux alors ville anglaise. Mais rien ne stoppa ces actes gratuits, qui rapportaient gros à leurs commanditaires. De véritables escadres se formèrent de part et d'autre et les massacres redoublèrent. Edouard, vassal du roi de France en Guyenne, constatant que Philippe IV se voilait la face, armera une flotte considérable, qui, au large de la pointe Saint-Mathieu, détruira la flotte française croisant sur l'atlantique. De part et d'autres, ce sera les mêmes cruautés et tortures pratiquées à bord.

Philippe le Bel se souvenant du désastre vécu par son père par l'amiral de Loria en mer méditerranée et des séquelles subies ensuite à Aigues-Mortes et Agde, sera piqué au vif. Il enverra aussitôt à Edouard une citation à comparaître à Paris dont l'ultimatum fut fixé au 7 octobre 1293.

Il infligea aux Anglais de multiples occupations de territoires « *temporaires* » et une obligation non moins subtile à Edouard : épouser sa demi-sœur, fille du premier lit de Philippe III le Hardi.

Le texte était si bien formulé par Pierre Flote que le roi d'Angleterre ne put rien objecter. L'anglais avait 43 ans de plus que sa promise. Edouard tenté, se fit abuser et les deux rois convinrent de se rencontrer à Amiens après la fin de l'ultimatum. Ils ne se trouvèrent jamais et pour cause ... de Guerre de Cent ans !

Philippe ne voulait pas rencontré Edouard. Il manœuvra tant et si bien qu'il arrivera à confisquer le 19 mai 1294 le duché de Guyenne convoité aux anglais pour non comparution d'Edouard.

Edouard vexé renonça de suite à son allégeance, même si le texte revêtait pourtant toutes les apparences du droit. Philippe IV, admiratif des qualités de son légiste Pierre Flote, l'introduira dans son conseil.

Il lui donnera quelques temps après, en guise remerciement, le château de Ravel, près de Lezoux en Auvergne (Voir l'Affaire Roussillon T2/C.Rollat). Cette magnifique forteresse était devenue domaine royal depuis son acquisition en 1283 faite par son père.

On vit apparaître à partir d'octobre 1294, la griffe de Pierre Flote qui bien que résidant à Paris continuera d'apporter ses conseils à la politique du Dauphiné en alternance avec l'actualité nationale.

Plusieurs traités d'alliances seront passés entre le roi de France et le dauphin contre le roi d'Angleterre et son allié le comte de Savoie. On verra, et c'est un comble, le 2 octobre 1294, la dîme de nos régions en principe allouée aux croisades, octroyée pour 4 ans à Charles II d'Anjou pour la défense de sa «*Sicile* » avec la bénédiction du pape Célestin V dépassé, pour ne pas dire manipulé.

Cet acte démontrait au clergé que la dîme n'avait plus aucun sens depuis la chute de Saint-Jean-d'Acre. On ne la supprimera pas pour autant, bien au contraire. Célestin était perdu. Il avait été pape sans savoir pourquoi, et démissionnera sans raison. Avec Pierre Flote débute une cohabitation sous haute tension avec l'Eglise. Des luttes souterraines apparaissent. La violence allant crescendo, Pierre Flote répondra à toutes les exigences du monarque souffrant d'un manque de monnaie métallique.

Pas de problème... *toute personne qui ne possède pas un revenu supérieur à six mille livres tournois ne doit pas détenir de vaisselle en or pour manger ou autres et sera dans l'obligation de la remettre au Trésor* ».

Il ira jusqu'à réglementer le nombre de plats (en argent) à détenir, le nombre d'habits que l'on pouvait s'offrir, les menus à servir, etc. Economie drastique pour les autres, les cuisines de son château de Ravel ne seront pas touchées (*voir Tome 2*), qui avec le plein accord de Philippe le Bel profitera des conseils éclairés d'Arnould de Wismale (Wezemael) frère templier, grand Maître de l'Hôtel appuyé par le trésorier Jean de la Tour à Paris. Ceci ne put éviter à ce dernier d'être arrêté en 1307 par Nogaret, et d'être torturé par la suite en 1309.

En 1296, Philippe le Bel demandera à Pierre Flote de s'ingénier à chercher querelle au pape pour lui soutirer une part de ses revenus en France. Pierre Flote qui détestait celui-ci ambitieux, suggéra de bloquer toute sortie d'or du royaume en direction de Rome. Zélé, il confisquera dans la foulée les biens des préteurs Juifs et Lombards accusés eux, d'usure.

Le nouveau pape Boniface VIII se retrouvait ainsi privé d'une bonne partie de ses revenus et puni pour avoir osé demander au roi de suspendre les hostilités contre l'Angleterre. Ce n'était pas le problème d'un pape ! Philippe le Bel enverra par contre Pierre Flote négocier la canonisation de son grand-père Louis IX. Le 18 août 1297, Boniface VIII au pied du mur, signera la bulle et Louis IX deviendra Saint-Louis 27 ans après sa mort. C'est ainsi que sous forme d'une boutade, on dira que Saint-Louis n'a jamais connu Aigues-Mortes !

Grâce à Pierre Flote, le roi retrouvera peu à peu le pouvoir temporel abandonné depuis l'an 1000 à l'Eglise. Flote sapera au plus haut point l'autorité papale en allant jusqu'à créer la réunion *« des Etats »* dans les Provinces, puis une assemblée nationale (voir la salle des blasons dans le château de Ravel–T2). La création de ces assemblées provinciales aux pouvoirs régionaux élargis aux seigneurs du royaume, fut le premier pas vers une certaine forme de démocratie si l'on peut dire. Ce tournant politique de la société française était conçu dans le but de *« dégraisser »* le pouvoir du système féodal.

Philippe le Bel scellera encore, sans le pape, un nouveau traité de paix avec les Anglais en mariant bien en 1299, sa demi-sœur Marguerite de France, âgé de 17 ans à Edouard Ier d'Angleterre âgé lui de 60 ans et veuf d'Eléonore de Castille.

Ils eurent trois enfants. Dans la foulée, on fiancera Isabelle, la fille de Philippe le Bel au petit Edouard, le fils d'Edouard Ier d'Angleterre. Isabelle est celle dont l'histoire a retenu le nom dans *« les Rois Maudits »*, pour avoir fait cadeau de 2 aumônières qui perdront en 1314 ses 2 belles-sœurs Blanche et Marguerite.

En 1300, Pierre Flote revêtira la dignité de chancelier de France. Une charge qui n'était jusqu'alors réservée qu'au clergé. En 1301, il suscitera la comparution de l'évêque de Pamiers, Bernard Saisset pour trahison et hérésie. Spécialisé dans le jeu de la diplomatie, il excellait à magnifier l'autorité royale. Il s'acharnera à contredire méthodiquement les bulles papales. Il les falsifiera au besoin pour casser cette autorité. Il s'ensuivra des querelles sans fin entre le roi et la papauté. Le but recherché était atteint, Philippe le Bel en tirant parti remercia Pierre Flote.

C'est vrai qu'entre le légiste de Philippe le Bel, Pierre Flote, et l'ancien légat Benedetto Caetani une fois devenu Boniface VIII, le passif était lourd. Ce seront des parties de bras de fer ininterrompues concernant l'élévation du pouvoir spirituel sur le pouvoir temporel contesté par Philippe le Bel. Ce dernier désirait un décrochage avec le passé et l'obtiendra. Le roi envoyait un autre message : faire comprendre que le temps des conquêtes à coups d'épée était révolu, que les codes d'honneur ne suffiraient plus à asseoir son autorité ; les décisions sur son royaume relevaient à lui seul. Si son père avait été *« le roi des seigneurs »*, lui, était celui de tous les Français.

Il s'entoura de conseillers instruits, issus de la petite noblesse, des *« chevaliers ès lois »*. L'aristocratie et le clergé se gaussèrent en disant que c'étaient ces damoiseaux qui dirigeaient en fait le royaume. Ils n'avaient pas vraiment tort. Ils s'aperçurent pourtant, avec le temps et à leurs dépens que le roi n'avait pas perdu la main même si le sire de Joinville en douta en écrivant les mémoires de Saint-Louis sous Philippe le Bel.

En avril 1302, Pierre Flote réussira un tour de maître. Il convoquera à Notre-Dame de Paris une assemblée nationale des barons, prélats, bourgeois et seigneurs détenteurs des pouvoirs temporels du royaume. Cette date marque le Moyen Âge, elle casse l'autorité de Rome, dénote un changement d'attitude, un certain modernisme. Faire valider ainsi une politique anti-papale était osée. Modifier du genre ci-après définitivement les bulles pontificales *« nous voulons que tu saches que tu nous es soumis au spirituel et au temporel »*. Le but était atteint. Le roi de France mettait la papauté de Rome sous son joug. Dans la région du Vivarais, du Forez, du Lyonnais et du Velay les « *Etats* » préparatoires se réuniront à Ravel pour des raisons de commodités, mais avec une obligation de résultats afin d'éviter l'absentéisme.

Pierre Flote avait aménagé une salle dans la partie haute de son château (*qui se visite encore*). Il avait fait peindre les armes héraldiques de tous les participants, soit 49 blasons dont celui bien entendu d'Artaud de Roussillon, seigneur d'Annonay et de Roussillon et autres places et la tête de Philipe le Bel au centre.

Entre 1296 et 1302, Artaud de Roussillon est un ami proche de Pierre Flote. Il bénéficiera, comme jadis son père, de la couverture royale et des indiscrétions régionales. Il eut à ce titre la possibilité de s'enquérir des circonstances de la disparition de son père classées « *secret d'état* ». Si cela n'était pas déjà fait, il eut toutes les facilités pour faire rapatrier ses reliques se trouvant à Limassol sur l'île de Chypre et non plus à Saint-Jean-d'Acre où tout a été pillé et les tombes violées.

On se posera la question au sujet de l'abbé Filhol : qui l'a empêché de s'exprimer à la fin du 19ème siècle ? Le pape ou la Grande-Chartreuse ? On penchera pour la seconde hypothèse.

Si Guillaume de Roussillon a survécu à ses blessures, a-t-il succombé aux charmes d'Aphrodite ? Aucun texte sérieux ne peut le démentir. Tout comme la disparition de son épouse Béatrix pour le moins « *antidatée* » jusqu'à preuve du contraire. Guillaume était ne l'oublions pas, un proche du roi de Chypre, donc sur l'île rien d'impossible. En tout état de cause, la traditionnelle caissette qu'il possédait ne donna jamais plus de nouvelles. L'urne funéraire traversa-t-elle la Méditerranée dans les bagages du chapelain ? Elle arriva soit à Marseille, soit à Aigues-Mortes, pour se retrouver à l'église Notre-Dame d'Annonay. Le mystère subsiste toujours.

Pierre Flote toujours dans les bons coups sera contraint de monter en première ligne dans la guerre des Flandres. Il périra le 11 juillet 1302, lors de la funeste bataille de Courtrai dite des *« cinq cent éperons d'or »* avec l'host de Robert II d'Artois qui sera décimé. Ce dernier verra sa fille Mahaut se débattre avec son petit fils Robert III dans des querelles de succession. Le pape se croyait enfin débarrassé de son ennemi Flote « *c'est le diable ou un possédé du diable, Dieu l'a déjà puni en aveuglant son corps (il était borgne)* », unique cause de ses soucis, pensait-il. Le pape se réjouissait un trop peu vite car son remplaçant ne sera pas triste non plus. Il s'en apercevra vite et réalisera, que dans l'art de la manipulation Philippe IV le Bel en personne excellait seul, sans même les conseils de Nogaret.

Le retour en Occident des Templiers

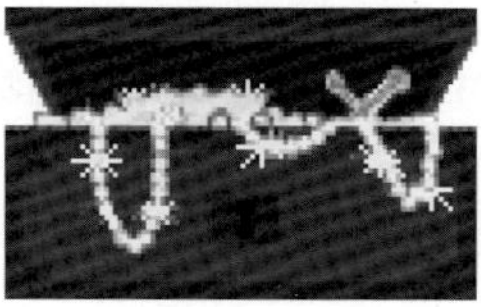

Après la mort de Guillaume de Beaujeu dans les circonstances que l'on sait, les Templiers éliront, en catastrophe, un grand Maître le moine Thibault Gaudin, auparavant chapelain du Temple. Se voyant dans l'impossibilité de tenir un siège plus longtemps, et sollicité afin de sauver « *le trésor* », il réunira autour de lui 10 chevaliers et partira se réfugier à Sidon, au Liban (Saïda en arabe).

Thibault, dit-on, partit à Chypre chercher des renforts mais ne revint jamais. Chypre devenait une terre d'asile où le Grand Maître des Hospitaliers, blessé également, était déjà arrivé. L'un et l'autre établirent provisoirement le chef-lieu de leur Ordre, sous la protection d'Henri II de Lusignan qui voyait la réorganisation de ces deux Ordres à Limassol d'un très mauvais œil. Il leur interdira d'acheter un quelconque terrain sur l'île afin de ne pas voir se renouveler le précédent scénario vécu à Saint-Jean-d'Acre. Avec l'expérience du temps et l'indépendance relative de Chypre en 2014, il n'a pas eu tort. En 1292, le grand Maître Thibault Gaudin décèdera. Jacques de Molay le remplacera ; il avait reçu le blanc manteau en 1267. Au début de l'année 1293, il a une cinquantaine d'années et devra errer pendant 3 années (*mettre des biens à l'abri*) de-ci de-là, implorant l'aide des souverains occidentaux comme Edouard d'Angleterre et Jacques d'Aragon qui en fait ne le suivront pas dans son projet.

Il cherchera à reconquérir légitimement un royaume pendant une dizaine d'années sans y parvenir, de préférence en Terre Sainte grâce au soutien des mongols, des hospitaliers, mais aussi et surtout avec l'aval de Boniface VIII. Les croisés parvinrent pour un temps éphémère à reconquérir Jérusalem. Trop peu, ils ne purent y rester abandonnés par les tartares, les musulmans revinrent à Jérusalem en prenant soin de raser cette fois-ci toutes les fortifications des places Palestiniennes. Dépités, les ordres militaires réembarquèrent pour Chypre. Jacques de Molay et ses templiers réussiront à occuper l'île de Tortose en 1300, avec l'aide du prince de Tyr Aimery de Lusignan.

Le sultan égyptien, irrité de voir à nouveau cette enclave lui échapper lancera une contre-attaque. A la fin de l'année 1302, les templiers évacuèrent ne sachant où aller. Les hospitaliers opteront d'occuper l'île de Rhodes. Ils avaient compris que leur présence à Chypre incommodait le roi Henri. Jacques de Molay décida de rentrer en France, non sans prendre le temps au passage, de piller Thessalonique, Athènes, Hellespont et une partie de la Thrace.

On ne perdra pas de vue que les templiers avaient conservé leur flotte intacte en 1291, qu'elle errait dans le bassin méditerranéen. C'est ainsi qu'ils débarqueront en 1304 sur les côtes françaises (Varoises) à l'abri des regards indiscrets. Le signalement de leur arrivée causait un problème à ce roi famélique, lui qui avait vu de ses propres yeux leur opulence, eux qui remontaient la vallée du Rhône avec un trésor monstrueux scandalisant la piété des fidèles. Qu'allaient-ils faire de ces richesses, dans un royaume pacifié ?

Comment se comporterait 15 000 chevaliers mobilisables, aguerris, au sein d'un peuple qui ne l'était plus depuis la cessation des hostilités internes entre seigneurs et la fin des croisades ? Le roi de France redoutait de voir naître un pacte entre les templiers et la papauté. Ce fait accentuera la priorité de Philippe le Bel : accélérer l'annexion du Lyonnais, toujours terre d'Empire, un verrou à faire sauter pour la couronne de France.

Pierre Flote passe la main à Guillaume de Nogaret

Il suivra la ligne que son prédécesseur « *professeur ès loi à la faculté de droit de Montpellier* ». On lui donne pour origine, Saint Félix de Caraman, petit bourg de Haute-Garonne, gagné jadis par le catharisme dans le diocèse de Toulouse. Il perdra sa famille dans des conditions que l'on suppose difficiles et se verra un jour traité de « *patarin* » par Rome, surnom donné aux hérétiques du fait que le grand-père Jacques de Nogaret aurait été brûlé vif. C'est resté une rumeur.

De ce drame serait issu son anticléricalisme primaire, sa haine farouche envers Boniface VIII il n'y a qu'un pas, à croire cette hypothèse peut-être pas infondée. Pierre Flote et lui-même, fidèles chevaliers servants du roi de France, subiront des vexations et les quolibets de l'Eglise, auxquels ils répondront « *œil pour œil dent pour dent* », la tension montera de part et d'autre au fil des ans et des confrontations.

Pierre Flote rendit des services inégalés à la couronne. Tant et si bien qu'ils amèneront l'annexion progressive de Montpellier. Guillaume de Nogaret interviendra lui en 1293 dans un conflit entre les consuls de Montpellier et l'évêque de Maguelonne en faveur du roi. Ce dernier put étendre désormais son pouvoir sur la ville entière. En guise de remerciement, Pierre Flote le fit entrer dans le conseil du roi. En 1296, il sera mandaté en Champagne pour enquêter sur les immunités des impôts octroyées aux ecclésiastiques. Il réussira si bien sa mission, qu'il siègera bientôt au parlement. En 1299, il devient par lettres du roi, « *maître* » Guillaume de Nogaret et ses activités iront crescendo.

Financier, économiste, administrateur, archiviste et surtout légiste infatigable contre la papauté, le choix de Pierre Flote s'avère une aubaine pour Philippe le Bel. Il lui confiera la mission exclusive d'empoisonner la vie du pontife, car il voit d'un mauvais œil les dîmes rester à Rome, vestige peut-être des anciennes libertés gallicanes de Saint-Louis, qui faisaient la gloire du clergé Français à lever de fortes décimes sous prétexte des croisades.

Pierre Flote montra la voie, Nogaret assura la relève au nom du roi et envoya, au début de son mandat, des délégués parler dans les assemblés générales du royaume, exemple de celle de 1303 avec

Duplessis qui accusait « *le pape d'être hérétique ; de ne point croire à l'immortalité de l'âme et encore moins à la vie éternelle ; de prétendre que la fornication n'est pas péché ; d'être sorcier ; simoniaque, de soutenir que le pape ne peut commettre simonie ; ce qui est hérétique, d'être sodomiste (*sodomique*); de contraindre les prêtres à révéler les confessions, de manger de la chair en tout temps ; de déprimer les moines ; de donner de grands biens à ses parents ; d'avoir démarié son neveu pour le faire Cardinal ; d'avoir fait paraître dans toutes ses actions une forte haine contre les français ; d'avoir dit qu'il aimerait mieux être chien que français ; d'avoir entrepris de ruiner le roi de France ; parce qu'il ne reconnaissait que Dieu au temporel enfin de regarder tous les français comme des patarins (*hérétiques*) »* En réponse l'évêque de Pamiers pour le pape accusait Philippe le Bel « *d'être faux-monnoyeur ; de n'être point de la race de Charlemagne ; mais de batardid vel spuriis oriundus ; de n'être nec homo, nec bestia, sed imago (*ni homme ni bête, sans visage*) ; de ne rien savoir du tout ; d'être indigne de gouverner la France ; d'avoir une cour fausse ; corrompue et infidèle ; et d'en être le modèle etc.... ».*

Georges Peignot auteur de traductions latines littéraires authentiques publiées en 1806 sous Napoléon Ier, sous le titre *« dictionnaire des principaux livres condamnés au feu supprimés ou censurés »* a situé l'ambiance, avec la fameuse phrase très controversée attribuée au pape face à quatorze témoins : « *Ah que de bien nous a fait cette fable du Christ »*

Ces échanges donnent la mesure de l'état d'esprit de chacun, des scènes scandaleuses qui suivront, lorsque Philippe le Bel s'adressera au pape avec en entête : « *Philippe par la grâce de Dieu roi des Français A Boniface prétendu peu ou point de salut* » et la réponse « *Boniface serviteur des serviteurs de Dieu à Philippe roi des Français ; craignez le seigneur et gardez ses commandements ; nous voulons que vous sachiez que vous nous êtes soumis dans le temporel comme dans le spirituel ; que la collation des bénéfices et des prébendes ne vous appartient en aucune manière ; que si vous avez la garde des églises pendant la vacance, ce n'est que pour réserver les fruits à ceux qui en seront pourvus....* »

Philippe le Bel convoquera le pape, fera préparer la réponse à Nogaret, qui la lira devant la noblesse en déchirant la bulle du pape. A travers l'attitude de tous ces personnages, on perçoit la position ambiguë que devra adopter l'Ordre du Temple, tiraillé de tous bords.

Jacques de Molay avait-il suffisamment de charisme pour rester neutre ? En revanche, Guillaume de Nogaret maitrisait son rôle et si le pape récidivait, il irait le chercher lui-même en Italie.

Le pape inconscient de la gravité de la situation rédigeait encore une bulle où, de rage, il voulait excommunier Philipe le Bel.

Ce dernier n'étant pas l'empereur d'Allemagne et n'allait pas s'en laisser conter. Ses espions lui confirmèrent le fait. N'en croyant pas ses oreilles, il enverra Nogaret à la tête d'une petite escouade armée, enlevé le pape pour le ramener illico à Paris et le juger. Napoléon n'a rien inventé en 1798 sous le Directoire en enlevant Pie VI du Quirinal et en le transportant malade sur une civière sans ménagement...

1303 l'Attentat du pape à Anagni

Lorsque Guillaume de Nogaret arrive de nuit à Anagni le 7 septembre 1303, ses troupes, sans sommation défoncent les portes du palais « *à le faire mourir de peur* ». Le pape ne se remettra jamais de ses émotions. Les historiens penchent plus sur l'action du gentil coup de gantelet de fer reçu en plein visage par son ennemi Sciarra Colonna que Nogaret fut obligé de calmer.

La découverte de la bulle qu'il commençait à rédiger la veille n'arrangeait pas ses affaires : « *qu'il avait le pouvoir de gouverner les rois avec la verge et de les briser comme des vases de terres* »... Mais Nogaret entra dans son logis sans frapper, la bulle d'excommunication n'eut pas lieu et c'est le pape que l'on brisera...

La vie trépidante de Guillaume de Nogaret est remplie d'intrigues. Cette anecdote nous permet de mieux cerner le personnage. Un homme pragmatique qui analysait les problèmes, les causes et apportait des remèdes sans état d'âme quant à la portée de ses actes. En 1302, Nogaret sera seigneur de Tamerlet (dans le Languedoc), de Calvisson dans le Gard, un domaine sur Marsillargues dans l'Hérault à quelques kilomètres d'Aigues-Mortes.

C'est ici, où l'on retrouve le plus de souvenirs liés à sa personne, même si le site actuel renaissance, remodelé fort beau, est orné d'un blason que le responsable du musée de l'époque, en 2005 m'a autorisé à photographier. (Voir en fin du livre la page couleur).

Sachant mieux que personne acheter l'appui des hommes influents, Philippe le Bel ne laissait jamais manquer d'argent ceux qui servaient sa politique. Les relations étant devenues exécrables entre le roi et le pape, Guillaume de Nogaret, servit d'intermédiaire, tout en rendant d'autres services dans le Languedoc. Il se verra octroyer de nouveaux dons qui se transformèrent en biens territoriaux sur Marsillargues, Calvisson et la Vaunage.

En l'espace de 5 ans, il était devenu l'un des seigneurs les plus puissants du Bas Languedoc et du Nobiliaire. Il avait mis au point une tactique imparable dans l'art de négocier. Faire intervenir en premier chef ses hommes de confiance, Pierre de Belle Perche, Humbert de Vaux ou Guillaume de Plaisians. Nogaret agissait en second plan, quitte à reprendre les auditions une par une, cherchant la faille dans une assemblée plénière avec interrogatoire.

La police actuelle a retenu la méthode. Pierre Flote avait déjà démontré l'efficacité de cette méthode. Voyons comment Nogaret procéda pour annexer le Lyonnais, malgré un archevêque aussi irréductible que le pape.

Rattachement du Lyonnais à la Couronne (projet)

Nous effectuerons auparavant un bref rappel depuis l'avènement au pouvoir de Philippe IV qui ne produisit pas de changement notable dans la politique de gestion du Lyonnais. En succédant à Philippe III, il avait eu suffisamment de foyers à éteindre sans en allumer d'autres. En 1287, le roi feignit de respecter les droits de l'archevêque et du chapitre. Il donna des instructions (discrètes) au bailli de Mâcon pour calmer les entreprises incessantes des troublions issus de la petite noblesse. On écoutera religieusement les plaintes des lyonnais contre leurs maîtres, l'Eglise et leurs ennemis notoires, les chanoines du Chapitre de Lyon.

En définitive ce que le roi interdisait au grand jour, était autorisé secrètement (la nuit) dès que ses intérêts étaient en cause. En 1289, sans s'inquiéter des maîtres légitimes, il interdira tout rapport avec les gens de l'Empire Germanique (sous-entendu le comte de Savoie, voir carte en couleur). Raoul de la Tourette, connaissant très bien le jeune roi évita de violer cet interdit, mais n'y parvint pas. En représailles les biens de l'Eglise furent mis sous séquestre. Cette mainmise royale sera levée en 1290 avec solennité et subtilité.

Un sergent royal fut chargé d'annoncer publiquement aux citoyens, aux notables et à l'archevêque « *qu'il ordonnait au bailli de Mâcon de retirer ses agents du Lyonnais, de rendre à l'Eglise ses biens et sa juridiction sauf bien entendu la supériorité du Roi et les droits des citoyens* ». Se tournant vers l'archevêque : *«et maintenant de la part du Roi, je vous prie et supplie en grâce et par charité de vous montrer doux courtois et bienveillant...* »

La remarque était ironique. Elle démontrait que le roi imposait progressivement des conditions insoutenables sur le lyonnais. Le 4 mai 1292, Philippe le Bel, écoutant d'une oreille attentive le moindre grief des citoyens envers le chapitre, mettra Lyon sous sa garde spéciale. C'était reconnaître à cette ville le statut de ville française. Un acte prémédité qui causa l'ire de l'archevêque, du chapitre et d'un certain Thibaud de Vassalieu, membre de cette assemblée depuis le 8 décembre 1283. Il y eu des échanges très violents et le Saint-Siège fut appelé à se prononcer contre le roi.

Le 3 juin 1295, on devra admettre que la ville serait un jour, du ressort de la souveraineté du roi de France. L'Eglise interdira aux citoyens de porter des armes, ce qu'ils refusèrent à l'archevêque, sachant qu'il était incapable de les défendre des brigands et qu'ils avaient besoin de se défendre des gens du Chapitre.

Le roi progressait dans sa politique d'annexion ; dans un combat d'arrière-garde, l'Eglise cherchera mille prétextes puérils pour entraver ses décisions. Entre le 9 février et le 2 juin 1295, Philippe IV viendra plus d'une fois à Lyon trouver ses citoyens et les encourager à poursuivre leur lutte, leur montrer qu'ils étaient hors du pouvoir épiscopal. Il leur accorda un maximum de franchises (pas trop tout de même).

En 1297, le pape Boniface VIII s'en mêlera en citant à Rome le roi. Ce qui n'arrangera rien bien entendu. Les citoyens et l'archevêque se retrancheront chacun de leur côté. Le roi ne répondra pas au pape et ordonnera au bailli de Mâcon de se tenir prêt à intervenir sur Lyon afin de défendre les citoyens. Le 30 octobre 1298, le roi demande à Guillaume de Virieu de nommer de nouveaux sergents dans la ville. Le 24 février 1299, Henri de Villars, archevêque de Lyon, impuissant à lutter contre ses sujets rebelles, reconnaît la supériorité royale. Les rapports ne s'amélioreront pas.

Aussi le 9 mai 1302, le roi avertira solennellement le Chapitre de stopper leurs pressions sur les citoyens, faute de quoi, il leur enlèvera le pouvoir temporel de justice et celui de lever des impôts. C'est dans ce climat de déliquescence qu'arrivera pour la France, la catastrophique défaite française de Courtrai du 13 juillet 1302 où mourra l'hésitant chevalier Pierre Flote ; premier légiste un peu trop zélé, il avait pour ainsi dire « *du poil de loup* » !

L'archevêque de Lyon respirait. Il jugea le moment opportun de soudoyer Philippe le Bel, de lui proposer de l'argent afin d'obtenir une rémission écrite le 2 septembre qui, sera confirmée le 22 octobre 1302. Mais Nogaret se rôdait... L'archevêque se croyant rassuré, se rapprocha de ses citoyens sans le Chapitre. Et oui, Philippe le Bel n'était pas sot. Il appliquait le « *diviser pour mieux régner* ».

Le Chapitre demandait à minima une copie de ce traité ; l'archevêque réservait sa réponse ! Elle tombera sèchement le 4 janvier 1305 non pas de l'archevêque, mais du roi, en la personne de Humbert de Vaux autre docteur ès lois, sous une forme laconique : «*le traité a été conclu par l'archevêque après grandes délibérations* ». C'était clair, le Chapitre étant impopulaire sa voix ne portant plus, on n'insistera plus. Chacun a compris que depuis l'attentat d'Anagni diligenté par un certain Guillaume de Nogaret, tout était possible en ce bas monde. D'ailleurs, le couronnement du nouveau pape Clément V, tout disposé envers le roi à qui il devait son élection, indiquera plus tard que chaque errance avait un terme.

L'archidiacre de Lyon Thibaud de Vassalieu

Sceau de Thibaud de Vassalieu figurant Sur le traité des Philippines en 1307.

Dans cette période tourmentée que l'on aborde comme aux échecs, Thibaud de Vassalieu, ancien chanoine de Vienne et ici l'archidiacre de Lyon, donc une pièce maitresse. Né vers 1260, il est issu d'une famille ancienne de petite noblesse bressane ; cadet, il sera élevé à l'église collégiale de Saint-Paul à Lyon, soutenu par son oncle Guy de Vassalieu, chanoine de cette église.

Brillant légiste, très jeune, le voici membre du Chapitre recommandé par l'archevêque Henri de Villars qui le prit sous son aile à l'automne 1296. Il sautera les échelons et à la mort de l'archevêque Henri remplacé par son neveu Louis de Villars, il est nommé archidiacre à l'automne 1301. Thibaud de Vassalieu homme de compromis, deviendra une figure Lyonnaise reconnue à Paris pour sa probité, son esprit de synthèse et son écoute.

Il comprenait que Lyon devait évoluer, s'associer à la politique du roi, tourner la page sur le passé, regarder l'avenir et considérer que Philippe IV malgré tous ses défauts, avait de grandes qualités.

L'attitude était courageuse pour un ecclésiastique de ce siècle. Il n'est point étonnant de comprendre pourquoi ces deux hommes s'entendaient si bien, chacun respectant son rôle. Même si l'argent n'a pas d'odeur, Thibaud de Vassalieu restera pour l'histoire un homme de grande valeur qui par une coïncidence apparente souhaitera être enterré à Sainte-Croix-en-Jarez dans la chartreuse, à proximité des restes d'une certaine Béatrix de Roussillon ...

Le couronnement du pape (l'éclaireur du roi de France), Clément V que l'on promènera dans tout Lyon, eut lieu le 11 novembre 1305 à l'église Saint Just, en présence du roi de France, du roi d'Aragon, accompagnés d'une suite impressionnante. Les 10, 14 et 20 décembre, Philippe le Bel et le légiste Guillaume de Plaisian (*Plaisans dans la Drôme*) résident toujours à Lyon ; les 2 et 3 janvier 1306, encore. On présume que l'on ne causait plus de couronnement, quoique les derniers jours seront consacrés, à protéger l'archevêque de Lyon des *« pillards »* gascons qui accompagnaient le pape !

Thibaud de Vassalieu avait été mis à contribution pour confectionner un pro-traité (le 29 janvier 1306) en dix points. Le pape, le roi, l'archevêque, le Chapitre de Lyon, avec Thibaud de Vassalieu aidé du « *précenteur* » Jean, du sacristain Briaud, de Guy de Boseuil chanoine de Saint-Jean et d'André des Echelles « *obéancier* » de Saint-Just, s'abouchèrent.

Ce premier projet fut approuvé à Paris par Pierre de Belle Perche le 9 janvier 1306. Un arrêté annexé indiqua que les *« difficultés pendantes »* seraient résolues par Pierre de Belle Perche, pour le roi et par l'archidiacre Thibaud de Vassalieu pour l'archevêque et le Chapitre. Le 29 mai, l'archevêque désignait deux délégués pour le représenter à Paris. Les citoyens de Lyon étaient les grands oubliés. Contre toute attente, ils désignèrent le 26 août des procureurs syndics qui ne furent pas même consultés. Cette manière d'agir caractérise l'attachement superficiel que portait le roi aux lyonnais. Philippe le Bel s'apercevra de sa bévue.

Dirigé par un prélat prudent et sage, l'Eglise, en reconnaissant le pouvoir royal, récupérait dans ce traité de Pontoise en cours de rédaction ses avantages perdus précédemment sur le dos de ses ouailles. L'annexion n'était pas aussi simple que Pierre de Belle Perche le laissait paraître et l'archevêque était rusé.

En dehors des hommages traditionnels, de la frappe des monnaies, des traités d'alliances en cas de conflits, des biens aliénables, des fiefs, des us et des coutumes, des droits et des devoirs perdurant envers l'Empire, l'archevêque mettait tout à plat. Il demandait à Thibaud de Vassalieu de fixer les dédommagements auxquels les intéressés avaient droit, sous-entendu, l'archevêque et le chapitre.

Ils autoriseront Thibaud de Vassalieu à signer tous les textes à Paris en leur nom, accompagné de Foulques Didier, chanoine de Saint-Paul, chevalier de l'Eglise de Lyon. On prévoyait la situation où Thibaud pouvait se trouver seul, et ce fut le cas. Lourde responsabilité que de négocier dans ces conditions durant un an en allers retours incessants. Ayant alternativement en face de lui, Pierre de Belle Perche à la rédaction, Guillaume de Plaisians et Guillaume de Nogaret à la relecture, puis enfin Philippe IV à la signature (*), Thibault de Vassalieu était bien seul.

(*) Qui ajoutera au dernier moment un moratoire pour les Lyonnais

On reprocha à Vassalieu son manque de clarté dans ces actes à qui l'on donnait déjà le nom de Philippines. Sans l'accuser d'avoir trahi les intérêts de l'Eglise qu'on lui avait confiés, on ne pouvait pas lui reprocher son autonomie, le fait de s'être octroyé une autorité débordante *« sur les choses de son Pays »*. Le terme « *accusations* » s'adressait au roi et à son légiste. Ces derniers auraient cherché à le gagner à leur cause en le côtoyant seul pendant un an. De Philippe IV il n'y a rien d'étonnant.

Deux éléments bloquèrent les négociations. L'imprécision évidente de la suzeraineté du roi qui laissait trop de latitude à son vassal, l'archevêque, à disposer encore des citoyens de Lyon. Le pouvoir du Chapitre s'était même accru ! Une fois les textes amendés, l'acte devait être signé en septembre à Pontoise, suivi d'une « *petite Philippine* » où figureraient des conventions particulières garantissant l'exécution des clauses. L'acte restait désespérément muet sur les droits des citoyens ; Thibaud de Vassalieu avait conduit les choses secrètement comme un chanoine. Il prétendra (après) avoir arraché au roi le droit de conduire les affaires du Lyonnais comme il lui convenait et qu'il serait à l'Eglise de les faire appliquer.

Chaque parti étant satisfait, on expédia des exemplaires de ce traité à la chancellerie, scellés du sceau de Thibaud de Vassalieu. On s'en remettait désormais aux soins de Pierre de Belle Perche, évêque d'Auxerre, représentant le roi et à Thibaud de Vassalieu délégué de l'Eglise de Lyon. A eux de traiter à Paris le reliquat des problèmes qui surviendraient dans l'exécution de cet accord.

Septembre 1307
attitude de Philippe IV le Bel

Philippe le Bel compris que ce traité touchant si près les Lyonnais, il serait indispensable d'avoir leur accord préalable. Il était temps d'y penser. On imagine les réactions. Dans un nouvel acte encore daté de septembre 1307 à Pontoise, le roi ordonnera de déposer en lieu sûr les textes officiels du traité, jusqu'à l'approbation finale de son contenu et « *que l'on fera droit à leurs réclamations* » (des lyonnais).

C'était habile, le roi se mettait la petite noblesse dans la poche. Thibaud de Vassalieu devrait expliquer à ses confrères du Chapitre et aux lyonnais, selon l'article 5 de ce traité, quel usage il avait fait « *des secours que le Roi avait mis à sa disposition, pour récompenser ceux qui avaient servi à la confection des Philippines* ». La compréhension de cette ligne ne s'impose pas et le prieuré de Sainte-Croix a dû en bénéficier largement. Thibaud a-t-il gardé l'argent, a-t-il soudoyé quelques meneurs en donnant quelques petites étrennes ?

Le 7 novembre 1307, les textes furent confiés aux frères prêcheurs de Paris, avec l'ordre de ne plus en sortir sans le consentement de Guillaume de Nogaret et de Thibaud de Vassalieu. La date est importante. Un constat s'impose : depuis l'arrestation des Templiers, Nogaret s'organise, se passe de ses banquiers habituels...

Le Chapitre de Lyon désigna son clerc le plus diligent, le notaire Chérubin de Pynn qui eut la mission d'aller porter la bonne nouvelle dans les campagnes. Le 30 novembre, il était « *à Saint Andéol (le château), le 1 décembre à Saint Genis en Terre noire, Saint Martin la Plaine et à Seilleu (Cellieu), le 2 décembre à Saint Paul en Jarez et à Doyseu (Doiseu)* ».

Il s'appliquera, tout le mois de décembre, à dérouler de place en place son grand parchemin. A l'approche du notaire, la vigie ébranlait la cloche et la majorité des habitants composés des notables agglutinés, écoutaient en silence le contenu de ce traité important pour eux. On demandait « *en langue vulgaire* » de lever la main droite en acclamant. Ayant compté les mains dressées, il se retirait non sans avoir fait retentir la corne rustique annonçant le retour aux tâches quotidiennes.

Les Philippines commençaient à faire du bruit. Les petits nobliaux, la plupart vassaux de l'Eglise de Lyon, regrettaient amèrement d'avoir été eux aussi écartés de ces discussions. A contrario, les notables et les bourgeois majoritairement pour, se retrouvaient dans ce texte, exemples à Condrieu, Rive-de-Gier, Irigny, Givors, Couzon, Sorbiers, Brindas et Soucieux (Soucieu-en-Jarez). Les petits seigneurs cherchaient en fait, un prétexte pour se débarrasser de leurs *obéanciers* (suzerains ecclésiastiques souvent nommés par le doyen du Chapitre). On constatait que Thibaud de Vassalieu avait travaillé contre son camp en générant en fait quelques frondes.

Rattachement du Lyonnais (projet des Philippines)

Le 20 janvier 1308, Guillaume de Nogaret, retenu à Paris auprès des commissions inquisitoriales instruisant les procès iniques contre les Templiers, dépêchera à sa place, Pierre de Chalon ; Pierre de Belle Perche, l'habituel adjoint chargé de toutes les négociations avec Thibaud de Vassalieu, était mort subitement. Thibaud de

Vassalieu et ce nouveau procureur du roi se mettront en charge de convoquer les «*plus* » (terme utilisé) notables citoyens de la ville de Lyon dans la maison du Chapitre afin d'écouter leurs griefs. Ils proposeront de modifier le traité et de l'acclamer (accepter).

C'est alors qu'arriva plus de monde que prévu à la réunion *« sans invitation »* et notamment les syndics et les conseillers de la ville. L'assemblée venait à peine de débuter qu'un Lyonnais prit la parole au nom de ses concitoyens, pour dire aux procureurs du roi et à l'Eglise « *certaines choses dont ils ne puissent à l'avenir prétexter ignorance* ». L'affaire s'engageait plutôt mal. « *Si les Lyonnais connaissent oralement l'existence de ce traité, ils n'en ont jamais eu la communication écrite* ».

La gestion de Lyon, même imparfaite avec l'archevêque leur convenait ! Ces deux remarques étaient un sérieux camouflet pour le roi. On imagine la réaction de l'effacé (mais pourtant efficace) Thibaud de Vassalieu qui avait pris la peine d'écrire au pape Clément V en le priant d'approuver le traité. Les citoyens estimeront alors devant l'assemblée que ce texte ne leur paraissait pas digne, qu'ils ne pouvaient le ratifier. On leur vantait des avantages que l'on ne démontrait pas.

Qu'advint-il de ce document ? Faute d'adhésion spontanée, il n'eut aucun effet. La situation était déjà assez tendue à Lyon et à Mâcon où l'arrestation des Templiers à qui l'on avait pendus des poids à leurs parties génitales, n'avait pas eu le meilleur effet au sein des populations. Et la fronde (*tempérament français*) reprendra de plus belle entre les citoyens, le Chapitre, l'archevêque et les représentants du roi de France qui paradoxalement ne juraient tous que par lui.

18 mai 1307
Le décès de Béatrix de Roussillon ?

Hormis les libéralités incontestables faites au prieuré en 1281 sous l'égide des beaux-frères Aymar et Amédée, le reste laisse dubitatif. Où se trouvent les références citées par les historiens régionaux, Nicolas Chorier, Théodore Ogier, l'abbé Chavannes, Antoine Vachez, Jean Combe et tutti quanti faisant référence à Béatrix résidant à Sainte-Croix-en-Jarez ? Qui a vu son acte de décès, le lieu et le nom des témoins requis en pareilles circonstances ? Tous répètent en chœur les mots « *semble ou suivant un tel* » (et ça arrange tout le monde), qu'elle a continué à vivre retiré du monde peu après la disparition de Guillaume !

Elle se replia dans le château de Châteauneuf puis sans hâter son départ définitif pour Sainte-Croix encore rattachée à Pavezin, elle aurait fini recluse au milieu des chartreux. Après tout, elle les côtoyait à Rive-de-Gier dans leur succursale, vu son âge c'était suffisant. En résumé, dommage que Samuel Guichenon (*voir les détails dans mon T2*) n'ait pas donné de sources précises, ni démontré clairement, comment les cénobites cartusiens vivant en autarcie à la chartreuse de Sainte-Croix puissent tolérer la présence d'une jeune veuve !

Dire qu'elle assistait assidûment au service divin dans les derniers moments passe encore, mais de là à évoquer au public « qu'*une ouverture oblique permettait à Béatrix d'entendre la messe sans être vue* » est étonnant. Antoine Vachez (p 45) a dû finir à Ste-Croix ! C'est l'histoire répétée du château d'If au large de Marseille dans le Comte de Monte-Cristo où les touristes cherchent encore le cachot d'Edmond Dantès !

Pavezin, village ancestral du Pilat en 1903

A la différence près, c'est que ne s'est pas une, mais quatre Béatrix de Roussillon qui ont connu Sainte-Croix. Laquelle est inhumée dans le chœur de l'ancienne église du 13ème siècle, à droite ou à gauche de l'autel de la salle capitulaire ? Imaginer sa disparition en mai 1307 ou 1306 accorderait les annales de l'ordre des chartreux mais c'est une utopie. Ceci il est vrai, lui aurait épargné de voir l'odieuse besogne qui allait s'engager dès septembre contre les Templiers et le rôle joué par Thibault de Vassalieu. On peut supputer sur les personnes qui tenaient à lui rendre un dernier hommage à Sainte-Croix (ou ailleurs) : sa belle-sœur Béatrix, ½ sœur de son mari Guillaume, veuve de Gaudemar de Jarez, son neveu Jacques de Jarez, Artaud son fils et Aymar de Roussillon son petit-fils.

On n'oubliera pas Albert de Roussillon chanoine du chapitre de Vienne, Guillaume de Roussillon évêque de Valence et de Die (*), ses filles Guigone, Eléonore, Artaude et Catherine, son cousin Guy de Roussillon seigneur d'Anjou et de Serrières, les comtes de Forez, de Savoie, l'Eglise de Vienne, son neveu le dauphin du Viennois, son petit cousin le doyen du chapitre de Lyon Pierre de Savoie, le sire Louis de Beaujeu son proche cousin etc., sans parler des chartreux de Lyon, de Grenoble, de l'Eglise de Lyon sous la houlette de l'archidiacre Thibaud de Vassalieu.

Cette liste reste une conjecture. Mais avec une telle famille, il semble inconcevable que Béatrix ait disparu sans date, ni d'acte, ne serait-ce que pour la possession de Châteauneuf. Elle n'a jamais voulu se remarier nous dit-on ! Par fidélité ou pour marquer l'affront indélébile que l'on infligea à sa famille. L'assassinat de son mari, commandité par du sang royal est resté impuni. Si elle avait choisi le remariage comme la plupart des épouses des croisés, l'affaire Roussillon aurait été classée et aujourd'hui on n'écrirait pas ces lignes. Drôle d'époque où la mort d'un homme comptait si peu. La perte de son écuyer coûtait moins cher au seigneur que celle de son cheval. L'Eglise parlait d'hérésie, d'inquisition et de bûcher, le roi de dévaluation de la monnaie, d'expulsion des juifs et d'empoisonnement des nantis.

(*) Comment expliquer que son fils Guillaume alors évêque de Valence et de Die (*Et si les templiers/Edit 2012 - C.Rollat*) n'ait laissé aucune trace de visite ou de dons à la chartreuse, alors que sa mère y reposait dit-on ! Il n'était pas pauvre c'est le moins que l'on puisse dire, il vivait comme un prince à Valence dans un château.

Philippe le Bel était-il un agioteur avéré en 1307 ?

Nous abordons maintenant, un autre morceau du puzzle avec des bribes d'histoire sous un angle parfois méconnu. Pas question d'entrer dans ce procès indigne à proprement parler, de prendre position en si peu de lignes, mais simplement traiter quelques sujets qui ont un rapport direct ou indirect avec notre titre.

Depuis le désastre subi en Flandres, où de grandes dépenses avaient été engagées inutilement, le roi ne résorbait plus sa balance financière. Il est vrai qu'il était seul à réduire ses dépenses. La Cour et sa famille ne se privaient de rien. Fils et belles-filles étaient dépensiers... Face à ce panier percé, Philippe IV bravera une nouvelle fois la tempête en appliquant la recette : usurper, prendre, emprunter, ne rien rembourser pour diverses raisons, confisquer les objets de valeur, en or, argent confiés aux prêteurs. Il expulsera les Israélites de France, suspendra le droit des grands féodaux de battre monnaie (ce n'était pas anodin). Un profond malaise s'installait. Le mécontentement grandissant provoquera l'instabilité des monnaies, les cours flotteront bloquant ainsi l'économie.

Philippe le Bel avait le choix soit de dévaluer ou de frapper de nouvelles pièces d'or, en altérant l'indice de pureté. Une pièce de Saint-Louis valant 12 sols 6 deniers passera à 21 sols 6 deniers. Si vous donniez au début du règne de Philippe IV au change un gros tournoi d'argent de Saint-Louis, on vous l'échangeait contre trois sols et trois deniers. Pour la même pièce, vous ne receviez plus qu'un seul sol. En d'autres termes, début 1307 le numéraire se trouve déprécié de 2/3 de sa valeur. A Paris, la foule s'insurgea et le roi fut contraint de se réfugier à la tour du Temple. Le 5 Janvier 1307, les responsables de l'émeute identifiés, 28 seront pendus aux ormes des 4 entrées principales de Paris. Les choses ont bien changé.

Est-ce dû à ce séjour forcé au Temple, qu'il voudra les détruire plus tard ? Il a mûri là, cette idée machiavélique de grossir les soupçons qui pesaient sur l'Ordre afin d'accaparer leurs biens ? Nogaret ne peut endosser tous les maux de la terre et depuis 1304, Jacques de Molay avait répondu qu'il n'avait pas besoin d'un roi comme templier ! Philippe le Bel ourdissait depuis ce jour, le projet de les détruire, instruit de la puissance colossale de ces banquiers et de cette forteresse inexpugnable, comment fallait-il les spolier ?

On devait trouver une solution sans éveiller l'attention des détenteurs de comptes courants ou autres valeurs déposées dans les commanderies. Nogaret, ayant accumulé suffisamment de témoignages pour intoxiquer l'opinion publique, va passer à l'acte. Il n'y avait pas de hasard, chez notre bon roi pratiquant ! Clément V égocentrique et poltron ne s'opposera pas aux manipulations et Jacques de Molay, sans profondeur, sera inapte à réagir à la brutalité.

24 août 1307 le piège est au point...

Nogaret s'occupera de tout. Il fallait agir vite et bien, écrire secrètement, présenter aux destinataires des ordres d'arrestations et un réquisitoire implacable. Le roi enverra un manifeste (hypocrite) au pape indiquant qu'il n'était pas dans la confidence : *« Nous sommes rendus aux (aveux et sollicitations) prières et aux réquisitions du grand Inquisiteur de la foi Guillaume de Paris, nous lui avons promis le secours de notre bras (l'appui des troupes royales). Nous avons décidés que les Templiers seraient examinés, (car) il faut qu'ils soient éprouvés comme l'or dans la fournaise* ? »

Ce texte, même alambiqué, ne souffre d'aucune interprétation. Le 25 septembre 1307 lors d'un conseil tenu secret en présence du roi, Nogaret sera nommé garde des sceaux pour remplacer l'archevêque de Narbonne trop timoré et qui, en sa qualité de prélat, ne pouvait intenter des poursuites contre des gens justiciables du pape sans son autorisation. Il continuera malgré tout à faire du zèle.

Le grand Inquisiteur Guillaume de Paris écrira de Pontoise le 27 septembre aux frères mineurs de se tenir prêt à exercer leur vigilance. On fixa la date au 13 octobre pour les arrestations simultanées. Nogaret bénéficiait de 10 jours pour envoyer 2 plis scellés dans toutes les provinces françaises à chaque bailli et sénéchal.

Le roi ordonna à ses hommes de réunir assez de troupes, selon l'importance de la commanderie à investir. Elles devaient pénétrer, par ordre du roi sous prétexte de vérifier la décime ! Une fois entrées, elles devraient arrêter tous les Templiers et alors seulement ouvrir le 2ème pli. Il comportait des accusations terribles sur leur comportement (sans fondement). On avait imaginé la colère, l'effroi, la révolte. On donnait la marche à suivre en cas de rébellion :

« la mort ». L'interrogatoire des prévenus débutait en présence d'un *« commissaire inquisiteur »,* c'est tout dire. Selon Les réactions, la torture (la question) était autorisée. Il fallait des aveux. Beaucoup de moines Templiers, ne comprenant pas ce quil leur arrivaient, ne dépassèrent pas le premier interrogatoire. Ils furent égorgés à Arras et à Aix-en-Provence et ailleurs, sans avoir pu prononcer un seul mot.

13 octobre 1307
rien n'est laissé au hasard

Selon l'expression de Philippe IV « *les loups ravissants cachés sous des peaux de bêtes* » vivront l'enfer. Le pape, indécis sur les prémices de poursuites à donner, acceptera de participer à la curée avec les évêques (*mobiliers des commanderies*). Pris de remords, il envisagera de les réformer sauf plus amples renseignements. Il pressentait bien qu'un procès criminel sans avoir recours à l'hérésie vis à vis de l'Ordre échouerait, la majorité lui manquerait (*) et les Templiers pourraient se venger.

Jacques de Molay, sûr de son aura, avait assisté, la veille des arrestations à Paris, en grande pompe, aux funérailles de Catherine de Courtenay la 2ème femme de Charles de Valois, frère de Philippe le Bel. Jacques de Molay, homme droit, n'avait rien d'un chevalier aux idées politiques subversives...« *les Templiers se donnaient garde car ils étaient bien puissants et si grandes gens qu'on ne les eût pas pris légièrement* ». Philippe le Bel ne le niait pas. Ce dernier impassible et muet, qui *« ne répondait jamais quand on lui parlait, au regard fixe comme une statue, un fantôme* » (selon Saisset l'évêque de Pamiers qui s'était déjà révolté contre le roi), agissait dans l'ombre, dissimulait ses pensées à la façon d'un malfrat.

Le 13 octobre au matin, le roi prit possession de la tour du Temple qu'il connaissait. En s'y installant définitivement, il réunira 2 trésors sans inventaire, la caisse de la maison du roi confiée aux Templiers et le trésor public qui se trouvait alors au Louvre. Il mettait la main sur les archives, les bijoux, les vases sacrés et les dépôts des princes. Voltaire assimila son acte à une conjuration.

(*) Ce qui arrivera en novembre 1311 à Vienne (voir Ombre du Temple 1312/2012-C.Rollat).

L'inquisition réactive les tortures.

L'arrestation des Templiers à Lyon amena la découverte d'anciennes lettres compromettantes adressées à Jacques de Molay par un Templier Marseillais Pierre de Nobiliac, chargé du transfert maritime des croisés en Terre Sainte. Il donnait des indications précises concernant l'attitude déroutante qu'avait eue Guillaume de Beaujeu avec le sultan, lors d'une entrevue à Château Pèlerin selon les templiers du Languedoc. Molay et Nobiliac vinrent s'en expliquer sans aucun problème.

Il faut garder à l'esprit que les inquisiteurs étaient des prêtres des ordres mendiants qui obéissaient au roi avec zèle. Ils avaient la bénédiction papale et l'exprimaient parfois à travers leur jalousie maladive de n'avoir pu entrer dans un Ordre plus valeureux à l'époque des croisades. Lorsque certains frères des Ordres mendiants commettaient trop d'atrocités, on les suspendait temporairement. Selon leur niveau dans la hiérarchie épiscopale, le pape procédait à une mutation. On connait l'exemple au siècle précédent, lors de la répression cathare, du rôle joué par le « *vénérable* » Jean de Bournin (Bernin) qui de modeste frère prêcheur, devint archevêque de Vienne. Promu légat pontifical, il fut envoyé à Toulouse le 29 avril 1233 pour commuer les sanctions des hérétiques en peines plus légères !

On se posera la question : jusqu'où pouvait aller la crédibilité des autorités chrétiennes lorsque, le 20 avril 1233, le pape Grégoire IX adressait aux frères prêcheurs de Bordeaux, Bourges, Narbonne et Auch les consignes de continuer à extraire l'hérésie ? Les dominicains et les franciscains étant reconnus « *juges officiels délégués* » par l'autorité du Saint Siège, ils ne s'en privèrent pas. Officiellement, Raymond VII avait confirmé, en déposant son sceau d'une main. Il avait demandé des apaisements au légat pontifical. Jean de Bernin, qui ayant une lueur compatissante, fit déposer publiquement le nom des « *premiers inquisiteurs par diocèses* ».

Ce fait calma l'ardeur des inquisiteurs hystériques. Las d'être inopérant en Languedoc face aux abus inquisitoriaux, las d'entendre les plaintes des consuls s'accumuler et révoltés de voir ce gâchis, cette chienlit exposée, le légat demanda au pape d'être relevé. Mis au vert le 13 mai 1238, il se consacra au diocèse de Vienne avec des ressources financière inépuisables. D'où lui provenait cette manne ?

Les pouvoirs de la circulaire, donnée au Grand Inquisiteur Guillaume de Paris, chapelain du roi de France, permettaient à ses subalternes de provoquer les mêmes sévices en province sur les templiers. Toutes ces violences, les frères prêcheurs les ont acquises avec une étonnante facilité. A partir de 1308 il fut facile d'obtenir des aveux par l'intimidation, la menace, la faim, les horreurs du cachot, l'enchaînement, les promesses de grâces, la douceur hypocrite, la ligature des poignets jusqu'à l'apparition du sang, le fer rouge, le gonflement de l'estomac, le graissage de la peau avant de rôtir les membres jusqu'à noircir les os et même la pendaison de poids sur les parties génitales « spécialité » du bailli de Mâcon.

Beaucoup deviendront fous sous la torture, les instruments de supplices, l'étirement du squelette, l'écrasement des pieds en bouillie informe, les fausses promesses, la sodomie la nuit. Cette ignoble mascarade envers les templiers que le peuple ignora, durera 4 années. Le temps *« d'instruire »* pour mettre en place un concile, dresser des procès-verbaux, de cuisiner les récalcitrants et verrouiller le pape. On ne s'imagine pas ce que ces hommes ont enduré comme douleurs et bassesses. Lorsqu'ils se croyaient protégés, ils parlaient en se tenant les dents ou tendaient leurs mains avec des ongles arrachés. Et dire qu'en 2012, la ville de Vienne a commémoré les 700 ans de ce concile sous la forme d'une fête médiévale sans complexe, est une honte. On leur reprochera de ne pas se présenter aux audiences avec des membres brisés. La justice considérait les aveux, extirpés dans l'horreur, passés librement. Jacques de Molay fut entendu 3 fois par le grand Inquisiteur en 1309. A bout, il finira par demander à voir le pape qui se dérobera, bien entendu ; les rétractations étaient nombreuses et la rumeur publique grondait contre l'inquisition et le pouvoir. « *On n'entendit que cris dit l'abbé Vertot, que gémissements de ceux qu'on travaillait, qu'on brisait, qu'on démembrait..... On les « élonguait » par l'estrapade, on les disloquait sur le chevalet* ». Les faits sont réels.

Le pape, bien au fait de tout, complice se taisait. Paradoxalement, il fut mis en demeure par Philippe le Bel de faire cesser ce tapage qui nuisait aux affaires du royaume. On suspendit les pouvoirs des inquisiteurs pour calmer le jeu. La machine enrayée par ce fait et vu leur état physique, on préférait ne pas les revoir. Philippe le Bel ordonna de reprendre. Dans le midi, les prisons étaient pleines, cinq à Carcassonne, soixante à Beaucaire, quarante-cinq à Aigues-Mortes, cent cinquante à Nîmes, trente-trois à Alès.

En Provence, tous les Templiers furent exécutés sur le champ ou presque, dès 1307 par Charles II, fils de Charles d'Anjou. Tous leurs biens meubles furent confisqués, les hommes suppliciés et brûlés. Charles II d'Anjou, réalisant l'indignation de la Provence et la gravité de ses actes gratuits, s'inquiétera pour lui-même et crut bon d'en parler au pape. Il en tomba malade et mourut après Pâques 1309 dans les mêmes sentiments contre lui que son père, haï de tous.

L'indécision du pape « l'arroseur arrosé »

Le pape recevait des nouvelles révoltantes. En 1309, il s'appliquera à gêner le roi qui lui répondra en le soumettant au chantage de rouvrir le procès pour hérétique du pape Boniface à titre posthume. Il était toujours accusé des crimes les plus atroces, simonie, hérésie, parjure, mœurs contre nature... Mais surtout d'avoir voulu excommunier le roi de France et Nogaret depuis Anagni. Les défenseurs de Boniface protestèrent et attaquèrent à leur tour Nogaret, en lui imputant des faits énormes bien plus graves. Philippe le Bel, décontenancé, voulut livrer les ossements du pape au bûcher ! Le procès posthume dura un an et coïncidera avec la tenue des conciles régionaux inachevés dans tout le royaume, ce qui ne parvenait pas à démontrer la culpabilité des Templiers, alors que le concile général de Vienne se profilait. L'ouverture fixée au 10 octobre 1310 se présentait mal pour Nogaret. Les rapports de maltraitances des templiers continuaient d'affluer à la Cour. A vrai dire le pape savait qu'il avait été joué et que sa vie allait être à son tour en danger. Un accident est si vite arrivé...

Il avait quelques difficultés à répondre aux rapports venus d'Europe innocentant l'Ordre dans une écrasante majorité. Et pire maintenant, voici des templiers rescapés qui revenaient sur leurs aveux. Rien qu'à Paris, du 22 novembre 1309 au 28 mars 1310, en tenant compte du calendrier pascal, 638 templiers comparaitront devant la commission nationale. 560 déclareront continuer à défendre leur ordre en précisant que leurs aveux leur avaient été arrachés sous la torture. Les chiffres parlaient. On comprenait que le malaise grandirait face à ces interrogatoires qui se terminaient invariablement par le bûcher ou le supplice. Les rémissions étaient rares. Jacques de Molay demanda au garde des sceaux (Nogaret) un moyen de faire entendre la messe aux Templiers. On le lui promit en se méfiant de lui. Etait-ce un moyen de mieux cacher leur hérésie ?

On s'interrogera sur l'attitude des accusateurs : n'avaient-ils pas perdu tout sens d'humanité et de raison ? Il est facile de nos jours de dire que ceci se déroula à une autre époque, se cacher derrière un roseau. Plus le temps passait, plus Jacques de Molay et les autres chevaliers relevaient l'échine, après avoir passé des jours terrifiants où ils furent contraints à des aveux lourds de conséquences pour l'Ordre et pour eux. Quoiqu'il en soit, les conditions dans lesquelles se déroulèrent les interrogatoires sont impardonnables et les Dominicains resteront muets à ce jour...

Je partage entièrement l'avis d'Alain Demurger lorsqu'il fait cette remarque dans « le Crépuscule des Templiers » à la page 262 : *« le 26 et 28 novembre 1309, Jacques de Molay a manqué le coche. Il en a eu conscience d'ailleurs, ses hésitations de ces deux jours-là le prouvent. Jacques de Molay s'est muré trop tôt dans le silence. Qui sait ce qui serait advenu si, à cette date (1310) franchement et résolument, comme c'était le vœu de celles-ci, il s'était placé à la tête de ses troupes (*clandestines*) pour défendre son ordre ? »*.

Richesse inconnue de la Grande-Chartreuse ?

Robert Gaguin ministre général des mathurins, écrivain ecclésiastique du 15éme siècle et Guillaume Paradin de Cuiseaux doyen de Beaujeu *en son histoire de Savoye* ont amplifié sinon repris des calomnies jamais prouvées. Que recherchaient-ils en parlant du cas d'un *nouveau-né engendré entre un templier et une pucelle cuit et rôti au feu :* sauver les Inquisiteurs ? On ne s'étendra pas sur ces propos. Que recherchait l'Eglise en tolérant cette publication ?

Heureusement que tous les livres censurés par la faculté de théologie de l'Université de Paris chargée de leur expurgation, n'ont pas tous été détruits. Les « *catalogues de livres défendus* » sont rares mais suffisants pour nous éclairer sur les points volontairement cachés. Les bûchers provoquèrent de telles hystéries que même leurs commanditaires par exemple l'archevêque de Narbonne, étaient obligés de s'écarter pour ne pas entendre les cris de ceux que l'on jetait dans les brasiers ardents.

Je relate des faits rien de plus. On ne peut se réfugier derrière le pardon, derrière l'excuse de dire qu'à cette époque les hommes étaient encore des barbares. Qu'attend le Vatican pour réviser ces ignominies ? Les Templiers, après avoir été dégradés à un niveau extrême, se mirent à refuser de comparaître. Ils nourrissaient l'espoir de se racheter au concile de Vienne, et pouvoir se défendre en temps opportun devant le concile général. Hélas, aucun des frères qui s'étaient offerts à la défense et dont les noms n'ont pas été conservés, ne furent en mesure de se présenter. Nogaret ne pouvait pas faire disparaître tout le monde, ni barrer tous les grands chemins du Dauphiné menant à Vienne, encore moins le chemin dévalant du coteau de Melay à Saint-Romain-en-Gal sur la rive droite du Rhône.

La vérité est plus cruelle. Ils avaient tous été déliés de leurs vœux ou condamnés à des peines plus ou moins graves, psychologiquement touchés, sans parler de leurs membres inférieurs brisés pour les empêcher de marcher, les pieds rôtis où des bouts d'os s'échappaient des extrémités. Au cours de cette sordide affaire, qui continue et continuera à faire couler beaucoup d'encre, trois templiers seulement s'accusèrent d'infamies et se rétractèrent en plus.

Et encore faut-il prendre du recul pour écrire cela. Un rapport mérite attention ; celui du frère mineur Etienne de Nereaco (*non templier et franciscain donc prudence*) qui déclara, témoin à la commission : « *qu'il avait entendu deux Templiers de Lyon pendant l'interrogatoire auquel il assistait (comme inquisiteur) que « si leurs supérieurs leur avaient ordonné d'avoir des rapports avec les dames, ils eussent obéi, les leur auraient même conduites s'ils avaient voulu, mais qu'ils n'auraient jamais commis le péché dont on leur parlait, même sur prescriptions de ces supérieurs ».*

Ce genre de déposition faisait le grand bonheur des autres communautés. Au treize, quatorzième siècle et plus, si les rôles avaient été inversés, les Templiers n'auraient-ils pas eu des révélations à faire concernant ce genre d'accusation ? Au Temple, tout frère qui était « *ataint de feme ...* entrait *en mauvais leu ou en mauvaise maisons aveuques mauvaise feme sous à sol* (seul à seule), perdait l'habit, ne pouvait demeurer dans l'ordre. *Il pouvait même être mis aux fers* ». Si l'Ordre devait être tenu responsable de l'inconduite de quelques–uns et ceci reste encore à prouver, on doit douter de la probité de l'Eglise toute entière.

Avec le recul, il est vrai, on ne fera croire à personne que des chevaliers, des officiers de haute noblesse, rompus aux exercices de la guerre et de l'épée, aient consenti à se dégrader dès leur entrée dans l'Ordre, même si la cordelette portée en signe d'ascèse n'était pas une ceinture de chasteté dont le Grand Maître aurait eu les clés. La pratique de l'ascèse était monnaie courante chez les croisés, la sodomie possible mais dans le même pourcentage que chez les inquisiteurs. Il en serait autrement, leur bravoure en Terre Sainte en aurait-elle été affectée ? Les abus sexuels commis sur mineurs aujourd'hui sont-ils moindre ?

Pour l'Eglise, les templiers ont versé jusqu'à la dernière goutte de leur sang. Les témoignages « *objectifs* » proviennent des chroniqueurs arabes exemptés de la censure catholique. Cette dernière imposait un autre mode de fanatisme, sans prendre la peine de voir que les civilisations n'étaient pas, somme toute, radicalement différentes. Guillaume de Beaujeu et Jacques de Molay l'avaient très bien compris et les papes ne pouvaient l'accepter. A l'échelle des outrages, « *aux chiens de sarrasins* » se substitueront *« ces cochons de chrétiens »* et les chroniques inépuisables seront portés à considérer invariablement l'ennemi de l'autre côté. Trop d'occidentaux ont peint jusqu'à ces dernières années, les croisades et l'histoire des templiers d'une manière restrictive. On refuse de voir la vérité, qu'au moment où les inquisiteurs et les légistes poursuivaient avec acharnement la destruction du Temple, croupissaient sous le poids des faveurs accordées par le roi et le pape, un très grand nombre de chrétiens, frères ou chevaliers expiraient dans les geôles du sultan, ayant refusé de renier leur foi et d'apostasier.

Le rattachement du Lyonnais
(deuxième étape)

Nous avions laissé Thibaud de Vassalieu dans l'impossibilité d'appliquer le traité de Pontoise en 1307 avec des citoyens lyonnais qui ne reconnaissaient plus le pouvoir temporel de leur archevêque. Ce dernier n'en tiendra pas compte, aussi les lyonnais en mars 1308 en appelleront au roi pour arbitrer le litige. En mai, il finira par déclarer : « *Il n'y aura plus de juridiction à part la sienne, le produit des amendes sera partagé entre le chapitre et l'archevêque en alternance* ».

Le roi voulait en finir de ce conflit à cause des templiers. Il terminait son jugement en avertissant les Lyonnais qu'il se réserverait le droit de nommer un chanoine, qui sa vie durant, aurait le pouvoir de désigner le chancelier, le courrier et le juge. Philippe IV se réservait le droit de régler les litiges contradictoires entre les citoyens, l'Eglise et un chanoine.

Quel pouvait être cet oiseau rare originaire des Dombes ? Thibaud de Vassalieu on devine. Le roi lui accordera cet honneur en raison des bons services rendus et des soins qu'il avait apporté à la confection de tous les actes relatifs à la question du nouveau statut de la ville de Lyon. Il sera investi de cette charge par lettres patentes « *en mai 1308, nous nommons pour notre chanoine chargé* »...

C'est vrai, que cette reconnaissance dans le contexte concomitant de l'inquisition et les arrestations des Templiers, a dû faire jaser ses détracteurs. Probablement le gêner lui-même lorsque l'on connait les liens qu'il entretenait avec les Chartreux, et les Chartreux aux Templiers. Les méthodes de Philippe le Bel (pensions, enveloppes) pour acheter les silences étaient connues L'archevêque Louis de Villars succombera sur ces entrefaites et à ce moment-là, tout changera ou presque.

L'élection du successeur Pierre III de Savoie fut soumise au roi qui avait implicitement fait nommer le pape. Il souhaitera neutraliser la maison de Savoie dans la perspective d'un nouveau conflit imminent dans les Flandres. Pierre III pour être élu, devait accepter les Philippines issu du traité de Pontoise comme son prédécesseur (condition secrète sine qua none). Le caractère trempé de cet homme ne se prêtait pas au jeu imposé par Philippe IV. On pouvait s'attendre au pire. Le roi s'en doutait, Pierre était une pierre dans son jardin.

La première escarmouche va arriver le 21 novembre 1309. Le roi engageant l'archevêque à ne plus tolérer d'hommes armés. Il lui rappelait que *« le port d'arme est interdit dans tout le royaume »*. Mais, comme l'autorité de la ville est en principe revenue à l'Eglise, dans un traité non appliqué d'ailleurs, l'archevêque joue sur les mots et ne lui répondit pas. On avance sur un terrain glissant. Le roi donnait un peu de lest d'une main et l'ôtait de l'autre.

L'archevêque, loin d'être naïf qui savait où cela le conduisait, sollicitera des appuis externes. Il était téméraire d'entraver Philippe le Bel, qui instruit des dispositions belliqueuses à son égard n'était pas du genre à céder ses droits de suzeraineté contenus dans le traité de Pontoise. Un an de tension s'écoulera et le 29 décembre 1309, Philippe le Bel déclenchera les hostilités. Il mettra en détention à Lyon, des gens du Chapitre et de l'archevêché sous le prétexte futile « *offense envers le Roi* » Un fait pesé à l'avance qui lui donnait l'occasion de faire ensuite un geste d'apaisement pour les libérer le 7 janvier 1310.

Pierre III de Savoie, archevêque de Lyon, étant justement à cette date-là à Paris, suivi comme son ombre par Thibaud de Vassalieu qui le suivait fut informé de l'incident ; Guillaume de Nogaret sommera alors l'archevêque à réitérer en sa présence le serment de fidélité des Edits de Pontoise (les Philippines). La démarche était facile. Le légiste se rendit dans la maison du prélat à Paris (un *hôtel particulier comme tous les autres à cette époque*) et lui intima de reconnaître la supériorité du roi sur la ville de Lyon.

Pierre III de Savoie s'y opposa violemment en prétendant « *que son prédécesseur n'avait pas pu aliéner un bien appartenant à l'Eglise* ». S'emportant en invectives, il déclara « *qu'il avait nécessité de s'entendre auparavant avec le chapitre de Lyon* ». Nogaret ne dit pas un mot, le piège avait fonctionné.

Thibaud de Vassalieu était témoin. Il dira à son archevêque : « *monseigneur, je suis là en tant que procureur du chapitre et donc j'ai pouvoir de le représenter sur certains points que vous voudriez me soumettre pour en discuter avec maître Guillaume de Nogaret* ». Nogaret était ravi de l'intervention. Déjà échaudé par la tournure qu'avait prise l'intervention sur Boniface VIII à Anagni où il avait été tenu implicitement responsable de sa mort, il opta pour une action pacifique et commença de dicter en introduisant des notaires. Nogaret s'adressant à l'archevêque dira : « *Ceux qui lui conseillaient telles choses (*de ne pas accepter la suzeraineté du roi*) ne lui étaient point fidèles, ni à son Eglise, ni au Roi, mais devaient être réputés infidèles et déloyaux et que si le roi savait qu'il y en eût de tels qui troublassent ainsi la paix de la Ville (de Lyon), de la Patrie et du royaume il les tiendrait pour des traîtres* ». Thibaud de Vassalieu, médusé par la situation et la tête de son archevêque, sera pressé de quitter la capitale et de rejoindre Lyon.

Le procès-verbal consignera le refus de l'archevêque. Le roi se frottait les mains, il le tenait. Arrivé à Lyon, Pierre de Savoie soupira d'avoir ainsi pu s'échapper. Il chassera aussitôt les officiers royaux de la ville. Son acte équivalait à une déclaration de guerre.

Le chemin de l'annexion du Lyonnais n'était pas encore gagné. Une mise au point avec Thibaud de Vassalieu s'avérait nécessaire. C'est Guillaume de Nogaret qui s'occupera du cas de l'archevêque, le confiera à Guillaume de Plaisians, trop heureux de réduire ce nouveau bouillant ecclésiastique.

Le 24 juin 1310, une puissante armée, sous la conduite de Louis le Hutin, fils aîné de Philippe le Bel se dirigera sur Lyon. Les Lyonnais hostiles à l'attitude de l'archevêque déclineront de servir sous sa bannière. Il s'enfermera dans la citadelle de Pierre-Scize et capitulera le 22 juillet face aux forces royales arrivées en bateaux. Comble de malchance, son oncle Amédée V sur lequel Pierre comptait s'appuyer, avait changé de camp et va même l'humilier en exigeant au nom du roi sa reddition. L'archevêque était prisonnier. Illico, il sera conduit à Paris sous bonne escorte, à la Cour, il fallait un exemple concret. Des otages Lyonnais seront également emprisonnés sans brutalité à Mâcon, le temps de mettre en place à Lyon une organisation provisoire avec l'aide de Thibaud de Vassalieu.

Le roi tiendra l'archevêque à portée de main jusqu'au concile de Vienne qui, retardé fin 1311, ne se tiendra qu'en mois avril 1312. Par ce fait, il restera prisonnier plus longtemps que prévu. A Lyon, personne ne l'a réclamé. Avec cette révolte inutile, l'archevêque offrait au roi, le pouvoir temporel de l'Eglise de Lyon sur un plateau. L'archevêque dans sa prison « *dorée* » parisienne, croyait avoir conservé au moins un allié, le pape. Ce n'était pas le bon choix, ni le bon moment dans le contexte des procès inachevés contre les

Templiers. Le pape écrira au roi pour la forme qui, habitué des requêtes bateau, ne daignera pas répondre. A suivre...

Avril 1310
Le concile de Vienne

A l'origine le pape Clément V avait fixé la date du concile général autour d'avril 1310. Les résultats des assemblées régionales le désavouant sur la culpabilité des Templiers, l'avait contraint à le reporter au 1er octobre 1311 soit un 1 an ½ après. De nombreux évêques ne voulaient plus se déplacer. Condamner l'Ordre équivalait à condamner tous les désordres ressentis dans les communautés d'hommes et de femmes. Depuis que les pèlerinages lointains avaient été entrepris par des groupes d'individus, cela avaient facilité la débauche et des vices inouïs (*je cite les textes*), les mœurs des ecclésiastiques provoquaient d'incessantes réformes. Pourquoi accuser plus les Templiers que les autres, dans quel but ? Telle était la vraie question.

Le 16 octobre 1311, les travaux de la première session du concile débutèrent en présence de trois cent prélats. Le continuateur Guillaume de Nangis réduit ce nombre à 114 prélats mitrés, sans compter les non mitrés, les procureurs fondés de pouvoir pour les absents, les prieurs et les abbés réunis dans la cathédrale Saint-Maurice. Clément V expliqua qu'il avait provoqué ce concile pour trois causes : *« en raison des erreurs énormes et d'hérésie des templiers, en raison des secours à porter à la Terre sainte (sujet grotesque sans l'host des templiers), en raison de réformation des mœurs et de l'état ecclésiastique »*.

Premier écueil, une écrasante majorité des pères persistaient à dénoncer que l'ordre n'ayant pas été cité à comparaître pour se défendre, ils leur étaient impossible de les condamner malgré la promesse faite au roi de France !

Certains pères minoritaires s'étonnèrent et *« firent le reproche de ne pas (les voir) se présenter devant le concile, de ne pas avoir constitué de mandataires à l'effet de les défendre devant la grande commission d'enquête»*. La remarque est cynique. L'histoire prouva que c'était justement tout le contraire. Les Templiers voulaient se défendre. Ils ont supplié humblement de pouvoir se rendre librement au concile général. Le pape écoutait indécis sans répondre. En pleine séance de novembre, sept Templiers se présentèrent à l'assemblée, rejoints par deux autres peu après qui s'offrirent à plaider la défense de l'Ordre (*voir l'Ombre du Temple Vienne 1312/2012-Un procès inique/Christian Rollat).* Ils mettront en garde le pape sur le fait que 1500 à 2000 templiers *« échappés aux poursuites se trouvaient dans le Lyonnais (dans l'anonymat) et aux environs, qu'ils faisaient cause commune avec eux »*. Absent sur le coup, abasourdi par cette nouvelle, le pape s'empressera de les emprisonner (par l'intermédiaire du dauphin du Viennois vraisemblablement). On ne les reverra jamais ! Clément V avait 9 disparus sur la conscience. Il écrira au roi pour lui relater cet incident. Il craignait que la situation ne dégénère pour sa sûreté et celle des prélats.

Contrairement aux idées reçues, beaucoup de Templiers avaient en effet échappé à la rafle. Le pape appelait à l'aide en indiquant que seul 4 prélats présents au concile votaient l'abolition ! La violence de cette réaction supprimait une nouvelle possibilité de défense. Elle démontrait à quel point les actes d'accusation des Inquisiteurs étaient vides. Le concile piétinant, le roi s'énervait...

Le 30 novembre 1311, de Poissy, Philippe le Bel convoque selon sa recette infaillible, les Etats Généraux à Lyon (pouvoir laïc) les notables et quelques membres du clergé afin de délibérer. Il se rendra ensuite en personne à Vienne (des historiens donnent la date du 19 octobre). C'est encore bien joué. Le roi fait une seule pierre deux coups. Il évoquera la crainte de voir des Templiers clandestins dans le Lyonnais face aux hommes des seigneurs locaux ; il rappellera en aparté, l'annexion du Lyonnais et leur demandera de réitérer leur fidélité au royaume de France. Philippe IV le Bel verrouillait le système. Toute tentative de renfort deviendra vaine pour les templiers.

Ci-après, les noms de ses soutiens portés sur le procès-verbal : *« les seigneurs Beraud de Lavieu, de Chaignon (Chagnon), Mathieu de Talaru, le seigneur de Chatillon d'azergues Henri d'Albon, le seigneur de Poulognoy (Poligny) Guy d'Albon, le seigneur de Saint Férreol Guillaume d'Albon, le seigneur de Montagny, se sont fait représenter à cette assemblée, le seigneur de Roussillon et d'Annonay Aymar de Roussillon (petit-fils de Guillaume), le seigneur de Jacques Jarez de Saint-Chamond, le sire Louis de Beaujeu et le comte de Forez »*.

Depuis longtemps, la royauté avait eu dans la vallée du Rhône, de zélés partisans. Si vous avez bien relevé les noms, à quelques nuances près, on sourit. On retrouve les descendants ou les parents proches des nobles d'autrefois sur lesquels a reposé tout notre récit. Des sujets fidèles aux rois de France en toute circonstance, indifférents à la nature de la cause, du moment que c'est à l'appel du roi. En l'occurrence, ils comprennent, en 1312, qu'en retour, le pouvoir de l'archevêque à Lyon sera annihilé. Le principal artisan de cette annexion progressive du Lyonnais sans heurt est bien Thibaud de Vassalieu, précurseur de la méthode Coué. Ils auront plus de mal à admettre l'abolition du Temple qui s'interfère à Vienne avec les différents entre le pape Boniface VIII et Nogaret.

Comment un Ordre militaire et religieux aussi puissant que le Temple est-il arrivé au point de ne pas réagir ? Ceci reste un mystère trop long à développer. Etait-ce le remède imparable imaginé par Philippe le Bel pour stopper les croisades ? A Vienne, le roi marquera la fin de l'hégémonie de l'Empire, de l'Eglise qui, s'installait à Avignon. Par ce fait, Jacques de Molay devait disparaître et avec lui les richesses. Les seigneurs de la région avaient retenu la leçon avec la disparition de Guillaume de Roussillon.

Lorsque prime la raison d'état, baissons la tête pour éviter le coup fatal. D'ailleurs, les manuels scolaires ont tort de décrier la barbarie des hommes au Moyen Âge. Le nombre d'affaires politiques, de meurtres non élucidées pour maintenir un semblant de cohésion sociale est constante augmentation de nos jours.

Le roi de France jugera la situation préoccupante en décembre 1311. Il transporta la Cour en plein hiver dans la vallée du Rhône. Accompagné d'une forte armée sous les ordres de Charles son fils aîné, il arrivera au mois de mars 1312 en bateaux, avec toute sa famille, épouse, fils et belles filles ; les frères Cordeliers s'empresseront de lui accorder l'hospitalité à Sainte-Colombe jusqu'à la fin du concile. Ce dernier reprenant sous la contrainte, il s'achèvera en avril sous l'égide de l'armée royale.

Le roi s'attachera à rester sur la rive droite, craignant d'influencer le vote des prélats en séjournant à Vienne, rive gauche du Rhône ! Précaution illusoire, le pape tremblait comme une feuille. L'archevêque de Lyon était dans les bagages. Libéré tactiquement et assigné à résidence, il avait compris. Le roi le convia à Sainte-Colombe, lors du passage à Lyon où Pierre de Savoie présentera son nouveau conseiller Jean Bertrand. Le roi promettra à la frange du clergé qui lui était restée favorable et à la noblesse régionale, d'en finir avec ce rattachement. Philippe le Bel profita du concile pour faire ratifier le traité d'annexion de Lyon par Clément V, mettant définitivement au pli son archevêque récalcitrant.

Mars 1312, la Cour arrive à Sainte-Colombe

L'archevêque de Lyon mis au fait des intentions du Roi se rendra illico à Vienne dès l'arrivée du pape afin d'implorer son appui. Le pape, qui lui-même avait assez d'ennuis, ne voulut surtout pas s'en mêler et poliment « *lui laissa le soin de se tirer tout seul de l'inconsidération qu'il avait eu de vouloir se mesurer avec un prince tel que Philippe* ». Le message est édifiant sur l'entraide existante entre frères. Après ce genre de propos venant du pontife, on comprend déjà les conclusions du concile : l'ordre du temple doit être aboli ! Concernant le rattachement du Lyonnais, l'archevêque se voyant lâché, aussi ne voit-il qu'une seule issue : aller frapper à la porte du couvent des Cordeliers et « *recourir à la bonté divine du roi et la miséricorde de Dieu* ».

Couvent des Cordeliers, aujourd'hui Institution Robin

Le roi l'accueillera gentiment, on le comprend... Le 10 avril 1312, l'annexion sera signée entre les arbitres, Jean Bertrand pour l'archevêque, Guillaume de Plaisians, délégué par Guillaume de Nogaret, resté à Paris qui avait fait auparavant validé les documents.

Il restait à fixer les indemnités compensatrices ~~pour~~ afin d'abroger les Philippines de 1307. Là encore, l'archevêque traînera les pieds... On ne peut lui tenir grief de ne pas s'être défendu.

Reprise du concile de Vienne en présence du roi

Clément V le 3 avril (*on évoque aussi le 12 avril*), fera lire la bulle *Vox Clamantis*. Il décrétera l'extinction apostolique de l'ordre du Temple de sa propre initiative, après un consistoire secret, en présence de Philippe roi de France, assis juste en dessous de son frère Charles de Valois et de ses trois fils. L'archevêque de Lyon étant resté au concile, Philippe le Bel lui arrachera une dernière concession le 16 avril : la suzeraineté du château de Montagny (69) qui était une porte située entre Givors et Lyon afin de se prémunir de nos voisins du Dauphiné.

Contraint, l'archevêque acceptera encore, sachant qu'il perdait aussi l'emprise sur Givors à travers son Chapitre. Dernière formalité, faire valider ce dernier traité par le Chapitre, en l'occurrence l'archidiacre Thibault de Vassalieu écarté du jeu diplomatique. Il est vrai que depuis le désaveu cinglant infligé involontairement à son archevêque à Paris, face à Nogaret ; Thibaud, muselé, ne parlait plus guère.

Ce ne fut qu'une formalité, les légistes du roi ayant tout ficelé avec Vassalieu et le doyen du chapitre, à plusieurs reprises à Lyon pendant que le roi séjournait à Vienne. A l'issue d'ultimes négociations difficiles et secrètes, le projet d'abrogation des Philippines sur lequel l'archevêque comptait encore pour s'en sortir la tête haute lui sera soumis le 16 avril à la signature. Homme providentiel, Thibaud de Vassalieu s'en chargera et le ratifiera le 18 avril pour le Chapitre non sans se poser quelques questions.

Nous étions le 22 avril 1312, sans doute à Sainte-Colombe et non à Vienne, en présence de Philippe le Bel, le doyen du chapitre, Thibaud de Vassalieu et Guillaume de Plaisians, les Philippines furent abrogées et remplacées par un traité tenant compte cette fois-ci des citoyens et des nobles du Lyonnais. Au milieu de ses soucis et de ses occupations, Philippe le Bel pensait à tout, prévoyait tout. A-t-il eu le temps d'aller voir cette légendaire Chartreuse de Sainte-Croix au cœur du Pilat, située à vingt kilomètres à peine du couvent des cordeliers ? Une fois encore, le rôle déterminant de Thibaud de Vassalieu apparait sans équivoque dans le traité clôturé à Vienne.

Considérant sa mission accomplie, il avait désormais de quoi vivre décemment, il se retira, par précaution de la vie publique tout en recherchant un havre de paix loin des nuages qui s'amoncelaient. Le moment venu, Aymar de Roussillon, seigneur d'Annonay et de Roussillon lui conseilla la chartreuse dans le Pilat où était enterrée, selon la légende, sa grand-mère Béatrix que Vassalieu avait connue.

Vienne, le dernier espoir du Temple

Le concile de Vienne se poursuivait ; sous la pression constante des troupes royales, le 2 mai, la bulle « *Ad providam Christi Vicarii* », transférait les biens au roi de France, au pape et aux hospitaliers sans que personne ne s'en plaigne. Les mobiliers des commanderies s'étaient déjà envolés. Le Grand Maître des Hospitaliers Foulques de Villaret (Villarest) écrira à Philippe le Bel en le qualifiant *« de lumière, de flambeau de l'Orthodoxie »*.

L'usage des biens du Temple devait contribuer à recouvrer la Terre Sainte, non pas à enrichir Avignon. Le pape Clément V a réussi à sauver la face sur le plan matériel, au détriment du roi, certes mais qu'en a-t-il fait ? (voir Ombre du Temple –C.Rollat).

Le 6 mai 1312, la bulle « *Considerantes dudum* » par un jugement définitif condamnera ses membres pour *« hérésie »*. Les templiers seront jugés individuellement selon leurs actes personnels. On imagine la suite, qui n'intéressait plus le roi. La Cassation des biens n'entraînait plus la confiscation de tous leurs biens, ce qu'il avait espéré.

L'Ordre ne pouvait plus être condamné. Au-delà du pillage systématique des commanderies par les agents du roi, les biens resteront *« en principe »* biens d'Eglise, mais bien entendu, les choses se passèrent parfois différemment. En ce qui concerne le procès d'intention posthume du défunt pontife Boniface VIII, désiré par Nogaret, ce pape qui avait tenté excommunier Philippe le Bel, Clément V n'étant plus en état de résister au roi de France, lèvera l'excommunication sur Guillaume de Nogaret. Comment pouvait-il en être autrement ? Les berges du Rhône étaient couvertes d'une multitude d'embarcations d'hommes en armes venus de Mâcon, de Lyon et de Condrieu. Ils exerceront une pression intenable sur les pères de l'Eglise siégeant à 600 mètres à peine à vol d'oiseau. On notera l'absence marquante des troupes du dauphin dans les textes.

Les commissions diocésaines, aussi surprenant que cela puisse paraître, n'avaient pas toutes rendues leurs travaux que le concile était terminé ! L'extinction désormais acquise, inquisiteurs et légistes continueront de juger individuellement les pauvres « *ex* » templiers. Il y eut encore des cas de bûchers, des condamnations abusives *« au mur »* (la prison) à vie.

Il y aura peu d'élargis, beaucoup, ruinés, deviendront mendiants ou entreront chez les compagnons. D'autres (en bonne santé) dans les couvents qui accepteront de les recevoir, cas de Marlhes qui compta sur les Chartreux. Combien quitteront la France ?

On mettra enfin en exergue, la conduite chevaleresque des quatre dignitaires de l'Ordre le 18 mars 1313 où Jacques de Molay hurlera au plus fort sa vérité, face à une foule immense : « *le temple est innocent et les crimes dont on l'accuse ne sont que des mensonges* ». C'était trop tard… Cette annonce fut réitérée par Geoffroy de Charnay. On empêchera Hugues de Pairaud et Geoffroy de Gonneville de s'exprimer. La foule (disent certains) éberluée, voyant sortir ces condamnés désemparés se serait ruée sur l'estrade afin de les libérer à l'annonce de l'autodafé. On évacuera de suite les dignitaires condamnés. Fidèle à son habitude, Philippe le Bel, souverain avare de paroles, informé, écoutait, prêt à tout.

On a vu des hommes marquant dans ce récit comme Pierre de la Brosse, Guillaume de Beaujeu, Pierre Flote, Guillaume de Nogaret, Enguerrand de Marigny, Guillaume de Plaisians ou Jacques de Molay qui furent choisis à leur époque pour leurs vertus et les circonstances. Utilisés par les rois de France ou les papes en fonction de conjonctures précises et des scénarios différents, ils ont tous imprégné l'Histoire. Dans ce type de comparaison, Guillaume de Roussillon et Thibaud de Vassalieu ont eu le mérite de leurs discrétions, plus humbles et plus honnêtes que les premiers nommés qui ne penseront qu'à accroître leur pouvoir et leurs propriétés.

Les premiers sont les extrémités d'une chaîne dont les autres ont composé les maillons. Ils marquèrent quarante années riches en rebondissement dont la finalité sera l'abandon de l'Orient. De ces décennies écloront une nouvelle culture qui forgera notre identité nationale... bien mal en point de nos jours.

Dans l'abandon de la torture, malheureusement, des progrès restent encore à faire dans le monde. Trop d'innocents meurent encore chaque jour pour des questions idéologiques ou religieuses du fait d'un prince argenté ou d'un mollah obnubilé. La lutte fratricide engagée (entre guillemets) entre les Guillaume, Beaujeu et Roussillon fut un choc de cultures où la diplomatie du premier n'eut pas le temps de convaincre le manque d'expérience de l'autre. Chacun croyait détenir sa vérité et combattre pour une noble cause.

L'incompréhension grandissante conduira à des heurts inévitables que Guillaume de Roussillon voulut éviter. Ce fut le geste de trop pour le Temple. En Terre Sainte, des milliers de chevaliers et pèlerins sont morts pour un idéal. Guillaume de Beaujeu, éternel incompris, avait analysé que la chrétienté ne détenait pas la seule vérité. Je pense sincèrement qu'il restera un éternel incompris de l'Histoire. Un homme qui posséda la lucidité d'anticiper des évènements politiques au risque de froisser son entourage. Sa patience, son intolérance parfois, à promouvoir un autre mode de cohabitation, de culture, la conduit à avoir eu raison trop tôt.

Si cette vision des choses est viable en démocratie, elle restait alors extrêmement dangereuse sous une dictature dont abusent les sociétés secrètes... Avec Philippe le Bel, monarque cruel, tenace et éclairé, on reste sur une énigme : bon ou mauvais monarque ? On hésite entre la main de fer dans le gant de velours, d'un gestionnaire subtil et visionnaire d'un régime monarchique aux apparences parlementaires.

Qui était la marionnette ? Qui détenait le vrai pouvoir ? Philippe le Bel fut-il un manipulateur manipulé ? Un objet précieux que se transmettront ses légistes ou, lui, un habile joueur d'échec qui respectait à chaque coup son compétiteur ? L'Affaire Roussillon a été occultée durant 7 siècles, à travers des pouvoirs qui ne facilitèrent jamais les investigations. Aucune recherche n'avait dépassé le stade de la légende habituellement servie. C'est fait avec la présentation d'actes authentiques. Ce récit est un préambule « *des Rois Maudits* » de Maurice Druon. Il apporte un éclairage imprévu sur le contenu de certaines éditions et auteurs à grands succès qui ont embouché la même trompette. En posant ma plume, une question m'a brûlé les lèvres : « *Comment avoir pu reconstituer une telle affaire sans être tombé dans les travers de l'Enigme Sacrée ou du Da Vinci Code* ? ».

On ne niera pas que lorsque 28 millions de personnes achètent cet ouvrage (aujourd'hui 85 millions), on finit par se poser quelques questions sur son contenu. « *L'affaire Roussillon dans la Tragédie Templière* » est bien plus modeste et n'est pas un roman. Il a le mérite de donner aux chercheurs des clés authentiques, de suggérer aux bibliophiles un agréable périple en allant sur les pas de Guillaume de Roussillon compléter avec le tome 2. Il interpelle les croyants sur le fondement même des croisades.

Retrouver notre chevalier Guillaume, réhabiliter avec lui Thibaud de Vassalieu pour la postérité du Pilat et du Lyonnais fut une belle aventure. Je souhaite vous avoir fait partager le même suspens médiéval que j'ai connu en décortiquant cette affaire. Qui sait voir émerger un jour, un scénario mis à l'écran « *la dernière expédition d'un croisé à partir d'Aigues-Mortes* »...

Loire sur Rhône le 29 avril 2014

Carcassonne dans la brume en 2005

Lieu où combien d'intrigues se nouèrent sous les cathares et même avec les Roussillon. Où perdura l'hostilité de l'Eglise envers un certain abbé du Razès ...

EPILOGUE

Si tous les acteurs concernés avaient lu Epicure, Guillaume aurait désobéi et n'aurait jamais connu la Terre Sainte... Pierre de la Brosse restant valet de chambre n'aurait pas été pendu... Philippe le Bel aurait évité le bras de fer avec le Temple... le pape Boniface n'aurait pas provoqué Nogaret au risque d'en mourir... Jacques de Molay, moins dubitatif n'aurait pas été immolé et Thibaud de Vassalieu, initiateur des Philippines de Lyon, ne serait pas enterré au cœur du Pilat (ouvrage de Pierre Bonnassieux-1875 à son sujet).

En somme, les Templiers auraient été banquiers à la Révolution en prêtant serment à la Constitution... Oui, mais on n'aurait pas eu de chartreuse à Sainte-Croix-en-Jarez !

L'aboutissement de cette enquête résulte de l'examen de sources très anciennes qui n'avaient jamais été vulgarisées. Les faits sont déroulés scrupuleusement, le fond historique est respecté. Afin de rendre plus vivante cette affaire, j'ai introduit quelques dialogues qui ne trahissent à aucun moment les références. Contrairement à certains auteurs qui livrent des témoins imaginaires, ici tout est vérifiable. De trop en faire dénature tôt ou tard la crédibilité des recherches. On peut se tromper de date, c'est pardonnable, les historiens contemporains s'entremêlent encore.

Si vous pensiez découvrir un brin d'ésotérisme, c'est raté. Vous avez lu une réédition, preuve que le « polar médiéval » aiguise l'appétit du public. Je ne souscris pas aux vertus thérapeutiques d'un suspens entretenu jusqu'à la dernière ligne. L'affaire Roussillon, c'est l'apparition d'une toile retrouvée intacte. Elle a aujourd'hui bien plus de valeur à mes yeux que cette légende qui a perduré 7 siècles. A quoi bon vendre encore du rêve, par peur de désacraliser la vérité ?

Un récit aussi précis que l'affaire Roussillon éveille des doutes sur le fondement même de la religion catholiques. Peu importe, c'est de l'histoire et non un roman qui dénature le rôle des personnages. Ici ils ont tous existé et peuvent tous être retrouvés à l'aide de la bibliographie ci-jointe, de la BNF et des tableaux de généalogie présents dans le Tome 2 sorti en 2008.

Ayant mené une enquête rigoureuse, il est surprenant de constater le nombre de fois où j'ai pu croiser des investigations similaires. Il m'est arrivé de douter durant cette enquête sur la véritable mission déléguée à Guillaume de Roussillon. A croire qu'elle avait un autre sens qui m'aurait échappé. C'est possible...

Etrange coïncidence de voir des best-sellers planer au-dessus de l'Affaire Roussillon. Soyons plus précis. J'ai relaté une histoire et non pas un roman. Vous avez reconnu dans mes propos, les romanciers Gérard de Sède mort en 2004, les américains Henry Lincoln, Michael Baigent, Richard Leigh et dernièrement Dan Brown. J'étais en 2005 à Rennes le château, lors du traditionnel retour aux sources qu'effectuait jadis Henry Lincoln. A voir l'effervescence et les remous que suscitait sa venue, le contenu de l'Enigme Sacrée avait dépassé le maître... Sans trop s'impliquer dans des supputations diffuses, on peut se livrer ici seulement, à quelques conjectures éparses, tout en restant très prudent au regard de faisceaux de probabilité très proche des évènements vécus.

Prieuré de Sion

Le Prieuré de Sion existerait-il sous la forme d'une résurgence cachée parmi d'autres, de l'Ordre du Temple en France et non pas en Suisse ? On peut répondre en posant une autre interrogation. L'Ordre dans sa pure racine templière, a-t-il survécu clandestinement à celui qui l'incarnait après 1308 ? A mon avis, non.

L'hypothèse serait viable à condition de considérer que le Prieuré de Sion et les Templiers soient restés indissociables à l'époque de Guillaume de Beaujeu, de Guillaume de Roussillon et de Jacques de Molay. A la lecture des interrogatoires et du mode opéré lors des arrestations des hauts dignitaires, il est clair que Jacques de Molay n'avait pas assez de charisme pour conduire ce dessein, transmettre la survivance de l'Ordre. Avant lui, la personnalité de Guillaume de Beaujeu laisse planer quelques doutes. Voulait-il fédérer tous les royaumes européens sous la souveraineté d'une seule haute autorité, détenant le pouvoir moral et matériel permettant à l'Ordre d'arbitrer un jour, les conflits à la place du pape ?

Possédant assez d'argent après 1291 à l'étranger, il aurait pu maintenir une paix universelle durable dans la tolérance de tous les peuples chrétiens et musulmans. Il ne fut pas très loin d'y parvenir et Guillaume de Nogaret chercha éperdument à comprendre à quoi pouvait tendre cette accumulation de richesses. Il y eut des tentatives avortées en Angleterre, en Espagne et au Portugal.

Aujourd'hui en Europe, quel serait l'enjeu d'entretenir ce mythe dans la clandestinité ? La fin de l'Ordre du Temple en France n'a, en apparence, rien de mystérieux. On ne parle pas de franc-maçonnerie. A la fin des croisades et après la suppression concomitante du royaume franc en Terre Sainte, les Templiers n'avaient aucune raison de s'y maintenir, sauf pour rendre jaloux les souverains, les princes, les frères prêcheurs et les Hospitaliers. Le pape considérait le Temple comme une entrave à l'Eglise, une des raisons de son déclin. La plèbe n'a pas compris le sens attribué à la chute de Saint-Jean-d'Acre ; elle n'a retenu que la présence dérangeante de ces moines soldats dans le royaume. Il fallait trouver une raison pour les exterminer. Lors de parution de ce livre en 2006, les dominicains ne se reconnaissaient pas encore dans le bras séculier qui a servi à leur disparition. Ils soutenaient que « les biens des templiers n'avaient pas disparus ! (Tout est dans le vocabulaire)... «*Qu'ils ont été donnés (gentiment) par le pape aux Hospitaliers et à d'autres ordres religieux caritatifs qui avaient un réseau de soutien aux malades, aux pèlerins ou aux captifs ; ces ordres étaient aimés et respectés et ils ont utilisé les ressources dans ce sens* ».

Banaliser ainsi caricaturalement l'œuvre templière au Levant et ailleurs pendant deux siècles, est profondément rédhibitoire. Je souhaite lire un jour le repenti des inquisiteurs, la réhabilitation des Templiers par Rome. Et ils complètent leur raisonnement : « *Il n'y a donc pas lieu d'imaginer un trésor caché, ni une survie secrète du Temple ; ce sont des imaginations non conformes à l'histoire. Mais bien sûr il arrive que dans certains milieux on en rêve dans le cadre d'un imaginaire de la chrétienté.* ».

Ce fut le cas d'un certain Pierre Plantard qui fut directeur d'un journal anti-juif diffusé en France pendant l'Occupation. C'est peu dire. Plantard qui est mort aujourd'hui, revendiquait la fondation du Prieuré de Sion. Il est parfois considéré comme un mystificateur sorti de l'imagination des faux dossiers secrets d'Henri Lobineau en 1967. Il est vrai que le romancier Umberto Eco très suivi en Italie n'a rien fait pour apporter un démenti. La mission du Prieuré aurait été de cacher la descendance des Mérovingiens dans la perspective de restaurer cette monarchie. D'où l'acuité de quelques chercheurs chevronnés à faire un lien entre le Christ, Marie-Madeleine et leurs descendants, Dagobert II et au diable l'avarice, un certain Girart de Roussillon au 9ème siècle...

L'Opus Dei

L'Opus Dei (*l'Œuvre de Dieu*) est une organisation catholique créé en 1928 en Espagne par José Maria Escriva. Elle fut reconnue par le Vatican en 1950 sous le pontificat de Pie XII, pape controversé pendant la 2ème guerre mondiale et qui, craignant les représailles des nazis, attendit septembre 1944 pour dénoncer timidement les exactions commises contre les Juifs. L'Opus Dei est composé de prêtres (laïcs) séculiers et de religieux, qui jouissent d'appuis inconditionnels infiltrant tous les échelons de la hiérarchie catholique sans limite territoriale pour exercer leur dévotion.

En ces périodes difficiles pour Rome, cette organisation marginale représente le dogme sacré du Vatican. Ses membres essaiment particulièrement aux USA. Depuis 1982 où Jean-Paul II concrétisa par une prélature leur organisation afin de court-circuiter la hiérarchie Vaticane y compris le rouage financier. L'Opus Dei s'assimile à une milice religieuse au service du pape comme jadis l'Ordre du Temple fut au service de Rome, un bras séculier jusqu'à Louis IX... Nous avons pu juger de son évolution jusqu'en 1307.

Un Etat dans l'Etat qui continue aujourd'hui d'exister, de tirer les ficelles dans l'ombre, influençant autant que faire se peut avec le Vatican le pouvoir des gouvernements de la planète. On est tenté d'établir un parallèle entre les causes fondamentales des répressions Moyenâgeuses encourues par les Albigeois, Cathares, Templiers au treizième siècle et le financement occulte de certains régimes corrompus de nos jours dont la Suisse s'est faite la spécialiste du blanchiment depuis que les USA rechignent à rendre des comptes.

Les scandales financiers continuent d'entretenir l'actualité à Rome encore en 2013, entachant la religion depuis les années 70 avec l'écartement du cardinal américain. L'Opus Dei reste mêlé aux milieux financiers avec un commerce florissant. Dans le même temps quelques membres s'adonnent à la mortification corporelle.

Là aussi, un voile épais recouvre le sujet. Une nébuleuse qui revendiquait en 2006, publiquement 80 000 membres. Elle infiltre les banques Suisse par le biais de français fortunés, membres de l'Opus Dei ce dont la papauté ne peut nier l'existence.

Le sujet est discutable alors laissez le Da Vinci Code au coin de la table afin de mettre au conditionnel certaines actions non avérées de ses membres.

Dominique de Guzman

Un journaliste a dit : « *la quête de la perfection a quelque chose de très orgueilleux et de malsain. Je ne peux accepter une religion qui lave plus blanc que blanc la couleur des sépulcres* »... Et parlant des inquisiteurs « *Au bout du chemin, on trouve toujours l'exclusion, le racisme, la dictature spirituelle* ». Cette arme du pape créée au moyen âge pour lutter (*initialement*) contre le catharisme est à double tranchant et peut se retourner contre ses auteurs.

Dominique de Guzman né vers 1170 était un chanoine des Ordres mendiants. Bien que n'ayant pas pris parti contre la croisade des Albigeois qu'il désapprouvait, il préféra lutter contre l'hérésie en utilisant les moyens du verbe, en fondant à ce titre l'Ordre des dominicains. Le pape Grégoire IX dépassé par les progrès du catharisme, se méfiait de l'insuffisance pastorale des évêques. Il s'appuiera sur l'inquisition dès sa création par la bulle « *excommunicamus* » avec les dominicains en 1223. Deux ans après la mort de son fondateur, l'apostolat de Dominique avait échoué.

Le 3 juillet 1234 Grégoire IX canonisera Dominique et le sortira de son tombeau afin d'accentuer la crédibilité des tribunaux inquisiteurs de Toulouse, de Montpellier et d'Avignon, afin de rendre sous couvert d'une procédure légale, la justice. Avec la particularisme que les juges ecclésiastiques avaient tous les droits. Détenteur de la vraie foi, ils pouvaient eux, interpréter la doctrine chrétienne et condamner pour hérésie les autres ; et accuser de dérives sectaires tous opposants. Les dominicains étaient passés maîtres en la matière.

Si l'effort intellectuel de Dominique porta ses fruits, il ne sera jamais reconnu comme le fut Saint François d'Assise. Les frères prêcheurs fourniront au pape les principaux contingents pour l'inquisition dans le sud de la France. La pratique de la torture par l'inquisition commença en 1252 narre la chronique ! Ceci est aussi regrettable pour leurs premières victimes que de nier les pratiques antérieures.

La mission du légat du pape Jean de Bernin, alors archevêque de Vienne, le prouve. Il fut envoyé en 1238, afin de modérer le zèle des dominicains qui en moins de 4 ans, avec la bénédiction papale, mettront Toulouse au bord de l'insurrection. Les inquisiteurs étaient généralement entourés d'un jury composé de laïcs et de membres du clergé pour les seconder lors de la prononciation des verdicts (des peines). Ayant un pouvoir absolu, ils emprisonnaient de droit, même les princes suspects ayant menti.

En 1252, effectivement sous le pape Innocent IV, l'utilisation de la torture deviendra officielle, la règle pour obtenir des « *aveux* ». Cette démarche scandaleuse était étrangère à la tradition du droit canon et aux antipodes de l'un des dix commandements *« tu ne tueras point »*.

Guillaume de Roussillon
Où est-il après 1277 ?

Au fil de notre enquête, on a enregistré sa disparition, « *morut* » a dit le chapelain sans laisser aucune preuve ! Lorsque nous voyons dans quel lieu s'est déroulée la scène, c'était impossible (voir photo en 3ème de couverture).

Cette bavure dérangea la royauté, la papauté et les templiers, c'est sûr. Sa mort, si elle est établie en cette circonstance, ne fit l'objet d'aucun cérémonial officiel même en occident et c'est étrange. Il n'a pas eu droit à un tombeau, comme le prescrivait l'usage réservé aux chevaliers de son rang, plus étrange encore, doté d'une ordonnance royale. A Sainte-Croix, idem, aucune marque distinctive, la chape de plomb. Est-il mort à Acre comme un paria, traqué, recherché par les sbires de Charles d'Anjou, ou sinon, a-t-il fini ses jours en exil, à Chypre, sous la protection des hospitaliers et de Hugues de Lusignan ? Survivant à son agression, il ne pouvait revenir en France du vivant de Charles d'Anjou. Ce dernier, sans scrupule, ne tolérant pas les incorruptibles, l'aurait fait assassiner.

Alors, où est-il passé ? A-t-il comme certains croisés, changé d'identité, fini sa vie en Orient comme beaucoup avec une nouvelle compagne ? N'ayant pas clos cette enquête je ne peux en dire plus. L'honneur des Roussillon lui interdisait de rentrer. Faute de documents tangibles, nous excluons le retour du guerrier la nuit à Sainte-Croix-en-Jarez sous l'habit d'un templier à Marlhes. C'est nul.

A-t-il pu expédier des subsides ? Bien entendu, sans aucun problème de Chypre ou d'Acre, et se jouer du sultan Baybars. Guillaume disposait de moyens financiers. L'expédition de cadeaux tels des épées, des tissus, des parfums, des fruits exotiques ou des épices, en utilisant les galères des Hospitaliers ou celles des génois que rien n'empêchait de commercer. Contrairement à son prédécesseur Olivier de Termes, Guillaume n'a jamais connu de problèmes sérieux avec les Musulmans. Ce n'est pas pour autant qu'il resta oisif. Il avait plus à craindre des factions rivales chrétiennes armées jusqu'aux dents, dont la chronique religieuse minimisera le rôle dévastateur.

L'église d'Annonay en 1905, rasée en 1908 soit 4 ans après la parution du livre de Vachez. La chapelle existant encore, il aurait constaté que l'abbé Filhol détenait lui, la vérité ...

Guillaume de Roussillon a bénéficié d'une accalmie temporaire, 17 mois, où il put faire parvenir des missives et envoyer des présents à Béatrix. Si, comme je présume, elle est prévenue de l'attentat perpétué sur son mari, puis de sa disparition dès le mois d'août 1277, la date précise du décès (réel) restera une énigme (voir mon Tome 2). Et si elle l'avait rejoint ? C'est possible. Aucun texte ne s'y oppose. Si elle est restée à Châteauneuf ou au prieuré, ne se remariant pas, elle attendra 1296 pour avoir de vraies nouvelles ! En fait, cette date correspond à l'élévation nationale de Pierre Flote par le roi, (ami d'Artaud son fils) qui occupera un poste, où plus aucun secret d'état ne put échapper à ses oreilles...

Si sa survivance était actée après 1278, Guillaume de Roussillon, pouvait clandestinement financer la chartreuse par l'entremise de ses frères Amédée, Aymar et son fils Artaud. Là encore, aucun texte ne démontrera le contraire. Ceci est peu probable.

La chronologie des évènements laisse augurer que Philippe III le Hardi tenu au courant de l'actualité ait participé au financement de la chartreuse (indemnisé Béatrix ou son fils Artaud) à travers Pierre Flote.

Bien entendu, si elle n'était pas partie le rejoindre à Limassol ! Dès la disparition de Guillaume, le roi abandonnera littéralement les descendants des croisés. Pour preuve, dès 1278 la France n'aura plus de représentant « ***officiel*** » dans le royaume de Jérusalem et le pape plus de « ***continuator*** ». La grande Histoire devrait être corrigée.

Jacques de Molay
18 mars 1313

Le Grand Maître du temple et ses compagnons d'infortune sont morts comme des relaps, dans la précipitation sur ordre de Philippe le Bel qui tenait à les museler par peur de révélations. Ils étaient condamnés à la prison perpétuelle et non pas à finir sur un bûcher improvisé à la hâte, sur l'île de la cité, mitoyenne à Notre-Dame à Paris. Et l'on fête l'évènement à Vienne !

La date de la sentence diverge selon les sources. On parle du 18 mars 1313, certains avec le décalage du calendrier pascal du 7 avril 1314. Considérons le 18 mars et laissons de côté ce détail.

Jacques de Molay ne méritait pas la mort. L'accusation s'appuya sur des textes forgés de toutes pièces. Guillaume de Nogaret aurait tellement voulu entendre des aveux spontanés, « *les termes de crachat, sodomie, reniement du Christ et même de hiérarchie parallèle destinée à renverser le pouvoir* ». Faute de quoi, on inventa les révélations pour la population.

Philippe le Bel persista dans son dessein, sans jamais reculer ni admettre qu'il avait commis un abus d'autorité. La prophétie attribuée à Jacques de Molay par la rumeur est inexacte (voir L'Ombre du Temple–C.Rollat) ne serait-ce par le temps imparti pour prononcer une telle imprécation. Si Jacques de Molay avait survécu, il aurait vu Philippe le Bel décéder c'est vrai, le 29 novembre 1314 des suites d'une chute de cheval et de mauvaises blessures. Etrange coïncidence, sa mère mourut d'un accident de même nature.

Jacques de Molay a flanché disent les chroniqueurs ! Non, c'est homme est mort comme un brave. Il a su résister à la muflerie du pape, à 3 interrogatoires musclés axés sur les modalités de son dernier séjour à Chypre en 1304, sur le rôle précis joué par Guillaume de Beaujeu avec les Musulmans avant 1291. Qu'il y ait eu quelques déviances à la règle du Temple parmi eux, comme encore dans l'Eglise, de nos jours, en est-il la cause ?

Hormis les villes de Tyr et d'Antioche, les templiers ont réussi l'exploit de ne laisser traîner aucun gobelet d'or ou d'argent en Terre Sainte après leur départ. Les chroniqueurs arabes le confirment « *leur flotte a évacué continuellement, jusqu'au dernier jour avant la prise de Saint Jean d'Acre les habitants et leurs richesses* », au grand désespoir du sultan ... Où est-ce, s'il en reste en 2014 ?

Pas perdues pour tout le monde

Et ces richesses, que sont-elles devenues ? Après avoir tout démonté ou presque, les boiseries, les pierres tombales, les autels des commanderies principales (les plans entre les mains), même des escaliers secrets, Guillaume de Plaisians (dès 1308) se lamentera le restant de ses jours de n'avoir rien trouvé de significatif (*selon lui*). Car là également comme je le dis souvent : nous n'y étions pas.

Il envoyait des missives désespérantes à Nogaret, chez qui une haine graduelle montait au fur et à mesure des interrogatoires. Le, ou les trésors des templiers n'étaient pourtant pas que virtuels...

Guillaume de Nogaret avril 1313

Guillaume de Nogaret est surtout connu pour l'enlèvement avorté d'Anagni. Il voulut ramener de force ce pape le 9 septembre 1303, qui concoctait l'excommunication du roi de France. Le pape, un peu fébrile et « *soufflеté trop fortement par un doux gantelet en fer* », mourra un mois après, le 11 octobre. Philippe le Bel remercia chaleureusement Nogaret de l'avoir débarrassé de cet encombrant adversaire et le combla d'une rente annuelle de huit cent livres à prendre sur le trésor royal.

Les actes furent confirmés à Paris en 1304. On ajouta pour agrémenter sa villégiature, des rentes partielles ou complètes dans le Languedoc, surtout à Marsillargues, Saint Julien, Calvisson, Vaunage, Vergèze, Aigues-Mortes, Mus, Codognan, etc.

Sur sa mort ? La date indiquée par Maurice Druon dans les Rois Maudits est fausse. Il mourut début avril 1313 à Paris, ajoute la chronique normande et un article de l'Echo du Vidourle du 17 novembre 1948 selon P.Pastre. De mort naturelle ? On parle souvent d'empoisonnement, à un point de souffrance telle qu'il tira la langue à s'en déformer le visage. Lorsque la nouvelle arriva à Avignon, on partit réveiller Clément V en pleine nuit afin de lui communiquer *« la bonne nouvelle »*. Il faillit s'étouffer de joie !

Comme tout bon légiste, Guillaume avait prévu sa succession et son fils aîné Raymond 1er devint seigneur de Marsillargues et de Tamerlet, fut armé chevalier en 1332.

En 2006 à Marsillargues, du château féodal de l'époque de Guillaume de Nogaret, il ne restait que les caves, les prisons ou les anciennes cuisines, sur lesquelles a été rebâti, à partir du seizième siècle, un élégant château Renaissance. Il nécessitait des soins urgents. Se trouvant à une demi-heure à peine d'Aigues-Mortes, il mérite amplement le détour, tout comme son petit musée.

Le pape Clément V 20 avril 1314

« Ferretus Vicentinus » reprit par Lavocat (voir bibliographie) dans le procès des frères du Temple rapporte qu'après le supplice de Molay, un templier fut conduit à Naples pour répéter les propos du Grand Maître tenus en public. La fronde entre Rome et Avignon l'amplifiera. L'indignation devenait générale contre le pape et le roi. Coïncidence, le pape va mourir de dysenterie et de vomissement à Roquemaure (près d'Avignon) le 20 avril 1314, neuvième année de son pontificat. A-t-il fini, empoisonné par son médecin ? La cour était alors sur un sujet d'actualité brûlant : le scandale des brus de Philippe le Bel avec les aumônières.

L'Eglise essayait de se disculper face à la tragédie templière. Elle ne parviendra jamais aux yeux de l'opinion à justifier son attitude dégradante même en 2014. Clément V reste dans la hiérarchie des papes, un pontife cupide, qui a aboli le Temple sans aucune raison, ni coupable. Par contre, il condamna comme hérétique Boniface VIII son prédécesseur ... C'est dire sa force de caractère.

Thibaud de Vassalieu
4 juillet 1327

Sans entrer dans la suite des évènements après la mort de Philippe le Bel, on résumera en disant qu'il eut plus à se louer de la tolérance des citoyens Lyonnais à son égard, que celle de la disgrâce que lui imposera l'archevêque de Lyon Pierre III de Savoie jusqu'à sa mort. Pierre de Savoie fidèle à son idéal, comme le roseau plie mais ne rompt pas. : « *Philippe le Bel meurt, bonne nouvelle !* » Il remet aussitôt en cause l'annexion du Lyonnais !

Le fils de Philippe, Louis le Hutin (*le turbulent*) se fâchera et le calmera définitivement. Thibaud de Vassalieu, jamais réconcilié avec son archevêque, choisira un asile sûr, le recueillement auprès des Chartreux de Sainte-Croix, lieu mythique qui avait si souvent jalonné sa vie.

Ses exécuteurs testamentaires, Guillaume de Vassalieu son neveu et Guillaume de Sure chanoine, n'eurent aucune difficulté à organiser, contre sa volonté, les funérailles grandioses qu'il méritait.

Guillaume de Sure, son parent proche, l'a remplacé à l'archidioné (*poste d'archidiacre au chapitre après le doyen*) de Lyon et comblera par ce fait la chartreuse de libéralités, conformément aux conditions testamentaires du 23 mai 1327. A leur demande, sa sépulture s'enrichira de peintures murales ornées de blasons que le temps ne préservera pas éternellement. Les œuvres de cette époque se comptent sur les doigts d'une main. Leur facture les situe entre 1332 et 1340. Ces dates correspondent à l'épiscopat de Guillaume de Sure figurant sur les peintures murales, non plus comme archidiacre, mais archevêque de Lyon, avec son ami l'archevêque de Vienne. Il fut nommé archevêque de Lyon en 1332 sans l'avoir sollicité, car Pierre III de Savoie, avant de mourir, on s'en doute, ne l'avait pas désigné comme successeur. Il avait son préféré, Pierre de Chaland, prévôt de l'Eglise de Douai, fils d'Iblet de Chalant vicomte de Douai. Pierre de Savoie meurt, Pierre de Chalant arrive tranquillement à Lyon dans l'espoir de prendre son titre et les possessions. Il va mourir empoisonné sans avoir eu le temps de réaliser ce qui lui arrivait.

Les peintures murales, peintes à la détrempe sur mortier sec occupent une surface de 20 m² environ. Thibaud de Vassalieu apparaît avec sa dalmatique coiffé d'une mitre comme en portait le Chapitre. La survivance de ces peintures est due à la couche de « *badigeon* » que les Chartreux appliquèrent non par protection, mais par l'évolution de leur dévotion. Elles surgiront d'ailleurs fortuitement en août 1896, lors d'une excursion culturelle des membres de la Diana, suite à quelques sondages improvisés par L.Favarcq et ne tardèrent pas à livrer leur secret.

Portrait inédit de Cyr François Natalis Rondot
(Document personnel)

Quelques jours après en avoir terminé le décapage, si l'on peut s'exprimer ainsi, Antoine Vachez entretiendra de cette découverte un érudit Lyonnais, maître incontesté en la matière, Cyr François Natalis Rondot, correspondant de l'Institut des Belles Lettres ; auteur de maints ouvrages artistiques qui font toujours références, sur la peinture, la sculpture, la gravure, la soierie et la numismatique. Ce dernier se déplacera à son tour afin de les voir les semaines suivantes en famille à Sainte Croix en 1897, accompagné de la famille Arbel, un industriel de Couzon (près de Rive-de-Gier), avec qui il était parent. Il prit des clichés des abords de la chartreuse sur plaques de verre et donna son avis sur les fresques. Elles pouvaient être de l'Ecole Lyonnaise, plus précisément de Jean Canet, peintre attaché à la primatiale Saint-Jean. Une autre hypothèse reste à vérifier, l'Ecole Italienne avec Simone Martini de Sienne et dont la peinture orne le Palais Episcopal d'Avignon.

Dans ce cas, la date de réalisation oscillerait entre 1336 et 1340. Avis aux amateurs. Connaissant la biographie et possédant même plus que la bibliographie de Natalis Rondot, la piste est sérieuse. Si la réapparition des peintures de Sainte Croix, toujours aussi fragiles après cinq siècles d'existence, comble d'aise le visiteur de la chartreuse, leur sauvegarde par Saint-Etienne Métropole devient urgente afin que le plaisir des yeux ne reste pas éphémère.

Et si on rêvait

On pourrait conclure cet épilogue en évoquant « *l'amour du secret* », la culture du mystère, l'attrait des symboles chiffrés, les emblèmes énigmatiques que cultivent bon nombre de Français. Au cours de mes tribulations, la collecte de ce genre de renseignements a dépassé toutes mes prévisions. Je remercie ici sincèrement toutes les personnes qui m'ont ouvert si gentiment leurs portes publiques ou privées sans à priori.

J'ai essayé à chaque fois d'apporter ma contribution selon leurs requêtes. Evitons les excès d'enthousiasme primaire qui abondent. Il y a plus de fausses pistes que de bonnes nouvelles ; je n'ai jamais renoncé et pense qu'il y en a encore à creuser dans l'Affaire Roussillon.

A entendre les nombreux « *Cassinois* » comme je les dénomme, spécialistes invétérés des cartes de Cassini aux mille trésors présumés et pauvres caissettes à piller, le territoire français n'a pas encore fini de nous épater avec les nouvelles infrastructures routières et ferroviaires (exemple d'Aimargues) se développant. Ayant un peu d'expérience en ce domaine, je reste dubitatif face aux oscillations d'un pendule et pragmatique vis-à-vis des poêles à frire sauvages à blâmer. Toute présomption de trésor entretient l'amour du secret, à condition d'appliquer simultanément quatre recettes : la véracité des textes anciens, l'écoute des légendes, l'étude topographique et un peu de bon sens... Et on trouve certes, c'est indéniable, même ce qui n'est pas à trouver...

Sortir des antiquailles (amphores) ou des assiettes jaunes (en or) dans le Rhône reste anecdotique. Il existe une autre pratique, celle des corsaires « *modernes* » pratiquant l'analyse des cartes marines, le déplacement des courants, les tracés maritimes des affrètements antiques et moyenâgeux, les batailles navales, la localisation méthodique des milliers d'épaves dues aux tempêtes, aux arraisonnements et même du plouf d'un bombardier américaine !

La découverte de trésors est envisageable en appliquant la méthode du quadrillage. C'est de notoriété publique. Si d'autres y ont pensé auparavant, disons qu'ils n'avaient pas les mêmes moyens.

Le culte du mystère

Les autochtones proches d'un lieu légendaire entretiennent sans le vouloir « *l'amour de leur secret* ». Pour peu qu'apparaissent quelques signes épars ou stylisés sur une pierre tendre à la lumière rasante, le délire commence. On peut sans trop de risques, conjecturer qu'une croix indique un sens directionnel, le soleil l'or ou le métal jaune, la lune ; l'argent, le trébuchant. Si on se replace dans le contexte du temps, de la raison fondamentale qui poussa un ou des êtres humains à marquer par des signes, le trésor de toute une vie, c'est bien sûr dans l'espoir de le retrouver un jour. Tout être, même inculte, va choisir inconsciemment un système mnémotechnique éternel déclinant de sa culture, en aucun cas choisir un arbre.

Toutes les civilisations ont laissé à un moment donné des signes intrinsèques plus ou moins évidents à l'approche de leur déclin : l'écriture Runes, des Babyloniens, des Egyptiens, des Aztèques et pourquoi pas des Templiers ? Partant du postulat qu'il y a des choses à cacher, on laissera des marques. Alors les Indiana John peuvent se mettre en place. Lorsque que l'on juxtapose la fin tragique de l'Ordre, la probabilité de leur richesse dans les commanderies du littoral et le temps qu'ils ont eu pour les préserver ou les exporter. Il y a du grain à moudre à proximité des petites maisons templières. A chacun de comprendre...

Un exemple concret

Je ne parle pas ici de trouver, comme dans l'Aude des « *Morabotins* » arabes. Ces petites pièces d'or, ramenées de Terre Sainte par les croisés et dont le fond des mers était si friand. Une fois amalgamées comme les tellines, puis fondues, on héritait d'un magnifique lingot qui pouvait aller jusqu'à peser vingt kilogrammes. Il fallait alors se résoudre à le cacher à son tour, afin que d'autres générations le retrouve intact et le partage !

Dans le Pilat, on gravite autour de découvertes plus modestes comme la légende de Sainte Croix. La complexité des successions au fil des décennies est insuffisante pour trouver quelque chose d'origine cartusienne. Quel motif a poussé le copiste cartusien à créer avec autant de soin la légende de Béatrix et justifier sa présence ? Je reste surpris face au puzzle que ce récit a engendré.

Avoir reconstitué 40 années d'histoire, côtoyé autant de personnages marquants qui gravitèrent dans un si petit lieu n'est pas fortuit et cache autre chose. N'oublions pas que la charte de fondation se situe après les croisades, à un tournant de l'Histoire, où l'Eglise est très riche, ponctionne avec les taxes de décimes les revenus des seigneurs. Même si on avait le temps de prodiguer aux curieux la malédiction des cieux, l'argent lui ne tombait pas ciel.

Philippe IV le Bel s'arrogea un pouvoir régalien sans borne. Chacun cacha ce qu'il put à cause de Pierre Flote, comme au temps de la décadence romaine avec l'arrivée des barbares. La chartreuse s'est placée sous le règne affaiblit de Philippe III le Hardi où tout homme lige, laïque ou religieux, fortuné et possesseur d'un titre avait encore le droit de fondre, puis de battre sa propre monnaie.

En l'absence d'extraction proche, on trouvait le métal dans l'argenterie de son voisin et pour délier les langues on fondait l'argent à proximité des salles des tortures...

Le Pilat, Aigues-Mortes et Rennes le Château

La vision mystique de ces trois lieux est un clin d'œil adressé au monde ouvrier de ces époques où les Templiers jouèrent un grand rôle ne serait-ce que financier, avec la prolifération des cathédrales. Le mystère du compagnonnage est-il entièrement dévoilé malgré les écrits d'Agricol Perdiguier et plus récemment le livre de François Icher (*Les confessions d'un compagnon*) ? Les compagnons étaient de bons bâtisseurs, pourvus d'architectes qui ont mis en place, grâce à leur génie, des structures capables de résister au temps.

On retrouve à Sainte-Croix comme à Aigues-Mortes des rapports géométriques éprouvés par les traditions et les secrets de fabrication des compagnons. Leurs signes ou l'interprétation ésotérique des sculptures ou des blasons sont des représentations à des décodages mystiques, aux interprétations *« pour connaisseurs »*. Plus simplement, ils confirmaient l'identité du propriétaire qui correspondait à un droit, une rémunération (les épis renversés posés à l'entrée du moulin de Ste-croix, ornés de larmes du Christ et de fleurs de Lys, sont-elles là par hasard ?

Autre exemple, la traduction différente faite sur les inscriptions à l'intérieur de l'église de Rennes-le-Château avec le chemin de Croix. L'abbé Saunière a fait graver « *CHRISTUS A.O.M.P.S. DEFENDIT* ». Pour le « *AOMPS* » à vous de choisir entre : « *Antiqui Ordo Mysticusque Prioratus Sionus* » (que le christ défende le Prieuré de Sion) ou *« Ab Omni Malo Populum Suum* » (que le Christ défende son peuple de tout mal).

Pour les chiffres, signes et autres symboles, je vous invite à découvrir les remparts d'Aigues-Mortes, particulièrement ceux du mur intérieur proche de « *la porte des Remblais du côté de la Tour de Constance* ». Moins exposé aux graffitis des désœuvrés (*et tag*) qui n'ont aucun secret à révéler, les figures constellant cette portion de remparts sont le témoignage d'une époque, où chaque compagnon devait assurer son besoin de subsistance journalière en gravant.

A Sainte-Croix, c'est différent. Point ou presque pas de signes. L'architecture est trop récente, si l'on peut dire. Pour les trésors (physiques), il faut chercher ailleurs, dans les dépendances, les domaines annexes. Le hameau désertique de la Rabarie à Sainte-Croix était tout indiqué. Si un trésor existait en 1789, qui l'alimenta ?

Les Roussillon ? Non ; Les templiers de Marlhes ? Non ; Thibaud de Vassalieu ? Non ; Les Chartreux eux-mêmes ? Ce n'est pas impossible. Ils n'étaient pas aussi pauvres qu'on le dit, exemple de l'église Saint-Bruno des Chartreux à Lyon embellie après la Terreur.

La chartreuse de Sainte-Croix-en-Jarez en 1860

N'oublions pas qu'à la Révolution, les chartreux disposaient d'assez d'aisance pour, disaient-ils refondre entièrement leur monastère. La Révolution passée, la chartreuse sera vendue comme bien national (presque hors délais) et fut dépouillée. Toutes les richesses intérieures sont passées où? leur bibliothèque envoyée à Saint-Etienne dit-on !

Dans les autres domaines cartusiens moins exposés, légués par la noblesse (comme à Trèves), la vocation des chartreux n'était pas de remplacer les banquiers du Temple ! Avec des biens aussi éloignés de Sainte-Croix comme à Tarentaise, écartons l'hypothèse de dépôts jusqu'au 17ème siècle. De Trèves à Sainte-Croix ou de Sainte-Croix à Trèves à dos de mules, le risque était tout autre. L'Ordre même armé en catimini avec un fusil pour chaque homme n'aurait pas soutenu un siège. Historiquement parlant, aucune pénétration étrangère n'a eu vraiment lieu.

Même les Tard Venus ne s'y hasarderont pas, pourtant identifiés dans la basse vallée du Couzon en limite de Châteauneuf après avoir pillé Rive-de-Gier. Reconnus par la suite, ses habitants les maltraiteront. Est-il plausible d'imaginer une source illégale de revenus au prieur de Sainte-Croix au 15ème siècle ? Le relief de la vallée s'y prêtait et leur probité n'est pas sans doute à l'époque de la gabelle. Ils auraient bien été les seuls ecclésiastiques à ne pas profiter du système, du sel débarqué à Pont-Saint-Esprit, et qu'on leur attribua en 1525. L'or blanc d'Aigues-Mortes, une denrée non périssable sur lequel, les curés, les communautés engrangèrent de substantiels bénéfices. Etait-il possible sous l'ancien régime d'aménager un stockage communautaire aux Chartreux ? Oui. Avait-il un domaine proche du passage des muletiers dans la vallée du Gier ? Oui. Est-il utopique d'établir la présence de ce trésor inerte dans une galerie sous la chartreuse, composé de minots de sel autorisés (3 tonnes) et d'un surplus non autorisé à Trèves ? Oui. Le sel ayant eu le temps de fondre après la Révolution, l'abbé Chavanne a-t-il choisi de ne pas ramener son grain de sel ?

Dans sa notice de 1862, corrigée en 1865, revue et enrichie en 1866 et terminée en 1870 aucune information filtre à ce sujet. Un mystère aussi passionnant que celui de soi-disant Mandrin débitant sa marchandise en 1754, en toute illégalité sur le marché de Saint-Chamond (*fait controversé*).

A chacun de méditer sur l'abbé Chavanne qui malgré sa jactance et infimes erreurs, fut l'un des premiers à se pencher sérieusement sur la « l*égende* » de Sainte-Croix et les Roussillon.

Dessin à la plume sur Trèves avec l'abbé Chavanne

Pour joindre l'auteur : *asterix@orange.fr*

Table des Matières

EPILOGUE

Chapitre 118 à Chapitre 131 : p 259 à p 276

1ère PARTIE

2ème PARTIE

3ème PARTIE

4ème PARTIE

5ème PARTIE

EPILOGUE

Château médiéval de Saint-Gérald à Givors

BIBLIOGRAPHIE

Auteurs retenus : 111

ABEILLE Etienne
1913 Histoire de Givors
ALBARIC Alain
1971 Aigues-Mortes
ARDOUIN DUMAZET
1911 voyages en France la Région Lyonnaise
AUBARBIER J.L et BINET M
1997 les Sites Templiers en France
BALARD Michel/DUCELLIER Alain/CLAVERIE Pierre-Vincent
2002 Migration et diasporas Méditerranéennes
BATIA Abbé
1924 Recherches Historiques sur le Forez Viennois
M. l'ABBE G
1910 Adhémar le Templier (traduction allemande)
BASTET J
1856 Histoire de la Ville de la Principauté d'Orange
BERTHAUT H
1927 Girart de Roussillon/ traduction
BERLIER Patrick
2004/05 la société Angélique T1 & 2
BOISSET Louis
1972 Le Concile de Vienne de 1289
BONNASSIEUX Pierre
1874 Revue du Lyonnais. Réunion de Lyon à la France
BORDONOVE Georges
1992 Les Croisades et le Royaume de Jérusalem
1987 Philippe le Bel
BRENON Anne
1988 le Vrai Visage du Catharisme
2005 **BRENON** avec **ROUX Sylvie** Les Cathares In Situ
BROSSARD Ch
1903 La France du Sud –Est
CARPENTIER Emilie
Les Reines de France
CLARET Louis de la TOURETTE
1770 Voyages au Mont Pilat
CHAMBEYRON JB
1845 Recherches Historiques sur Rive-de-Gier
CHARLETY Sébastien
1906 La vente des biens nationaux département du Rhône
CHARPENTIER John
2004 L'Ordre des Templiers
CHARPENTIER Louis
1967 Les Mystères Templiers
CHEVALIER Ulysse
1912 M. le chanoine Ulysse Chevalier – Bibliographie de ses ouvrages
1913 Regestes Dauphinois 7 Tomes
CHORIER Nicolas
1661 & 1869 Histoire Générale de Dauphiné
1828 Recherches sur les Antiquités de la Ville de Vienne
CLAVERIE Pierre-Vincent
2002 Transfert de Logistique Guillaume de Roussillon 1275
2005 La Marine du Temple en Orient L'Ordre du Temple 3T (thèse)
COLART M
1836 Histoire de France méthodique et comparée
COLLOMBET FZ
1847 Histoire de la Sainte Eglise de Vienne 3 Tomes
COLLECTIFS
1939 Histoire de la Marine L'Illustration
2002 Marlhes au long des Siècles
1968 Venise au temps des Galères
COLONIA
1728 Histoire Littéraire de la Ville de Lyon 2 tomes
COMBE Jean
1935 Visite de la Chartreuse
1958 Le Mont Pilat
1959 La Chartreuse de Sainte Croix
1965 Histoire du Mont Pilat des temps perdus au XVII e siècle
CONDAMIN James
1890 Histoire de Saint-Chamond

CUMINAL Paul
1920 Clartés Philosophiques
DAUMAS Jean Marc
1985 Marsillargues en Languedoc
DEBIDOUR A
1892 Les Chroniqueurs Villehardouin et Joinville
DE LA ROCHERE
1884 Les Châtelaines de Roussillon
DELESTY
1893 Histoire de Serrières
DI PIETRO F
1849 Histoire d'Aigues-Mortes
DIWO Jean
2003 Le Printemps des Cathédrales
DOUZET André
1978 Mémoires Mégalithiques et Médiévales du Pilat (le plan).
DUCHAUSSOY Jacques
1981 Mystère et Mission des roses+croix
DULAURE J.A
1823 Histoire Civile et morale de Paris Tome 3/ Atlas de Paris
EVERLANGE Pierre Emile
1878 Saint-Gilles et son Pèlerinage
FABREGE Frédéric
1894 Histoire de Maguelone
FALGAIROLLES Prosper
1900 La Tour Carbonnière
FAVARCQ L
1897 Peintures du XIVème à Sainte Croix en Jarez
FAVIER Eugène
1846 Histoire de Lyon et des anciennes provinces 2 tomes
FAROCHON
1892 Les Chevaliers de Saint-Jean de Jérusalem
FELLENS Ch
1882 Les droits du seigneur sous la Féodalité
FILHOL (Abbé)
1880 Histoire d'Annonay.T1 p104
FLICHE Augustin
Aigues-mortes et Saint-Gilles
FOURIE Jean
1984 Rennes le Château L'Histoire antérieure à 1789
FRANCON Michel
1991Ternay et son Eglise depuis 1000 ans
GALLIER Anatole
Une page de l'Histoire du Viennois
GENDRONNEAU
1924 Guide pour Aigues-Mortes
GENESTE Maurice
1996 Le Château de Marsillargues
GORINI J.M
1859 Défense de l'Eglise contre les erreurs historiques
GROUSSET René
1934/36 Hist des croisades 3T
HUCHET Patrick
2002 les Templiers de la gloire à la Tragédie.
HUISMAN Georges
1957 Histoire Générale de l'Art T1
JAILLET Charles
1938 Hist Consulaire de Vienne 2T
JOINVILLE Jean (Sire de)
1888 Histoire de Saint-Louis
(N.Wallis, traducteur)
KLEINCLAUSZ A
1948 Histoire de Lyon 3 Tomes
LACROIX Paul
1869 Les Arts au Moyen Age
LANGLOIS Gauthier
2001 Olivier de Termes
LASSERRE Nicolas
1937 Histoire Populaire d'Aigues-Mortes
LE LEU
1914 Le dernier Croisé
LENTHERIC Charles
1876 Les villes mortes du golfe de Lyon
1982 Le Rhône 2 Tomes
LEROY Thierry
2004 Hugues de Payns
LE SOURD Auguste
1920/30 Histoire de la Famille Guérin
LOUIS René
Girart de Roussillon Comte de Vienne
MAHOUDEAU
1969 Croisade pour Aigues-Mortes
De MANTEYER Georges
1925 Les origines du Dauphiné de Viennois
MARKALE Jean
1986 Montségur l'énigme Cathare
MAZIERES (Abbé) René
2005 Mystères et Secrets des Templiers du Bézu
MERMET Ainé (Thomas)
1854 Histoire de Vienne 3 Tomes

MICHAUD M
1863 Histoire des Croisades
MICHEL Francisque
1867 Les Mémoires du Sire de Joinville
MILLS Charles
Histoire des Croisades
MONFALCON J.B
1866 Histoire Monumentale de Lyon 8 Tomes
1866 Le livre d'Or du Lyonnais du Forez et du Beaujolais
De MONTILLE. L
1880 Roman en prose de Girart de Roussillon (E.O)
OLDENBOURG Zoé
1965 Les croisades 4 Tomes
OGIER Théodore
1856 La France par cantons la Loire T2. Texte sur Sainte-Croix-en-Jarez de **Benoît CHAMBEYRON** curé, né à Longes. Mort à Givors
PACAUD Marcel
1986 L'ordre de Cluny
PAGE Julien
1942 Petite histoire Région Lyonnaise
1950 Givors Port Fluvial
PAGEZY J et J oncle et neveu
1879 et 1886 Mémoires sur le Port d'Aigues-Mortes 2 Tomes
PAVY L.A Abbé
1835 Les Grands Cordeliers de Lyon
PALPHOT Editeur Israël
Saint Jean d'Acre guide illustré
PERICAUD Antoine
Les Célestins de Lyon
PERNOUD Régine
1984 La Femme aux temps des Cathédrales
PIAT Pierre
1988 Marlhes et son Eglise, (AD du Rhône 318/40)
PIQUET Jules
1939 Les Templiers des Banquiers au Moyen Age
POULIN de LUMINA
1770 Histoire de l'Eglise de Lyon
PRADEL Octave
Moines Nones et Curés
RAMET Henri & GUICHARD
Geoffroy Georges
1924 Feurs la plaine du Forez
RAVERAT Achille (Baron)
1865 Promenades autour de Lyon
1889 La vallée du Rhône
REVOIL JF
1909 Souvenirs poésies
REY M
1819 Le Guide des Etrangers à Vienne
ROGER Paul
1845 La Noblesse de France aux Croisades
ROLLAT Thierry
2004 Le Vieux Secret
ROY J.J
1851 Histoire des Templiers
SAVIGNE EJ
1988 (réimpression) Histoire de Sainte Colombe les Vienne
SIMON Jean
1998 Templiers Pays d'Oc et du Roussillon
STEYERT André
1897 Nouvelle Histoire de Lyon 4 T
TARSOT.L
Fabliaux & Contes du Moyen Age
TERREBASSE Alfred
1880 Opuscules
1857 Notice Historique sur les Armoiries de la ville de Vienne
THIEBAULT Paul
1894 Les Mémoires du Général Baron Thiebault Tome 1
TRICOU jean LOUIS René
1963 Armorial du Rhône
VACHEZ Antoine
1865 La Fondation de la Chartreuse
1871 Etude Hist Canton de Mornant
1885 L'Ancien Pays de Jarez
1896 Les Roussillon Annonay
1904 La Chartreuse de Sainte Croix en Jarez
VILLEMAIN M
1840 Littérature au Moyen âge
WALLON H
1880 Histoire de Saint-Louis

Références internet

WIKIPEDIA
Encyclopédie libre sur Internet à consulter avec **réserve**.
Bibliothèque Nationale de France à Paris- site Gallica/chroniqueurs.

La Chartreuse de Sainte-Croix-en-Jarez en 1906 dans le Pilat, le même endroit sous la neige en 2006

Le Rhône de nos pères en 1896. En arrière plan, le château de Seyssuel, résidence d'été des archevêques de Vienne.

Lieu dénommé jadis Roche piquet par les gens du fleuve en face de Loire/Rhône. Tous les souverains de France et d'Angleterre sont passés à ses pieds.

L'église de Roussillon (38) à l'intérieur de l'enceinte. Murs typiques en cailloux du Rhône jointés par le pisé.

Remparts de l'ancien château sur la motte de Roussillon (38)

Remparts d'Aigues Mortes, la porte « des Remblais » à droite. En arrière plan l'étang de la Ville coté Grau du Roi en 1899.

Les nefs des croisés en pleine mer après l'appareillage d'Aigues-Mortes au Grau Louis, cap sur la Terre Sainte le 2 juillet 1270.

Reconstitution de l’expédition en 1275, de Guillaume de Roussillon. On embarque 50 destriers par nef avant la fermeture du sabord. Selon l’étiage on charge à Aigues-Mortes ou sur un appontement au Grau Louis. L’ensablement du canal Viel exclu tout accès aux galères et aux nefs à fort tirant d’eau. L’approche à la mer s’effectue sinon avec des barges.

Charles d'Anjou roi de Sicile et frère de Saint-Louis.
Commanditaire de l'envoi des galères Siciliennes à Saint-Jean d'Acre et du coup d'état en Terre Sainte En 1277. L'écu à ces pieds est antérieur à 1278.

Château des Seigneurs d'Arques dans le Razès
Pied à terre des enquêteurs royaux en 1283

Eglise Templière de la Couvertoirade du XIIIème

Marsillargues, château des Nogaret dans l'Hérault, reconstruit au XVIème ; ci-dessous le lieu du moulin sur le Vidourle, dépendance de Guillaume de Nogaret

Blason de Guillaume de Nogaret Seigneur de Tamerlet, de Calvisson et de Marsillargues. On remarquera la croix des chevaliers de Malte dignes héritiers des Hospitaliers de Saint Jean de Jérusalem. Cet objet a été photographié au Musée du château de Marsillargues grâce à l'amabilité de Monsieur Daniel NOEL attaché au patrimoine local, que je remercie.

Blason de Béatrix de Roussillon née de la Tour.

En 1278, soeur du Dauphin de Vienne, veuve (présumée) de Guillaume de Roussillon. On représente un écu, en fait ses armes étaient un losange attribut des dames d'un certain rang. On ajoute coté senestre le blason de son époux Guillaume, d'or et de gueules avec le liseré bleu azur selon James Condamin en 1890 se référant lui-même à la Diana, comme le blason de la ville d'Annonay. L'historien André Steyert de Lyon en 1897 contestera et reproduira le (supposé) véritable blason des Roussillon en la personne de son frère Aymar Archevêque de Lyon en 1278 dans l'Histoire de Lyon Tome II à savoir, sans brisure sur la bordure, échiqueté d'argent et d'azur.

Guillaume est la branche aînée, non la cadette issue du Forez. Le blason de son fils Artaud de Roussillon, exposé au château de Ravel dans la salle des Etats Généraux des 49 écus seigneurs régionaux confirmerait Steyert. Ce château acheté par Philippe III le Hardi, cédé à Pierre Flote légiste à Philippe le Bel ; le damoiseau qui contresigna la fondation de la Chartreuse de Sainte Croix au prieuré de Taluyers. Je profite à cet instant, pour remercier, mon ami Philippe Degaud de sa participation à la composition des blasons.

Blason de Béatrix de la Tour (du Pin) jeune fille, épouse du seigneur Guillaume de Roussillon.

Blason des Roussillon porté par Artaud de Roussillon époux de Alix de Glane, père de Guillaume, Aymar et Amédée de Roussillon.
(version selon Steyert qui semble très probable).

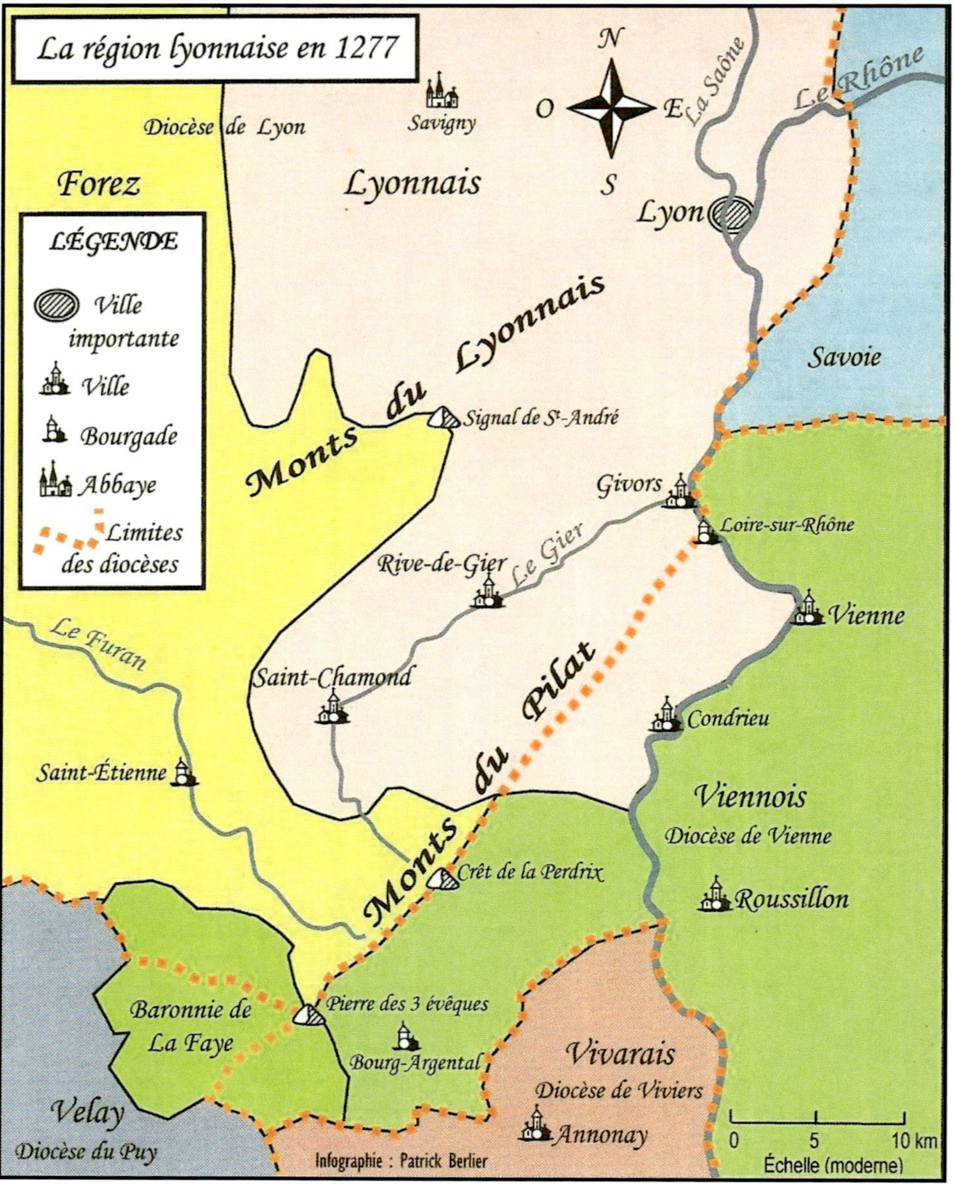

5

La Région Lyonnaise, clef du Royaume pour l'accès à la mer, sous l'emprise des Comtés du Forez, du Lyonnais, du Viennois. A remarquer la complexité des 3 diocèses, celui du Puy, de Vienne et de Lyon qui engendreront des guerres. Je remercie ici Patrick Berlier pour sa collaboration graphique.

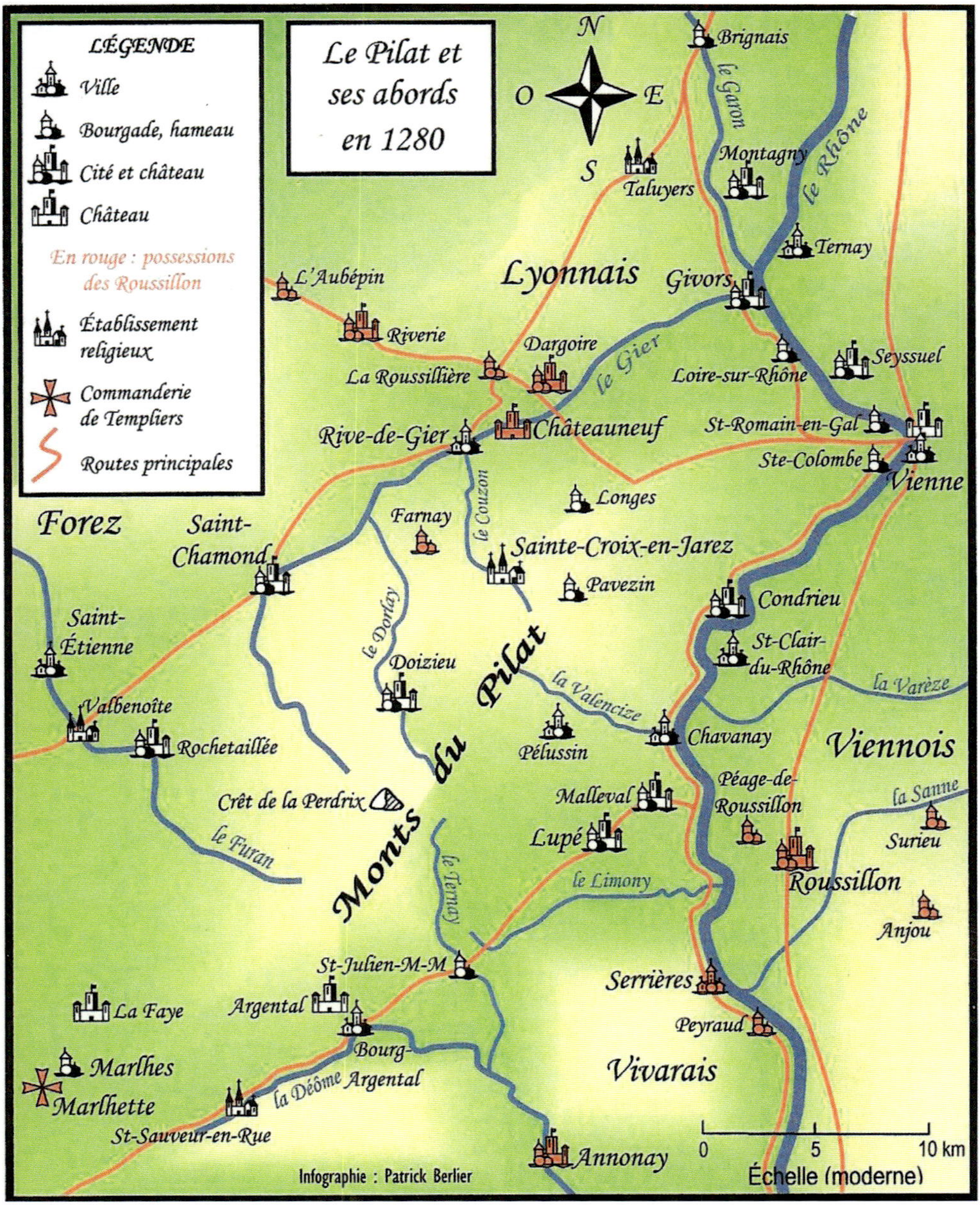

En 1280, l'influence des Roussillon est indéniable dans la vallée du Rhône. Si l'on ajoute à cela, leur pouvoir sur les Eglises de Lyon et de Vienne, l'intérêt des Rois de France, à traiter avec cette famille est évident. L'annexion du Lyonnais à la couronne de France en 1312, passa inéluctablement par leur ralliement à cette cause.

Louis IX (1214/1226 régence), décès 1270, Canonisé le 11/8/1297 en St-Louis.

PAPE	Nom d'origine	du	au	ROI	
Grégoire X	Teobaldo Visconti	01-09-1271	10-01-1276	Philippe III le Hardi (1244-1285) Roi du 26/08/1270 au 05/10/1285	Charles 1er d'Anjou (1227-1285) Frère de Saint-Louis Règne de 1266 à 1285, Roi de Sicile et de Naples en 1266 et de Jérusalem en 1278
1274 : Concile de Lyon **Archevêque de Lyon de 1274 à 1283 Aymar de Roussillon** **1275 : Départ de Guillaume de Roussillon mort en ?**					
Innocent V	Pierre de Tarentaise	21-01-1276	22-06-1276		
Adrien V	Ottobono Fieschi	11-07-1276	18-08-1276		
Grégoire XI	Guglielmo Visconti	05-09-1276	06-09-1276		
Jean XXI	Pietro di Giuliano	08-09-1276	20-05-1277		
Nicolas III	Giovanni,Gaetano Orsini	25-11-1277	22-08-1280		
Martin IV	Simon de Brie ou Brion	22-03-1281	18-03-1285		
Honorius IV	Giacomo Savelli	02-04-1285	03-04-1287	Philippe IV le Bel (1268-1314 Roi du 06/10/1285 au 29/11/1314	Charles II d'Anjou ou Prince de Salerne (1254-1309) Règne du 08/01/1285 au 06/05/1309
Nicolas IV	Girolamo Masci	22-03-1288	04-04-1292		
Célestin V	Pietro de Morrone	05-07-1294	Renonce le 13-12-1294		
Boniface VIII	Benedetto Caetani	24-12-1294	11-10-1303		
Benoît XI	Niccolo Baccasini	22-10-1303	07-07-1304		
Clément V	Bertrand de Got	05-06-1305	20-04-1314		
1310/12 : Concile de Vienne **Archevêque de Lyon de 1308 à 1332 Pierre III de Savoie** **Archidiacre de Lyon de 1301 à 1327 Thibaud de Vassalieu**					
Jean XXII	Jacques Duèse ou d'Euse	07-08-1316	04-12-1334		

Sous le pontificat de Jean XXII, règne des 3 fils qui ont succédé à Philippe le Bel

- Louis le Hutin (1289-1316), roi de 1314 à 1316
- Philippe V le Long (1293-1322), roi de 1316 à 1322
- Charles IV de France (1295-1328), roi 1322 à 1328

Le bras mort du Canal Viel, seul témoignage encore vivace du passage des Croisés par Aigues Mortes.

La tour Magdala et l'auteur à Rennes le Château

Guillaume de Roussillon
(sous réserve selon J.Condamin)
Seigneur d'Annonay
et de Roussillon

Blason des Comtes d'Albon et
des Dauphins du Viennois

Blason des Comtes du Forez
Sous Jean 1er, branche
cadette du Dauphiné

Blason de Lyon avec une seule
fleur de Lys couleur or en 1320, les
3 réunies apparaissent en 1420

Blason de la Famille de Vassalieu
(selon J.Condamin)
à Sainte-Croix-en-Jarez

Blason des Rois de France
sous Saint-Louis
Blason initial d'Aigues Mortes

Blason de Guillaume
de Beaujeu en 1289
Grand Maître du Temple
(1ère race sans lambel)

2ème Blason de Charles 1er
d'Anjou après le coup
d'Etat à Acre en 1277